ANDRES VEIEL

Der Kick

Buch

Was bringt junge Leute dazu, andere Menschen zu quälen und zu töten? Wie lässt sich diese Brutalität erklären? Als Andres Veiel im Jahr 2002 die Medienberichte über den brutalen Mord an dem 16-jährigen Marinus Schöberl im uckermärkischen Dorf Potzlow las, wollte er sich nicht mit den üblichen Klischees und Stigmatisierungen zufriedengeben. Marinus war von drei Kumpels grausam misshandelt und schließlich mit dem sogenannten »Bordsteinkick« zu Tode getreten worden. Es gab Zeugen und Mitwisser, doch das Dorf schwieg. In der Berichterstattung wurde Potzlow zum Sinnbild für rechtsextreme Gewalt und eine verrohte Gesellschaft, die jungen Täter wurden eindimensional als verabscheuungswürdige Figuren dargestellt. Veiel schaute genauer hin, wo alle wegsehen wollten, immer tiefer bohrte er und näherte sich Schicht für Schicht den Ursachen für den unglaublichen Gewaltausbruch. Monatelang hat der vielfach ausgezeichnete Dokumentarfilmer Veiel zusammen mit der Dramaturgin Gesine Schmidt in Potzlow und Umgebung recherchiert. Es gelang ihm, das Vertrauen der Dorfbewohner, der Täter und des Umfeldes des Opfers zu gewinnen. »Der Kick« ist nicht nur die Rekonstruktion einer unfassbaren Tat, sondern die Geschichte eines Ortes und seiner Bewohner – geprägt von Angst, Gewalt, Misstrauen und Orientierungslosigkeit. Andres Veiel bietet keine Lösung für die offenkundigen Probleme, aber seine Erkenntnisse ermöglichen eine fundiertere Diskussion über die Ursachen dieser und ähnlicher Gewaltausbrüche und sind somit die Grundlage für eine zukünftige Gewaltprävention.

Autor

Andres Veiel, geboren 1959, Psychologiestudium und Regieausbildung u.a. bei Kryzsztof Kieslowski, ist Filmregisseur und Drehbuchautor. Seine Filme wurden mit zahlreichen Preisen ausgezeichnet. Für den Dokumentarfilm »Black Box BRD« erhielt Veiel den Europäischen Dokumentarfilmpreis sowie den Bayerischen Filmpreis für den »Besten Dokumentarfilm«.

Andres Veiel

DER KICK

Ein Lehrstück
über Gewalt

GOLDMANN

FSC
Mix
Produktgruppe aus vorbildlich bewirtschafteten Wäldern und anderen kontrollierten Herkünften

Zert.-Nr. SGS-COC-1940
www.fsc.org
© 1996 Forest Stewardship Council

Verlagsgruppe Random House FSC-DEU 0100
Das für dieses Buch verwendete FSC-zertifizierte Papier
München Super liefert Mochenwangen Papier.

2. Auflage
Taschenbuchausgabe Oktober 2008
Wilhelm Goldmann Verlag, München,
in der Verlagsgruppe Random House GmbH

Umschlaggestaltung: Design Team München
in Anlehnung an die Umschlaggestaltung der Originalausgabe
(independent Medien-Design, München)
KF · Herstellung: Str.
Druck und Bindung: GGP Media GmbH, Pößneck
Printed in Germany
ISBN: 978-3-442-15519-4

www.goldmann-verlag.de

Für Eva Heldrich

Inhalt

Teil 1
Der Kick*

* Co-Autorin: Gesine Schmidt

In der Nacht zum 13. Juli 2002 wurde der sechzehnjährige Marinus Schöberl von dem Brüderpaar Marco (dreiundzwanzig) und Marcel Schönfeld (siebzehn) sowie ihrem Kumpel Sebastian Fink (siebzehn) grausam misshandelt und schließlich von Marcel Schönfeld nach dem Vorbild des Bordsteinkicks aus dem Film »American History X« umgebracht. Obwohl es Zeugen und Mitwisser gab, blieb die Tat monatelang unentdeckt.

Personen in der Reihenfolge ihres Auftretens
Kursiv gesetzte Namen wurden geändert.

Jutta Schönfeld, Mutter von Marco und Marcel
Birgit Schöberl, Mutter von Marinus
Verhörender
Marcel Schönfeld, jüngerer Bruder von Marco, einer der Täter
Achim Fiebranz, Dorfbewohner
Staatsanwalt
Matthias Muchow, Freund von Marinus Schöberl
Torsten Muchow, Vater von Matthias
Jürgen Schönfeld, Vater von Marco und Marcel
Bürgermeister von Potzlow
Bürgermeister der Gemeinde Oberuckersee
Frau aus dem Dorf
Pfarrer von Potzlow
Gutachter (psychiatrischer Sachverständiger)
Erzieherin in der Bildungseinrichtung
Ausbilder in der Bildungseinrichtung
Heiko Gäbler, Lehrling, Freund von Sebastian Fink
Marco Schönfeld, Bruder von Marcel Schönfeld, einer der Täter
Angela Becker, Freundin von Marco

Jutta Schönfeld: Am Dienstag, da ging es los. Man kennt ja das mit der Zeitung und Fernsehen und plötzlich is man das selbst. RBB, Stern TV, RTL, alle wollten was erfahren, und der Polizist hat gesagt, alles abblocken. Die Nachbarschaft, wenn du raus kommst, denn wird grad noch so gegrüßt, und dann gehen sie wieder los.

Und abends sitzen wir dann hier, kriegen Anrufe, Mörder, Mörder. Denn hört man bloß ein Stöhnen im Hintergrund. Wir hatten so ne Angst gehabt, wir haben Bekannte angerufen, können wir bei Euch unterkommen? Die dann, wir rufen zurück, und dann haben sie zurückgerufen. – Ja, tut uns leid, musst uns verstehen, das geht nich, geh in ein Hotel. – Ich sage: – Aber ein Hotel kost ja aber auch Geld. – Ich hab denn gesagt, man kann nich wegrennen, wir haben nischt gemacht, wir sind keine Mörder. –

Ich wusste, dass was passieren wird. Marco hat mich angerufen und gesagt, dass sie jetzt losziehen, Marcel und er, mit dem Sebastian. Am 12. Juli, in der Nacht. Ich war im Krankenhaus, da war Vollmond. Mir haben se ja Rückenmarkwasser gezogen, und da hab ich gedacht, ich muss nach Hause. Diese Unruhe, war so warm gewesen.

Birgit Schöberl: Am 12. Juli ist Marinus mal wieder nach Potzlow gefahren. Er hatte vorher noch Video geguckt, so ein Trickfilmvideo. Und dann kam er mit seinem Rucksack, was er immer so drin hat, Badehose, Handtuch, Wechselwäsche, und dann hat er gesagt: Mutti, ich fahr nach Potzlow, ich schlaf da und komm Sonntag wieder. Tschüss, mach's gut. Das war's, was er zu mir gesagt hat. Hat er mir noch ne Kusshand zugeworfen, wie er es immer so machte.

Hat immer zu mir gesagt, wo er hingeht, weil er wusste, ich wollte es wissen. Ich komme um die und die Zeit, oder ich schlafe im Bauwagen. Im Sommer ist das ein kleines Abenteuer.

Er wurde verhätschelt. Er wurde ja von seinen Schwestern geliebt. Er war eben das Küken. Marinus war nicht geplant, gefreut haben wir uns alle. Süßes Baby. Die Mädchen haben ihn manchmal ins Bett mitgenommen. Er durfte jede Nacht bei ner anderen schlafen. Man konnte ihm nicht böse sein, wenn er einen mit seinen dunklen Augen angeguckt hat.

Er hatte wohl Schulschwierigkeiten damals schon, aber, er hat sich Mühe gegeben, was er konnte eben. Ich hab ihn dann runter genommen von der normalen Schule, nach der ersten Klasse. Ich hab ihn nicht ausgeschimpft. Ich hab's versucht mit Reden, Marinus, du möchtest später mal die Fahrerlaubnis machen, da musst du lesen und schreiben können.

Und als er Sonntag nicht kam, da habe ich Montag angerufen. Vielleicht hat er sein Handy nicht geladen, oder er hat es ausgestellt. Oder er hat wieder mal die PIN vergessen. Wenn er kein Geld drauf hatte, dann hat er es mir eigentlich immer gesagt, hat ein fremdes Handy genommen. Na ja, es sind Ferien, wer weiß, wo der ist. Da habe ich mir auch direkt keine Sorgen so gemacht. In Potzlow ist er aufgehoben, da kann ihm nichts passieren.

Als er am Wochenende immer noch nicht da war, da war es mir mulmig. Und da bin ich Montag früh nach

Templin gefahren, um ihn als vermisst zu melden. Und dann passierte gar nichts.*

Verhörender: Verhör Marcel Schönfeld.
Marcel Schönfeld: Ich wurde an dieser Stelle belehrt, dass ich gegen meinen Bruder Marco das Recht der Aussageverweigerung habe. Davon mache ich keinen Gebrauch. Ich will die volle Wahrheit sagen.
Verhörender: Familienname.
Marcel Schönfeld: Schönfeld.
Verhörender: Vorname.
Marcel Schönfeld: Marcel.
Verhörender: Geburtsort.
Marcel Schönfeld: Prenzlau/Uckermark.
Verhörender: Beruf.
Marcel Schönfeld: ohne, Azubi.
Verhörender: Geburtsdatum.
Marcel Schönfeld: 30. 3. 1985.
Verhörender: Ehrenämter.
Marcel Schönfeld: Was?
Verhörender: Schule.
Marcel Schönfeld: Abschluss der 8. Klasse der Gesamtschule in Gramzow.
Verhörender: Beschuldigtenvernehmung, 18. 11. 02, 2.45 Uhr.
Marcel Schönfeld: Mit dem Gegenstand meiner heutigen Beschuldigtenvernehmung wurde ich vertraut gemacht. Über meine Rechte als Beschuldigter wurde ich belehrt.

* Alle Zitate von Birgit Schöberl stammen aus Interviews, die Gabi Probst vom Fernsehsender RBB 2003 mit ihr führte und die sie uns freundlicherweise zur Verfügung stellte.

Mir wurde zu Beginn meiner Vernehmung mitgeteilt, dass ich im dringenden Verdacht stehe, an der Tötung eines Menschen beteiligt gewesen zu sein. Dazu kann ich folgende Aussage machen: Es ist richtig, dass ich dabei war, als eine Person zu Tode kam.

Verhörender: Um wen handelt es sich dabei?

Marcel Schönfeld: Es handelt sich hierbei um Marinus Schöberl aus Gerswalde.

Verhörender: Waren Sie an dieser Handlung allein beteiligt?

Marcel Schönfeld: Außer mir waren noch mein Bruder Marco Schönfeld und Sebastian Fink beteiligt.

Verhörender: Schildern Sie bitte, was passiert ist.

Marcel Schönfeld: Es war der 12. Juli 2002. Nachmittags kam mein Kumpel Sebastian mit dem Zug nach Seehausen. Mein Papa und ich haben ihn abgeholt.

Dann kam mein Bruder Marco auf die Idee, nach Strehlow zu fahren, um dort Achim [Fiebranz] zu besuchen. Mein Bruder war erst neun Tage vorher aus der Haft entlassen worden. Die beiden kannten sich noch aus früheren Zeiten. Wir holten einen Kasten Bier »Sternburger«. Der wurde dann durch die anwesenden Personen geleert. Nach ca. einer Stunde war der Kasten leer, und wir holten einen zweiten. Kurz zuvor kam Marinus Schöberl mit einem Fahrrad auf den Hof von Achim gefahren.

Achim Fiebranz: Geb ich ehrlich zu, ich hab die dritte Klasse drei Mal nachgemacht. Ich bin nach acht Jahren hier aus der Schule entlassen worden. Die anderen, die schlauer waren wie ich, die sind dann nach Warnitz gegangen. Und als Abschiedsgeschenk hab ich von einer ganz lieben Lehrerin, meiner Geschichtslehrerin, nen Buch gekriegt von damals, aus der Steinzeit, Bogen bauen, Fallen stellen, Vogelfallen stellen, und wat die damals alles gemacht haben und aus Binsen: Boote bauen, immer Binse an Binse. Und dat wollt ich allen beibringen, sind wir zur Muschelstelle gefahren. Weißte, wer am schlausten gewesen ist, am schnellsten kapiert hat? Det war Marinus, und Nancy hat gleich abgekiekt. Na und dann die anderen hinterher. Dann von unten wieder zusammen getüdelt, und dann wurde det richtig so 'n Indianerkahn. Mann, ich hab fast zwanzig Dinger mit de Kinder gebaut in der Woche. Au, die paddeln, die Dinger gehen nich unter und die haben sich gefreut, die Kinder haben sich gefreut, det war ne richtige Kanu-Flotte gewesen bei uns da unten!

Nancy und Marinus, die haben allet zusammen gemacht. Und dann sind sie bei mir öfters gewesen. Da warn se schon so fünfzehn, sechzehn. Wenn ich wusste, die kommen, hab ich mein Ehebett bloß an die Wand geschoben, Decke rüber geschmissen und dann konnten se da drinne machen, was se wollten und ich hab mit Sieglinde meine Wohnstube gehabt, konnt ich Fernseh kieken und was willste denn machen als Arbeitsloser?

Den Marinus hat die Nancy noch nicht überlebt, die waren fast sechs Jahre zusammen als Freunde und dann waren se fast en Jahr verlobt. Und dann auf einmal det. Da möchte ich mal sehen, det steckt kener weg. Sie hat zwar en Freund von Berlin jetze, aber die hört sich jeden Abend die Gespräche an, wat se aufm Handy gekriegt hat von Marinus, hat sie alles gespeichert. Ihr Bruder, der

Patrick, hat oft genug gesagt – der hat det Zimmer neben ihr –, Papa, ich halt det nich aus, darf ich bei Oliver im Zimmer schlafen, Nancy heult schon wieder wie ne Sau, sind ja bloß so ne dünnen Wände.

Ich könnt, wenn die Brüder mir jetzt in die Pfoten lofen würden, ich könnt mit nem Kopp den Balken einreißen, um die zu erwischen, wenn sie da vorne stehen würden jetzt, kannste glauben.

An dem Abend, als die den Marinus da tot gemacht ham, da haben wir unten gesessen, in der alten Brennerei, haben gequatscht unter dem Schleppdach da. Det waren Nachbarn, waren bei mir gewesen, haben wir enen gezwitschert. Da kamen dann Marco, Marcel und Sebastian an. Den kannte ich nicht. Und später dann der Marinus. An dem Abend, wir haben Karten gespielt, und mit einem Mal fing Marco an zu stänkern. Bei mir in der Wohnung wird Karten gespielt, »Mensch ärgere dich nicht« gespielt, und mein Hund bellt da draußen auch, ist ja mein Baby, und gestänkert und geschlagen wird bei mir nicht. Na ja, ich hab auch schon leicht einen weg gehabt. Hab ich gesagt, ich will noch en bisschen Fernseh kieken, ich sag, nu is Ritze! Wir haben noch das Bier ausgesoffen. Marinus, er hat zu mir gesagt, Achim, hast du eine Zigarette für mich. Und da habe ich zu Marinus gesagt, du, das ist meine letzte. Da habe ich gesagt, ich stecke sie mir an, tun wir uns beide teilen. Und dann bin ich mit ihm auf die Treppe gegangen. Haben wir uns die Kippe geteilt, ein paar Züge. Det war denn so seine Henkerszigarette, kann man sagen.

Staatsanwalt: Wenn man sich anhört, was die Jugendlichen da für ein Umfeld haben. Die sitzen mit diesen alkoholkranken Menschen unter dem sogenannten Schleppdach und saufen. Was die da reden, weiß ich nicht. Es wird darum gestritten, wer von welchem Schnaps was abgebissen hat, und wer wie viel abgekriegt hat. Also, da wird einem ganz anders. Da kann man natürlich fragen, wo waren die Eltern, warum lassen die ihre Kinder da sitzen?

Und wenn man dann diese traurigen Gestalten da gesehen hat vor Gericht. Ein Zeuge nach dem anderen, frühere Rinder- oder Schweinezüchter und dann arbeitslos, alle dem Alkohol verfallen. Die dann da sitzen, allen Ernstes erklären, sie können sich nicht erinnern, weil sie so alkoholgeschädigt sind. Dann irgendwas erzählen, noch lügen oder mauern: Haste nix gesehen, musste auch nix sagen – obwohl manche bei den Quälereien von Marinus dabei waren. Und nichts unternommen haben. Die haben nicht sagen können, wir haben ein schlechtes Gewissen, oder es tut uns leid. Da kam nichts.

Dem Dorf fehlt der zivilisatorische Standard. Man kümmert sich nicht umeinander. Es hat keinen belastet, den Rucksack, das Handy und das Fahrrad von Marinus zu finden. Keiner hat etwas getan.

Matthias Muchow: Ich frag mich immer noch: Warum is Marinus nicht abgehauen?

Ich denk mal, den haben se wirklich so lange abgefüllt, bis sie den schleifen mussten. Denn ansonsten, ich weiß es nicht.

Ich hab den Marinus und die Schönfeldbrüder mit dem Sebastian kurz vorher getroffen. Bevor sie zu dem

Fiebranz da hingegangen sind. Zwei Minuten vorher, da wo der Club is, da is ne Kastanie. Da sind die uns gerade entgegengekommen. Na ja, da denkt man sich nichts bei.

Nachdem der Marinus weg war, da wurde sein Rucksack und sein Ladegerät vom Handy gefunden. Ich hab die Hoffnung nie aufgegeben. Ich hab immer gedacht, ich seh den wieder, weil – ich hab den gern gehabt, den Bengel. Der war zwar auf die eine Art und Weise mal 'n Arschloch, genauso wie ich, ich bin auch mal 'n Arschloch, aber man kommt immer wieder zu sich, und ich hätt auch zu Marinus wieder gefunden.

Marinus is genauso wie ich. Also der is genauso wie ich, echt, das nimmt sich nicht viel. Der hat genauso viel gekifft wie ich. Der hat gern mal einen getrunken wie ich. Der hat gerne mal Scheiße gebaut wie ich. Der is so'n Jugendlicher wie ich. Der ging zur Schule wie ich. Also war das genauso einer wie ich, sag ich jetzt.

Ich hab auch Träume gehabt, so. Marinus kommt an mein Fenster, ich geh ran, hey Junge, komm rein, geh mal erst mal duschen, Du stinkst, ess mal, ess mal, ess mal, werd mal groß und stark wieder, dann fahrn wir dich übermorgen, wann du willst, wieder nach Hause.

Im November war dann eben das Fest im Club, und da hat Marcel gesagt, ich weiß, wo Marinus ist. Und das war wohl der Suff. Dann hab ich das gepeilt.

Nächsten Tag drauf dann, hab ich gesagt, Du, *Andy,* weißte was, ich glaub Marinus war wirklich nicht weg gewesen. – Wie jetze hier? – Na ja, der war immer bei uns, der war immer in Potzlow. – Na wo? – Na beim Schweinestall. – Na wo denn da? – Na der war da bei der Jauchegrube. Kommste mit hoch kucken, ob das stimmt? – Denn sind wir hochgegangen, zu dritt, dann hab' ich angefangen zu buddeln. – Marinus hatte immer ne ähnliche Hose gehabt, wie ich jetzt anhab, nur in grün. Ja und die hat der auch noch angehabt, da … im Grab, in der Grube. Und dann beim T-Shirt hab ich – weil, der Kopf war als erstes frei schon – ich hab die Arme rausgebuddelt, Brustkorb dann, da hab ich das irgendwie mit der Schippe gemerkt, da is was sehr elastisch, kann keine Haut sein, gekiekt, das is 'n Shirt, und Knochen. Haste nicht gesehen. Und dann dacht ich mir: Das kann er sein.

Torsten Muchow: Wenn Matthias eine Leiche findet, die recht übel zugerichtet wurde, gibt es einen Schock. Dann hat er da ein Problem. Die Lehrer haben es nicht verstanden. Und dann brauchen wir einen sachlichen Bericht von einem Therapeuten. Hab ich in Berlin anfertigen lassen. Wie es dem Jungen ergeht, und was er in sich hineinfrisst. Und das haben wir der Schule übergeben, womit die dann endlich mal gesehen haben, dass er erstmal wieder zu sich finden muss. Als Vater kann ich sagen: Er will weiterkommen, er will nicht auf der Strecke, auf der Straße bleiben.

Erstmal war ja ein Haufen Leute hier, Presse und so weiter. Die wollten alle was von ihm. Und das ist ja auch ne Sache, wo man sagen muss, halt stopp, lasst mal den Jungen in Ruhe. Immer wieder neu aufreufeln, das gibt immer wieder neue Rückfälle. Und dann haben wir darüber nicht mehr gesprochen. Wir sind in die Pilze, Baden gefahren. Haben Volleyball gespielt und so getan, als wenn das erstmal abgehakt ist, fertig, halt vergessen die Sache.

Wenn man ein Problem hat, versuch es zu lösen, der nächste Tag ist wieder ein Tag. Es gibt so viele Probleme, man kann den Marinus nicht wieder lebendig machen. Man hat noch genug andere Probleme, mit die man auch fertig werden muss.

Und es ist ja nicht so, dass wir die Schuldigen sind, sondern die Schuldigen sind ja bestraft worden: Marco und Marcel Schönfeld und der Kumpel da von die.

Jürgen Schönfeld: Als wir das gehört haben, was die gemacht haben, oben im Stall da …

Die waren abends um elfe hier, haben geklingelt. Ich zur Türe hin, da standen mehrere Polizisten vor der Tür. – Wo ist Marcel, haben se gefragt, – Der is nich da, sag ich. – Den hab ich nach Buckow ins Internat gefahren. Wat wollen se denn? – Det können wa Ihnen nich sagen. – Puff, weg und los.

Jutta Schönfeld: Marcel wusste, dass se ihn abholen. Marcel hat da in Buckow sein Bett noch nich bezogen gehabt, nichts. Er hat auf seinem Bett gesessen und gewartet.

Jürgen Schönfeld: Als wir abends losgefahren warn von Potzlow, Marcel und ich, sind wa am Stall vorbei. Is die normale Route nach Buckow. Die Polizei war da, Scheinwerfer, war alles beleuchtet. Hab mich schon gewundert, was da oben los ist. Marcel saß neben mir, ham wa Musik gehört. War ganz ruhig. Schon am Nachmittag war der ganz anders. Hab ich gefragt, Marcel, wollen wir los nach Buckow? Wann wollen wir los? – Is egal Papa, wir können jetzt losfahren, wir können auch später losfahren. Marcel war richtig so, wie er früher war. Ganz entspannt war er. Wir konnten uns det erst gar nich erklären.

Jutta Schönfeld: Der Druck war raus. Der Druck war weg, diesen Druck, den er in sich hatte.

Jürgen Schönfeld: Als wir in Buckow ankamen, hab ich gesagt, bis Freitag, hab ich mich verabschiedet. Er wusste det. Die Jugendlichen, mit denen er da gebuddelt hat nach der Leiche, er wusste, die sind nach die Polizei gegangen.

Jutta Schönfeld: Marcel hat gesagt, er wollte uns damit nich belasten. Damit hätte ich sowieso nicht leben können, und anzeigen hätte ich ihn auch nicht können.

Bis zum heutigen Tag, ich kann das nich glauben, das sag ich Ihnen ganz ehrlich, ich wollt das nich glauben. Ich weiß überhaupt nich, was ich noch glauben soll. Erst hab ich immer gedacht, dass ich so was dem Marco... Aber Marco hat von Anfang an gesagt, ich hab damit nischt zu tun, ich hab nischt gemacht.

Ich hab mir gedacht, dass ich verrückt werd. Als der Marcel plötzlich weg war. Wenn ich allein war im Haus, hab ich Stimmen gehört. Von meinem Vater, der lange tot ist, von Marcel. Ich kämpfe, ich will, dass sie beide nach Hause kommen können, irgendwann. Marco und Marcel. An Marcel klammer ich mich. Das ist jetzt, wie wenn man einem nach der Entbindung das Kind wegnimmt. Den Marco hab ich ja schon vorher verloren. Der hat sich seine eigene Welt gebaut, die gibt's nich. Das fing mit 13 an.

Jürgen Schönfeld: Wir haben alles getan, was man tun kann. Wir haben unsere Kinder gut erzogen.

Jutta Schönfeld: Die Kinder stehen an erster Stelle, erst dann kommt der Partner.
Jürgen Schönfeld: Es bleiben unsere Kinder.
Jutta Schönfeld: Natürlich haben sie Mist gemacht.
Jürgen Schönfeld: Es bleiben unsere Kinder. Wir haben sie ja nicht hochgeschickt, in den Stall.

Staatsanwalt: Aus Sicht der Staatsanwaltschaft kann ich feststellen: Die Täter Marco und Marcel Schönfeld sowie Sebastian Fink hatten ein dumpfes rechtsextremistisches Gedankengut und den unbedingten Willen, das in Gewaltform auszuleben. Am Tatabend war weder ein Asylbewerber, ein Jude oder irgendjemand, worauf das Feindbild zutraf, vorhanden. Deshalb musste hier ein Kumpel als Notopfer herhalten, weil den Tätern kein besserer begegnete. Nach unserer Auffassung hat das Opfer Schöberl nach den ganzen Misshandlungen sein eigenes Todesurteil gesprochen, indem er gesagt hat: Ich bin Jude. Hätte er zu diesem Zeitpunkt gesagt, spinnt hier nicht rum, ich bin doch euer Kumpel Marinus, ich glaube nicht, dass der Tötungsakt dann über die Bühne gegangen wäre. Das ist kein Vorwurf, sondern einfach eine Feststellung.

Bevor er sich als Jude bekannte, da geilte man sich – unschöner Ausdruck, aber vielleicht passt er hier – an seinen blond gefärbten Haaren und seinen Hip-Hop-Hosen auf. Der Tötungsakt wurde erleichtert, weil Marinus Schöberl aus Sicht der Täter auf einer niedrigeren geistigen Stufe stand. Man kann in die Reihe der potentiellen Opfer neben Asylbewerbern auch behinderte Menschen einreihen. Und das traf auf das Opfer zu. Marinus Schöberl stotterte, besonders wenn er aufgeregt war.

Jutta Schönfeld: Marcel war mit Marinus sogar befreundet. Der is ja auch zu uns gekommen. Marinus, der hat diesen Sprachfehler gehabt, aber der war eigentlich en ruhiger Junge. Den haben se kaum verstanden, wenn er gesprochen hat. Ich sag, um den Jungen tut es mir auch leid. Man hat ihn ja gekannt, aber die Eltern, die haben sich nie um ihr Kind gekümmert.

Jürgen Schönfeld: Das Schlimme is ja, dass er immer geklaut hat überall.

Jutta Schönfeld: Auch jetze so, jetze haben die Leute gesagt, können se die Schuppen offen stehen lassen. Vorher, wo der Marinus unterwegs war, konnten se das nich. War immer alles weg gewesen.

Jürgen Schönfeld: Moped rausgeholt und alles. Die Schwalbe von Marco …

Jutta Schönfeld: Jetzt vermuten wir langsam, dass der Marinus das war.

Jürgen Schönfeld: Weil er als Einziger auf einmal ankam und gezeigt hat, wo die Schwalbe liegt. Ken Mensch wusste das, ham vorher alles abgesucht.

Verhörender: Verhör Marcel Schönfeld. Warum haben Sie auf Marinus Schöberl eingeschlagen?

Marcel Schönfeld: Ich weiß es nicht. Getan hat er mir an diesem Abend nichts. Ich habe nur geschlagen, weil es alle gemacht haben.

Verhörender: Hatten Sie persönlich etwas gegen den Marinus Schöberl?

Marcel Schönfeld: Nein. Der Marinus hat mir vor fünf Monaten mein Moped gestohlen. Das habe ich von meinem Vater geschenkt bekommen. Ich habe es selber aufgebaut. Der Marinus hat das mir gegenüber zugegeben und deshalb habe ich ihn in der Nacht da auf die Fresse gehauen.

Matthias Muchow: Marinus, den ham wir Taurus genannt. Wie das Moped von der DDR.

Er hat mir Moped-Fahren beigebracht, MZ-Fahren. Weil, das is ja so was mit Kupplung, ganz langsam und haste nicht gesehen, und das hab ich nicht kapiert. Der Marinus hat viel mit Mopeds zu tun gehabt.

Dann haben wir da immer in der Kiesgrube in Potzlow mit nem Moped rum gefahren, immer vor der Polizei geflüchtet, beide. Mopeds waren nicht angemeldet, keine Flebben gehabt, kein Helm, kein Nummernschild dran. Hier is der Schweinestall, da is Marinus tot, dann sind wir da den Schweinestall 'n Stück runter und ins Dorf rein, die Hauptstraße entlang, eben bei der Kaufhalle, wo die S-Kurve ist, da ham wir gesehn: Da standen sie, Polizei. Die sofort Marinus und mir rein gewunken, wir abgesprungen, Karre is umgekippt, schön geschlittert, auf die zu, der Polizist darüber gesprungen, und wir: ab. Ich hab dabei den Schuh verloren. Das waren schöne Plateau-Schuhe, ich war der Einzige im Dorf, der so ne Schuhe hatte. Na, und dann hat mein Freund davon der Papa gesagt, jo, die Schuhe hat nur der Matthias, der wohnt da und da.

Dann hab' ich schon meinen Vater hin- und herfahren gesehen.

Ich hab eine gefangen gekriegt, aber ich weiß damit umzugehn. Mein Vater war meistens weg, auf Arbeit. Ich hab drei Geschwister, zwei sind größer. Bei den vielen

Schwestern, da kann man sich gar nicht zur Wehr setzen. Die sind immer ein Schritt voraus gewesen bei mir. Das is wie bei Marinus. Der hat sechs Schwestern gehabt. Ja. Marinus und ich, das is voll 'n Ass.

Wir haben so viel Scheiße gemacht, ich weiß gar nicht mehr, was wir alles gemacht haben. Mopeds geklaut, Fahrräder geklaut, ne Tour gemacht, abgestellt oder zu Schrott gefahren oder auseinander geschlachtet und neue Fahrräder gebaut, drauf sitzen geblieben und voll gegen die Wand gefahrn. –

Marinus hatte so in den Sommerferien öfters da gepennt. In dem Bauwagen am Schweinestall. Ein, zwei Wochen so durch. Ich hab ihm immer was zum Essen mitgebracht. Mal Brötchen runter gebracht oder mal abends getroffen. Da ein Bier getrunken, da geredet. Haben Kräuter-Wettsaufen gemacht. Er war eigentlich nie allein, er hat immer welche gehabt. An seinem letzten Abend, am 12. Juli, da hab ich mit ihm sogar noch gesprochen, gefragt, kommste mit zu mir, noch 'n paar Bierchen trinken, ich und *Jessica* so, er so, nee, ich geh mit Schönfelds zum Achim, paar Bierchen trinken auch, auf die Platte mit Achim, mal sehen, was sonst noch so passiert. – Man weiß ja, was passiert ist.

Birgit Schöberl: Meine Tochter hat den Rucksack nach Hause gebracht, zwei Wochen danach. Es war aber nur das Ladegerät drin in dem Rucksack. Weder Badesachen noch seine Wechselsachen oder Badehandtücher. Polizei war hier. Die haben den Rucksack bloß angeguckt, reingeguckt, und dann haben sie ihn hier gelassen. Und da ja nun bald die Schule losging, habe ich diesen Rucksack gewaschen für die Schule und hab Marinus seine Schulsachen reingelegt.

Und immer das Angerufe, Angerufe auf der Wache. Warum haben sie denn nicht reagiert, als jemand aus Potzlow gesagt hat, da ist frisch aufgebuddelt, oben am Stall. Gesucht haben die nich. Mein Junge ist kein Ausreißer.

Manchmal mach ich mir auch Vorwürfe. Hätt ich ihn nach Bayern gelassen, wär's vielleicht nicht passiert. Der Marinus hatte Schwierigkeiten in der Schule, und da hab ich gesagt, wenn du dich jetzt nicht zusammenreißt, fährst du nicht zu *Britta* runter nach Bayern. Dann bleibst du in den Ferien hier. Na, und das hat dann aber doch nicht so hingehauen, und da hab ich gesagt: Du bleibst hier. Ich weiß es nicht.

Immer wenn's klingelt, hab ich immer gedacht, er sagt mit seiner tiefen Stimme: Mutti mach auf, so wie er es immer sagt. Ich gucke abends am Fenster, denke, er kommt, irgendwann kommt er, habe ich immer gewartet. Dann sitze ich unten auf der Bank, warte. Gehe schon nicht einkaufen, denke, du musst da sein, wenn er kommt.

Märkische Oder-Zeitung, September 2002

Vermisst seit 12. Juli 2002

Marinus Schöberl

Scheinbares Alter 17 Jahre, 175 cm groß, wiegt 70 Kilogramm, Gestalt schlank, Haare blond gefärbt, kurz, hat an der Oberlippe eine Narbe, kann kaum lesen und schreiben. Augenfarbe braun, ist sprachgehemmt, trug eine lange Hose, ein schwarzes T-Shirt mit weißen Schulterstreifen und graue Schuhe. Er war mit einem relativ neuen roten Fahrrad, 26er Mountain Bike, unterwegs.

Kann auch gestohlene Kfz fahren. Hinweise zum bisherigen oder gegenwärtigen Aufenthalt des Vermissten nimmt jede Polizeidienststelle entgegen.

Birgit Schöberl: 18. November, es war mein Geburtstag. Da kommen zwei Polizisten rein, und die fühlen sich nicht wohl in ihrer Haut. Und denn, da war es. Haben sie gesagt, dass sie Marinus gefunden haben. In Potzlow. Unser Vater wurde ganz blass, da musste ich mich um den kümmern. Die haben nachher noch einen Hausarzt geholt, er hat noch ne Beruhigungsspritze gekriegt, und dann sind die nachher wieder gegangen. Dann waren wir alleine. Er konnte doch keiner Fliege etwas zuleide tun, und der war auch nicht schmal und schmächtig, er war gut gebaut und war groß. Und dass er zurückhaltend war, ist noch lange kein Grund, sich über ihn lustig zu machen oder über ihn herzuziehen. Auch wenn er in der Schule keine Perle war, aber er war handwerklich begabt. Er war quasi der Mann im Haus. Wenn mal was kaputt war... Er wollte die Stube rollen, Montag, wo er von Potzlow kommen sollte. Er wollt doch noch so viel machen...

Wie sie ihn behandelt haben, das verfolgt mich auch in der Nacht, wo ich dann höre, wie er nach mir ruft und schreit, dass ich ihm helfen soll, und ich kann nicht. Und dann muss ich jedes Mal aufstehen, ich kann dann nicht mehr schlafen. Das bringt mich um.

Torsten Muchow: Marinus ist 1996 zugezogen hier. Wir wissen nicht viel von ihm. Er hat hier fünf Jahre gewohnt. Marinus, der konnte nicht zurückschlagen. Der war, solange ich ihn kenne, nur Mitläufer. Der hat mit sich machen lassen, was die anderen wollten. Der hätte normalerweise in die Sonderschule, ins Heim irgendwohin gehört. Aber nicht in die Gesellschaft.

Diese Leute, die das gemacht haben, die gehören normalerweise in ärztliche Behandlung. Ich weiß nicht, wie viele Klassen die haben, die haben keine zehn Klassen oder acht Klassen. Das sind Hilfsschüler, und die haben viel zu viele Filme geguckt. Guck sie dir doch an, mit ihren Springerstiefeln. Ich weiß nicht, was das soll. Die haben nichts zu tun, nur Langeweile, und da kommen sie auf dusselige Ideen.

Verhörender: Zweite Vernehmung des Beschuldigten Marcel Schönfeld.

Marcel Schönfeld: An dieser Stelle möchte ich zu meiner Vernehmung vom 18. 11. 2002 folgende Ergänzungen machen, da ich aus Angst nicht die volle Wahrheit gesagt habe.

Nachdem wir den zweiten Kasten Bier in der Wohnung von Achim ausgetrunken hatten, sind wir noch in die Wohnung *Meiners* gegangen. Es war gegen 0.30 Uhr, als wir, ich meine damit Sebastian Fink, mein Bruder Marco, Marinus und ich, dort ankamen. Frau *Meiners* und ihr Lebensgefährte schliefen bereits.

Sebastian Fink schlug kräftig gegen die Scheibe. Diese ging dabei kaputt. Die Haustür war verschlossen. Marco drückte sie gewaltsam mit der Schulter auf. Im Schlafzimmer haben wir die beiden dann geweckt und uns zusammen in die Veranda gesetzt. Dort tranken wir die Flasche Schnaps.

Mein Bruder Marco fing dann an, den Marinus zu beschimpfen. Er fragte und sagte immer wieder, ob er oder dass er ein Jude sei. Frau *Meiners* sagte, Marinus solle doch zugeben, dass er ein Jude sei, dann wäre Ruhe. Marinus hat dann irgendwann ja gesagt, dass er ein Jude sei.

Ruhe war dann auch nicht. Dann ging es richtig los. Marco fing dann an, Marinus kräftig in die Fresse zu schlagen. Mindestens zwei- bis dreimal.

Marco füllte dann einen Plastebecher mit Klarem und Bier. Marinus sollte diesen austrinken. Dies hat er aber nicht geschafft. Beim zweiten Versuch musste er brechen und übergab sich über den Tisch. Fink nahm ihn nach draußen und hat ihn vor die Eingangstür hingeworfen. Marinus war so betrunken, dass er dort liegen blieb. Nach circa dreißig Minuten holte ihn Sebastian dann wieder in die Wohnung. In der Veranda setzte er ihn auf einen Stuhl.

Anschließend prügelten Marco und Sebastian erneut abwechselnd auf ihn ein. Jeder wird ihm circa zwei Faustschläge in das Gesicht versetzt haben.

Beim letzten Schlag von Sebastian Fink fiel Marinus mitsamt dem Stuhl hintenüber. Fink hob ihn dann wieder auf und begann erneut, auf ihn einzuschlagen. Als Marinus erneut anfing zu kotzen, ging Sebastian Fink mit ihm nach draußen.

Dort warf er ihn zu Boden. Zu diesem Zeitpunkt befand ich mich ebenfalls draußen. Fink öffnete dann seinen Hosenstall und pisste auf Marinus. Zuerst auf den Brustbereich und dann in das Gesicht. Marinus war bei Bewusstsein und bat, dass Fink damit aufhören soll. Nachdem Fink sich ausgepinkelt hatte, hoben wir beide

Marinus wieder vom Boden auf. Dann schleppten wir ihn wieder in die Veranda.

Dann war circa eine halbe Stunde lang Ruhe. Wir tranken den Rest vom Schnaps aus. Marco fing dann erneut an, Marinus zu beschimpfen. Er sagte immer wieder, dass dieser ein Jude sei. Marinus antwortete auch immer wieder: Ja, ich bin ein Jude.

Nach diesen Äußerungen begannen wir dann zu dritt auf Marinus einzuschlagen. Dabei beschimpften wir ihn alle drei mit Worten: Du Jude, du Penner, du Assi und so weiter.

Bürgermeister von Potzlow: Potzlow ist ein ganz normales Dorf. Wir haben hier einen Taubenzüchterverein und eine Freiwillige Feuerwehr. Vor ein paar Jahren sind wir zum schönsten Dorf Deutschlands gewählt worden. Vor der Wende gab es fünfhundert Einwohner, inzwischen sind es sechshundert. Das ist doch auch was.

Bürgermeister der Gemeinde Oberuckersee: Ich geh davon aus, zu dem Zeitpunkt, wo die beiden Schönfeld-Brüder da an dem Abend … Ich glaube, der Marinus war zur falschen Zeit am falschen Ort. Es hätte ebenso gut ein anderer sein können. Die wollten den Abend irgendeinen aufklatschen da … Wie das heute is unter Jugendlichen. Heute machen wir Feetz, und heute muss einer dran glauben, nach dem Motto.

Matthias Muchow: Wenn Marco und Marcel hier säßen, also ich sag dir's ehrlich, wenn die beiden jetzt neben mir sitzen würden, ich würd denen so 'ne Bierflasche über die

Ohren ziehen, auf jeden Fall, quer durch die Fresse ziehen. Ist mir egal. Und die meisten, wie ich gehört hab, wenn Marcel oder Marco in dieses Dorf einen Fuß reintreten ... Ein Telefonat, Marco und Marcel kommen nur fünf Meter aus der Haustür, und dann sind se Matsch.

Wiederholen kann das sich jederzeit. Es gibt immer sone Idioten. Immer.

Frau aus dem Dorf: Ich war doch auch bloß 'n Kind. Wie alt war ich, sieben Jahre. Wenn ich des jetzt alles sehe, 1945, die Todesmärsche, man hat es doch gesehen, wie die KZler, ja was warn das für Menschen, wie se mit diesen Menschen umgegangen sind.

Die Frauen, die warn ja schlimmer wie die Männer, die Aufseher, nich, die mit Hunden gingen. Die Hunde haben die KZler gebissen. Nach Ravensbrück wollten die, ich weiß nich, ob die von Auschwitz kamen. Ham wir doch alle gesehen. Ja, na sicher. Die gingen an nem Wasser vorbei, das warn so Pfützen. Die wollten trinken, ja, und sie durften nich. Da haben sie die Hunde hingeschickt, die sind über se hergefallen, und dann sind 'n paar gleich liegen geblieben.

Ganz viele in Potzlow sind Flüchtlinge. Warn welche von Ostpreußen, nich, und Pommern, auch von Polen denn, ja. Die Hälfte sind Umsiedler. Jeder Zweite is hier Flüchtling. Auch nach der Wende kamen se noch. Die Schönfelds, wo die Brüder da den Marinus da tot gemacht haben, die kamen 1994. Und die Schöberls sind auch Fremde hier, die Familie, die waren nicht lange hier, 1996 sind se gekommen, sind nich heimisch geworden hier.

Pfarrer von Potzlow: Trauerfeier anlässlich der Urnenbeisetzung von Marinus Schöberl (16). Geboren am 4. 9. 1985 in Wolfen, gestorben am 12. 7. 2002 in Potzlow, beigesetzt am 4. 12. 2002 in Gerswalde, 13 Uhr.

Marinus ist von unmenschlichen Kreaturen zu Tode gesteinigt worden, deren Feind die Sprache, die Liebe, das Leben war und wohl weiter sein wird. Von Kreaturen des Todes …

Mein Gott, mein Gott, warum hast Du mich verlassen?

Liebe Familie Schöberl, liebe Freunde von Marinus, die Fragen nehmen kein Ende. Eltern, Geschwister und Freunde machen sich schwerste Vorwürfe: Warum?

Warum haben wir uns den Tätern nicht mutig in den Weg gestellt?

Stattdessen haben wir es hingenommen, dass irregeleitete, zum Teil restlos verkommene jugendliche Glatzenträger ihren giftigen Ungeist ungeniert durch unsere Gemeinden tragen konnten. Und dass sie dafür noch den Beifall einiger Leute einheimsen konnten, und sei es der Applaus des betretenen Schweigens. Warum hat es niemand bemerkt, dass Marinus in der Julinacht durch das komplette Dorf Potzlow getrieben wurde? Haben denn alle geschlafen? Oder waren sie betrunken oder einfach barbarisch?

Marcel Schönfeld: Ich hatt ne schöne Kindheit. Sind wir nach Potzlow gezogen, da war ich neune. Na zum Anfang, da haben wir Baumhäuser und so gebaut.

Also oben beim Kuhstall und denn Richtung Zichow runter, da hatten wa auch welche. Die ersten, da hatten wir nur Decken reingepackt, und denn irgendwann hatten wa dann so nen richtigen Bungalow gebaut, aus Holz. Mit Aussicht auf den See da, in so nem kleinen Busch. Mitten auf der Wiese, und da hatten wa unsere Feuerstelle und denn ein Bungalow hingestellt. Innen hatten wir so nen Bretterboden gemacht. Und dann so mit Couch und Sessel. Ich kenn Potzlow von früher. Mein Opa, der kommt aus Pinnow, der war Treckerfahrer bei der LPG. Hat mir den ersten Schnaps eingeschenkt, da war ich elf. Konnt nich mehr geradeaus gehen. Nachher haben wir alle irgendwann angefangen zu trinken mit die Kumpels. Da waren wir zwölf, dreizehn. Angefangen haben wir mit Bier. Nachher kamen schon härtere Sachen, also Goldi Goldbrand, Whisky. Wo ich dann nu en bisschen dabei war, halber Kasten Bier und ne Flasche Goldi am Abend. Ham des immer in der Kaufhalle gekauft. Der einzige Laden in Potzlow. Haben nichts gesagt, wenn man unter achtzehn war. Wenn ich ken Geld hatte, vom Vater. Der hatte auch genug da. Im Schlafzimmer. Schlafzimmer war immer offen. Schnaps.

Mit zwölf hatte ich meine ersten Stiefel, von Marco. Mit Stiefeln kriegste mehr Ansehen. Am Anfang hamse mich fertig gemacht deshalb, Anfang achte Klasse, wegen der Stiefel. Springerstiefel. Die anderen in der Klasse, die hatten so Hip-Hop-Sachen. Immer so ne Sprüche, Scheiß-Fascho und so was denn. Da hat ich dann gar keinen Bock mehr auf Schule. War ich fünfzehn. So Schlabberhosen, da verschwimmt alles so. Wenn ich Probleme hatte, konnt ich zu ihm hingehen. Zu meinem Bruder. Der is 'n paar Jahre älter. Der hat mir immer geholfen. Und dann war der plötzlich weg, im Knast. Und ich stand ganz alleine da.

Jutta Schönfeld: Als Marco in den Knast kam, 1999, das hat Marcel auch zu schaffen gemacht. Marcel hat das mehr so für sich behalten. In der Zeit war er so mit Drogen. Wenn er die genommen hatte, war er lustig gewesen, hat viel gelacht und alles. Hab ich gedacht, betrunken ist er nich, das riechst Du ja, wenn Alkohol drinne ist, aber die Pupillen waren so weit gewesen. Ich hatte immer Angst, er liegt irgendwo, und kein Mensch weiß, wo er ist. Und ich selber wusste nicht, wo er ist und, und …, und denn kommt auch noch die Angst um mich dazu. Das waren Schmerzen, die wünsch ich keinem. Das wurd nich besser. Ich dann zur Ohrenärztin: Tumor. Ich hab gedacht, innerlich, bei mir bricht die Welt zusammen, jetzt ist alles vorbei, du hast doch noch so viel vor, die Kinder brauchen einen noch, jetzt ist alles vorbei. Jetzt kannst du gar nischt mehr, ich konnt ja nich mal mehr alleine laufen, ich konnte gar nischt.

Marcel Schönfeld: Als die das gesagt hat, mit Tumor, na da hab ich das eigentlich noch gar nich so begriffen, so. Dann sind wa hin, nach der Operation. War meine Mutter, war se fertig, konnte aus dem Glas gar nich trinken. Aus der Flasche konnte se trinken, aber da war nach der Operation der Mund schief, da lief des alles raus. Ich war gelähmt. Bin dann nich mehr mit ins Krankenhaus. Ich … das ging einfach nich. Ich wollte, hab's nich fertig gekriegt. Was is, wenn die das nich überlebt. Das hab ich gedacht, nur das.

Verhörender: Verhör Marcel Schönfeld. Die Vernehmung wurde um 7.00 Uhr unterbrochen. Dem Beschuldigten wurden Kaffee und Zigaretten angeboten. Davon machte er Gebrauch. Die Vernehmung wird um 8.40 Uhr fortgesetzt.

Fühlen Sie sich in der Lage, der Vernehmung zu folgen?
Marcel Schönfeld: Ja. Zwischenzeitlich habe ich gefrühstückt. Ich bin bereit, weiterhin wahrheitsgemäß auszusagen.

Bei *Meiners* rauchten wir dann noch eine und beschlossen dann, nach Hause zu fahren. Sebastian, Marco und ich verließen das Haus und waren bereits auf den Fahrrädern bis zur Hauptstraße unterwegs, als Marco sagte, dass wir umdrehen und Marinus holen sollten. Dieser saß, als wir ihn verließen, betrunken auf dem Stuhl. Marco meinte, dass *Meiners* ihre Ruhe haben wollten und wir Marinus aus diesem Grund nicht da lassen können.

Also sind wir umgedreht und zurück. Marinus lag zu diesem Zeitpunkt schon auf dem Sofa in der Veranda und hatte sich ausgezogen. Marinus wollte zunächst nicht mitkommen, und Marco und Fink schlugen erneut auf ihn ein. Sie zwangen ihn, sich seine nasse grüne Hose, sein T-Shirt, Jacke und Schuhe anzuziehen.

Anschließend nahm ihn Marco auf seinem Fahrrad mit. Marinus saß auf der Stange. In Richtung Potzlow sagte Marco dann, dass wir in Richtung Schweinestall fahren, um dort Marinus noch etwas Angst einzujagen.

Marcel Schönfeld: Das war Anfang 2002. Da waren wir irgendwie besoffen so, hatten wir einen gesoffen. Ich bin eingepennt und der *Patrick* denn, mit 'n Kumpel, die ham mich bemalt, »I love you, Mutter« und sone Geschichten, mit sonem wasserfesten Filzer aufm Arm. Ich wach geworden, lese das, hab seine Eltern beleidigt. Sagt der, ich soll meine Mutter ficken. So was hat er denn gesagt. Und dann bin ich auf ihn mit der Schere los, und dann hat er mir vier oder fünf Dinger in die Fresse gegeben. Zwei Zähne kaputt, einer war abgebrochen, Kiefer war gebrochen, Jochbein war gebrochen, Schädel-Hirn-Trauma und Nase war auch. Konnt gar nich zurückhaun.

Jutta Schönfeld: Marcel hätt auch unterwegs zusammenbrechen können und verbluten. So wie der *Patrick* Marcel zusammengeschlagen hat. War Glück, dass er das bis zu uns geschafft hat. Marcel hatt sich nie gewehrt und nie geprügelt. Ebenso gut hätt einer von unseren Jungs das Opfer sein können.

Erzieherin in der Bildungseinrichtung: Und in der Zeit, also nachdem der Kumpel ihn da krankenhausreif geschlagen hat, da hat Marcel mir erzählt, dass er einen Bruder hat. Und ich sag, was, en Bruder hast du auch? Sagt er, hab ich eigentlich auch noch nie was erzählt darüber. Ich sag: Warum nicht? Lebt der nich mehr bei euch zu Hause? Ist der älter wie du? – Joa, der is älter, der is im Knast … Also mein Bruder, mit dem will ich eigentlich auch gar nischt mehr zu tun haben. Von mir aus müsst der gar nicht mehr rauskommen aus'm Knast, das wär das allerbeste. Wenn der erfährt, dass ich Drogen genommen hab und Haare gefärbt hab …, der geht über Leichen.

Heiko Gäbler: Verändert hat Marcel sich denn ganz schnell. Er hat gesagt, wenn sein Bruder draußen is, wollen se auf Party gehen. Da hat er mir gefragt, ob ich ihm ne Glatze schere. Ich hab erst noch gedacht, vielleicht stören den die langen Haare, war ja warm, war Sommer. Ich hab ne Haarschneidemaschine ohne Aufsatz. Mit drei Millimeter, sechs Millimeter, neun Millimeter und zwölf Millimeter. Aber er wollt: null Millimeter.

Er kam am Sonntag dann an, hat Springerstiefel angehabt, Fred-Perry-T-Hemd, war schon komisch gewesen. Is so mit Fred-Perry-Zeichen. Is nur mit Ehrenkranz, normalerweise steht da 88 und der Ehrenkranz. 88 für Heil Hitler.

An dem Abend haben wir wieder Feuer gemacht, draußen am See. Gab da so 'ne Negerin bei uns. Hat er gesagt, hier, auf'n Scheiterhaufen mit der, Negerverbrennung, Nigger brennen gut. Ich denk, was is das denn. Warum will er se auf'n Scheiterhaufen tun? *Tina* hieß die. Ich war nie an der interessiert. Die is nichts Besonderes, eigentlich.

Marcel is'n Mitläufer. Der denkt nicht nach ... Ich würd *Tina* ausweisen, weil sie Mischling ist. Ausweisen. Abschieben. Ich will mit sone nischt zu tun haben. Die is hier geboren, ich meine, da kann man nischt machen. Und wenn die jetzt zurück nach Mosambik kommt, oder wo ihr Vater herkommt, ist es ja auch fremd für die, is ja genauso Scheiße. Besser von vornherein was machen und nich erst danach, wenn die Kinder schon da sind, ja. Später passiert, weiß ich was, weil die Türken sind ja ganz schlimm, is ja ... Wir ham hier schon neun Millionen Ausländer. Schon hart wa?

Ich bin immer so einer, lass jeden in sein Land, wo er geboren ist. Sie ist ja hier geboren, lass jeden, wo er is. Das bringt doch nichts, wenn die jetzt alle auf 'm Haufen hier sind, gibt's doch nur Streit. Jeder sein Land für sich, und dann is gut. Alle ausweisen, alle wieder zurück. Knallhart sagen, ja. Hört sich zwar Scheiße an, aber ja.

Juden auch. In jedem Land gibt's ja Juden, Juden gehören zu jedem Land. Deutsche sind das nich. War schon gewesen, ja, mit den sechs Millionen.

Na wie soll ich das zusammenbringen? Ich hab meinen eigenen Kopp. War ja nich Hitler alleine seine Idee, die ganzen Juden zu töten, es war ja hier der Himmler. Der Himmler, der hat's ja organisiert, alles... Hitler hat das gar nich groß gewusst... Wenn er da schon drüber nachdenkt, der Himmler... dann kann man da schon mitmachen, wa? Also ich glaub das schon, dass die die ganzen Juden umgebracht haben.

Klar trag ich mein T-Hemd mit »88«. Ich meine, Klamotten tragen is doch was anderes als, als was man im Kopp hat. Heil Hitler... denkt man an die Zeit des Reiches, ja... Dass man dafür steht, dass man deutsch denkt. Deutsch denken, für die Zukunft denken, für die Familie da sein, arbeiten.

Torsten Muchow: Ich arbeite gerne. Hier im Dorf hat keiner Arbeit. Mit der Wende ging es los. Westdeutsche Firmen kamen in die DDR. Übernahmen Betriebe, zeigten uns, dass es auch mit weniger Leuten zu machen ist. Bessere Maschinen, und Leute dürfen zu Hause bleiben. Wir wurden nie dazu erzogen in Sachen Selbstständigkeit. Es hieß immer: Sei gehorsam, verteidige deinen Staat. Damit kannste keine Firma aufbauen. Aber plötzlich sollen wir es auf die Reihe bekommen. Plötzlich sollen wir uns selbstständig machen. Dass ich Formulare ausfüllen muss, Steuererklärung machen, habe ich nie gelernt. Gut, dann habe ich mir gedacht, machst dich privat. Fängst an mit Videos, mit Getränken, versuchst, was draus zu machen. Was ja dann auch lief. Dann bin ich in die Bundesrepublik gefahren und habe krampfhaft nach irgendwelcher Marktlücke gesucht, die man hier noch aufbauen konnte. Was ich dann auch in der Sache CWS-Hygieneartikel auch gefunden habe. Hygiene wird überall gebraucht. Seifenspender. Bin zu CWS hin und hab mir gedacht, wenn ich jetzt das Materielle übernehme, in der Gegend rumfahr und die Heike würde jetzt Bürosachen erledigen, hätte ich zwei Fliegen mit einer Klappe geschlagen: Erstmal hätte sie keine Langeweile, hätte eine Verantwortung, und ich habe meine Arbeit draußen. Habe aber in meiner ganzen Wühlerei nicht mehr drauf geachtet, dass die Heike mit dem Papierkram nicht klar kam. Ja, und das ist der Knackpunkt. Wenn die Arbeit nicht klappt, dann rastest du aus. Weil, du hast nen Handy, du hast ne Verantwortung für die Leute, die für dich arbeiten, für dein Geschäft, deine Autos. Du arbeitest am Wochenende, unter der Woche, du arbeitest bis spät abends, du kümmerst dich einfach nicht mehr um diese Familie. Weil, du bist auch viel draußen. Liebe geht durch den Magen. Ich fahr sehr viel rum, und da kennt man viele Leute. Die gutes Essen machen, die einen einladen, wo man nichts bezahlen muss. Da schmeckt es wie zu Hause. Und da verliert man den Kontakt, wenn die Frau mal ein schönes Essen gemacht hat, und man hat den Hunger nicht mehr so. Dann sagt man:

Ach, weißt du was, ist mir doch egal, ich kann draußen genauso gut essen. – Na, da verliert man so ne Sache, die Gefühle gehen weg.

Verhörender: Dritte Vernehmung des Beschuldigten Marcel Schönfeld, Beginn 13.10 Uhr. Hatten Sie früher direkte Kontakte zur rechten Szene?
Marcel Schönfeld: Das war vor drei Jahren. Ich war rechts, weil mein Bruder auch rechts war. Als er dann in den Knast kam, habe ich mich dann den anderen angepasst. Die Situation in Prenzlau hatte sich verändert. Viele ehemalige Rechte wurden eher Hip-Hopper und Technos. Denen habe ich mich angepasst.
Verhörender: Welchen Einfluss hat Ihr Bruder auf Sie?
Marcel Schönfeld: Er bezeichnet sich als nationaler Rechter. Er müsse Deutschland beistehen, und die Scheinasylanten müssen alle verschwinden.
Verhörender: Teilen Sie diese Auffassung Ihres Bruders?
Marcel Schönfeld: Nein, die Ausländer sind auch Menschen wie wir, wenn wir nach Polen fahren, sind wir ja dort auch Ausländer.
Verhörender: Herr Schönfeld, tun Sie alles, was Ihr Bruder sagt?
Marcel Schönfeld: Wenn er sagen würde, pöbel den dort an oder schlage ihn, dann tue ich das nicht. Kleine Gefälligkeiten mache ich schon, wie Zigaretten holen.

Ausbilder: Er is für mich ein ganz normaler Jugendlicher, der nach Orientierung gesucht hat. Marcel kommt an, ich sag: Wo sind denn deine Haare, wie siehst denn du aus, Mensch, lass sie dir bloß wieder wachsen. – Na, is ne Wette gewesen. – Die Glatze hat er dann 'n paar Tage oder ne Woche gehabt. Auf solche Dinge lege ich keinen Wert. Ich möchte nicht irgendwie 'n Feindbild schaffen. Ich lehne es ab, ihn jetzt als Rechten einzustufen. So ist er in meinen Augen nie gewesen. Das sag ich heute immer noch: Leute wie Marcel, die haben doch von Politik keine Ahnung. Die wissen ja nicht was los ist, da kann ich nicht sagen, du bist en Nazi. Was er da zu *Tina* gesagt hat – Nigger auf'n Scheiterhaufen, die brennen besser wie Dachpappe –, da steht der nicht dahinter, das is einfach so blöd daher gesagt. Die haben da ganz andere Ausdrücke, die kennen doch keine anderen. Heute find ich's ganz toll, rote Schnürsenkel zu tragen, morgen ziehe ich mir andere ein, übermorgen find ich's unheimlich toll, ne Schlafanzugshose anzuziehen und mit der rumzurennen.

Marcel Schönfeld: Im Stall ging es dann mit dem Schlagen weiter. In Richtung Ausgang, zur Jauchegrube gesehen, forderte ich Marinus dann auf, dass er sich hinknien und in die Bordsteinkante von den Futtertrögen beißen sollte. Marinus kniete sich auch nieder und biss zunächst in die Kante. Anschließend hob er den Kopf, und alle drei schlugen wir dann erneut auf ihn ein.
Verhörender: Wie kamen Sie auf die Idee, dass Marinus in diese Betonkante beißen soll?
Marcel Schönfeld: Die Idee kam mir plötzlich in den Kopf. Ich habe circa ein halbes Jahr vor der Tat einen Film im Fernsehen angeschaut. Es handelte sich hierbei um »American History X«. In diesem Film wird eine gleichartige Szene dargestellt. Ein Nazi nimmt in dieser Szene einen angeschossenen Neger an den Haaren und

legt ihn mit dem Kopf auf eine Bordsteinkante. Anschließend springt er auf den Kopf des Negers.

Ich forderte ihn dann erneut auf, in diese Kante zu beißen. Marinus tat dies auch. In diesem Moment brannten bei mir die Sicherungen durch. Mit beiden Füßen sprang ich dann kräftig auf den Kopf von Marinus. Ich trug zu diesem Zeitpunkt meine schwarzen Springerstiefel mit weißen Schnürsenkeln Größe 43. Diese stehen jetzt bei mir zu Hause auf der Bodentreppe. Danach war schlagartig Ruhe.

Birgit Schöberl: Herr Platzeck, der Ministerpräsident, war da, ein paar Tage, nachdem se Marinus gefunden hatten. Er hat gesagt, er kann nicht mehr tun. Er kann nur uns sein Mitgefühl aussprechen. Was nützt uns das Mitgefühl? Denken die Leute vielleicht, bloß weil der Herr Platzeck da war, dass wir vielleicht unterstützt worden sind oder was? Auf die Besuche hätt ich verzichten können. Da wird so viel Wirbel veranstaltet, so viel Wirbel. Und dann wird man noch als Sozialfall hingestellt. Kam ein Schreiben vom Wohnungsamt. Is ja jetzt einer weniger bei uns, wir leben auf zu viele Quadratmeter, schreiben die, wir ham kein Anrecht mehr auf die Wohnung, sollen uns nach ner anderen umsehen.

Ja, und wir können ja nich mal die Beerdigung bezahlen, wir können ja den Grabstein nicht bezahlen. Ist 'n Deutscher weniger wert als 'n Ausländer? Der Platzeck legt ja auch Kränze bei de Ausländer hin ans Mahnmal, sonste wohin. Warum hatte der für unseren Jungen nichts mehr übrig gehabt oder für die jugendlichen Deutschen, die alle umgebracht werden. Da tun se nichts.

Gutachter: Der Untersucher begegnet Herrn Marcel Schönfeld in der JVA Oranienburg. Er ist von großer Statur, durchaus kräftig und körperlich altersentsprechend entwickelt. Sein Gesicht ist blass und sorgenvoll. Immer wieder im Laufe der Exploration kommt er auf die drohende hohe Strafe zu sprechen. Dabei bleibt er in solchen Passagen sehr in sich gekehrt. Dieses eher gehemmte und kummervolle Erscheinungsbild wird dann aber immer wieder durch ein strahlendes, jungenhaftes Lächeln gebrochen. Er wirkt dann ganz zugewandt, anlehnungsbedürftig und emotional weich.

Herr Marcel Schönfeld berichtet, er kenne Marinus seit drei Jahren. Damals sei dessen Familie nach Potzlow gezogen. Es seien arme Leute, irgendwie seien die »aggressiv drauf gewesen«. Mal grüßten sie, dann hätten sie wieder nicht gegrüßt. Die seien nicht gemocht worden.

Die Clique von Herrn Schönfeld habe damals viel getrunken, auch das habe Marinus nicht gefallen. Er wollte nicht mitsaufen. Marinus habe einen Sprachfehler gehabt und genuschelt. Herr Schönfeld habe das nie kritisiert oder ihn deswegen gehänselt. Er selber sei schließlich auch eine Zeitlang auf einer Sprachheilschule gewesen. Er habe auch nicht den Eindruck gehabt, dass die anderen im Dorf ihn hänselten.

Jürgen Schönfeld: Und was meinen Sie, was damals in den sechziger Jahren für nen Trubel in Potzlow war. Da war hier nebenan die Gaststätte, die jetzt zu ist. Hier gegenüber, da war ne andere Gaststätte, da war Kino da drinne. Jeden Sonntag kam der Filmvorführer, da wurde Kino vorgeführt für 25 Pfennig Kinoeintritt, konnte ma hingehn. Hinter Seehausen, Warnitz, Freilichtkino, brauchte man nicht bezahlen. Haben wir abgewartet, bis alles düster war, dann ham wir uns rangeschlichen und denn … Maitanz war gewesen, da war Erntefest. Wurde auf dem Platz gefeiert und Tanz im Saal. Richtung Kirche, en riesen großet, weißes Haus, da war früher 'n Lebensmittelladen drinne, Henke, der wohnt immer noch da, aber der Laden is raus. Links davon, hinter der Gaststätte, da war früher Sprung, war auch noch 'n Lebensmittelladen. Dann gab's 'n Bäcker, dann gab's 'n Fleischer, dann gab's hinten bei der LPG noch mal ne Gaststätte, Paul Schlecht. Dann gab's 'n Friseur, der hat immer 'n weißen Anzug angehabt, da hab ich gedacht, det is 'n Arzt, hab ich mir nie die Haare schneiden lassen, war der alte Herr Wilde, dann war da ne Sparkasse drinne. Heute – alles nischt mehr. Von siebenhundert Leuten in der LPG sind zwei übrig geblieben. Die einzige Gaststätte hat auch dicht gemacht. Die paar Leute, die hier noch sind, können se wegtreiben und denn hier 'n Naturreservat aufmachen.

Birgit Schöberl: Ich hatt da keinen großen Kontakt im Dorf, ich nich. Ich hab dann nachher mal Leute kennen gelernt durch die ABM. So, wir waren ja zugezogen. Da haben schon die Jugendlichen bei uns die Briefkästen abgerissen. Und die Scheiben eingeschmissen und so. Ich bin ein Einzelgänger, ich brauchte das nich, ich hatte zu tun.

Also wenn ich auf'm Grundstück war, da hab ich mich heimisch gefühlt, ja. Wenn ich im Vorgarten war. Ich hab die Leute gegrüßt, aber namentlich hab ich sie nich gekannt. Ich bin nur bis zum Konsum gegangen, und ich habe guten Tag gesagt, und das hatte sich für mich erledigt. Die Potzlower, die leben in ihrer eigenen Welt. Wir waren die Hinzugezogenen. Und die Kinder ham auch lange gebraucht, bis sie Marinus akzeptiert haben. Den Matthias Muchow, den hat er bis zum Schluss gehabt. Das, das war nich der Abklatsch.

Aber wenn ich den Vater von die Schönfelds sehe, der sich hinsetzt und sagt: Wir sind keine Mörder. – Was sind se denn? Was sind's denn? Sind doch Mörder. Ham doch solche Kinder groß gezogen.

Jutta Schönfeld: 1994, als wa nach Potzlow zogen... Schwer, ich bin hier gar nicht klar gekommen. Weil zuvor, wir haben in Prenzlau gewohnt, und jetzt ist man auf dem Dorf. Ich bin hier sowieso zu keinem gegangen, nicht mal in die Kaufhalle bin ich gegangen, war praktisch nur auf dem Gehöft hier. Ich war mit Marco und Marcel so im Dorf, wo wir hier so keinen kannten. Marco ist hier nicht klar gekommen. Marcel schon, aber der Marco nicht.

Marco Schönfeld: Meine Mutter hat als Köchin gearbeitet, oft Samstag und Sonntag. Als Kind war ich oft bei Opa und saß mit auf'm Traktor. Mit dem hab ich Pferde stehlen können.

Wenn ich schlafe, soll ich genauso aussehen wie die Oma Ammi, wo sie gestorben ist. Sonst weiß ich kaum was von früher.

Achim Fiebranz: Det war bei mir uf der Wiese, hinterm Haus, Marcel und Marco warn och dabei, war ne wunderbare Party, sie haben Karten gespielt und alles wunderbar und dann mit enmal geht der Marco raus, schmeißt die Flasche Bier gegen die Pappel und ick sofort: Ey alter Freund, sag ick, krieg ich aber ne neue Flasche Bier für, oder du gibst mir Knete. – Mit enmal kriegt der ne Macke, der Marco, geht um die Ecke, da steht er und pisst halt bei Struckipi, damals mein kleener Hund, in den Zwinger rin. Da hab ick ihn umgedreht, ick sag: Alter verpiss dich! Globst du, det is ken Kampfhund? – Guckt er nur, ick sag: Du kannst den Kampfhund haben! – Hab ick ihm den Kampfhund gegeben, zweimal hintereinander, enmal so und zwei mal so, mit Ellenbogen hinterher und Knie in den Wanst, dann is er liegen geblieben, brüllt. Dann kam Marcel raus: Achim weste, det war richtig, der verprügelt mir och immer wenn er besoffen ist, jetzt hat er mal en echten Gegner gefunden.

Marco dann mit ner Asbestplatte von meenem Zwinger, uff mir druff damit. Mein Sternzeichen ist Steinbock, ick hab den Kopp dagegen gehalten. Ick mit Kopf durch. Dann hab ick ihn mir zur Brust genommen, hab ihn in 'n Wohnwagen genommen, hab ihn ringestoppt in ne olle Truhe, da wo man auch Bettzeug rinpacken kann, Luke zu, einfach mit em Karabinerhaken, ja los, alle gerufen, haben wa uns rufgesetzt. Jetzt trinken wa erst mal in Ruhe einen und dann warten wir erst mal, bis er nüchtern ist und der da unten Mhhmhhmbouo. Dann haben wir da gesessen, haben vier Kisten Bier uffgesoffen, haben det ganze Grillfleisch uffgefressen. Dann Luke vorne uff, hab ich Marco am Kragen genommen, hab ihm ene rin gehauen, wieder rin mit ihm, Luke zu, Kette ans Schloss gemacht. Der hat getobt wie ne gesengte Sau, da drin. Nach ner Stunde sag ick: Marcel, jetzt gehst du hin und holst en großen Eimer Wasser aus der Wanne und sowie ick die Luke ufmach, kippst et rin. Marcel, du verpisst dir, bevor der Marco wirklich rausspringt und auf dich anspringt. Dann hat der Achim wenigstens nur allene mit dem zu tun. – Marcel kippt, lässt den Eimer fallen und rennt raus. Buwoooo, kam der Marco hoch wie en Titan, dann hat er glech noch enen gekriegt von mir. Wat is denn los?, sagt er. Ich sach: Biste wieder klar? – Wieso, war irgendwat gewesen?, sächt er.

Gutachter: Herr Marco Schönfeld ist bereits strafrechtlich mehrfach in Erscheinung getreten. In der Auskunft des Bundeszentralregisters vom 12.1.2001 finden sich 17 Eintragungen. Dabei lag ein Schwerpunkt in Diebstählen, Fahren ohne Führerschein. Trunkenheit im Straßenverkehr. Daneben sind Hausfriedensbruch, Sachbeschädigung, Betrug, Nötigung, Vollrausch und Körperverletzungen aufgeführt. Marco Schönfeld wurde 1999 nach mehreren Verwarnungen zu drei Jahren Haft ohne Bewährung verurteilt und am dritten Juli 2002 aus der Haft entlassen, neun Tage vor dem Mord in Potzlow. Vier Wochen später raubt Herr Schönfeld ein Kfz, indem er den Halter gewaltsam aus dem Fahrzeug stößt. Mit diesem Kfz fährt Marco Schönfeld nach Prenzlau. Zusammen mit zwei Begleitern trifft er zufällig auf den Schwarzafrikaner Neil Duwhite, den er ohne äußerlichen Grund krankenhausreif schlägt. Dafür wird er im Oktober 2002 vom Landgericht Neuruppin zu einer Freiheitsstrafe von drei Jahren verurteilt. Im November 2002 wird er in der Haft mit dem Mordvorwurf an Marinus Schöberl konfrontiert. Er verweigert dazu jede Aussage.

Jürgen Schönfeld: Marco hat noch nie gelogen. Wenn er irgendwat gemacht hat, dann haste das ihm sofort angesehen. Das steht fest. Dat kann ich hundertprozentig sagen, also dass Marco ehrlich war und noch ist. Wir haben ihn zur Gewaltlosigkeit erzogen. Bei uns hat nie einer zurückgehaun. Der Marco nich, zumindest, wenn er nüchtern war. Der Marco, der is jetzt jemand, der schlägt zurück. Im Suff. Sonst ist er der liebste Mensch, sagt er selbst, der liebste Mensch.

Jutta Schönfeld: Marco war auf'm Fahrrad unterwegs. Das warn sieben oder acht Leute, sind ihm entgegengekommen. Ham ihn zusammengeschlagen. Die ham denn 'n toten Aal aus'm See geholt, dem Marco um 'n Hals gebunden und ihn denn ins Wasser gejagt. Dann musst er sich ausziehen, Aal wieder umgehängt, nackig vor denen gehockt, musst er sich einen runterholen. Ham se gegröhlt und alles. Wenn er das nich gemacht hätte, dann … Musst er machen. Das war so die Art von Begrüßung hier, für unsern Marco. Willkommen in Potzlow. 1994 war das, war er 14. Aber der hat uns nischt erzählt, alles in sich reingefressen. Mir hat er das zwei Jahre später erzählt. Wir haben beide in der Küche gesessen. Da saß er auch hier, so bedrückt. Ich sag, Mensch Marco, irgendwas haste. – Ja, sagt er, Mutti, aber darüber will ich nich sprechen. – Komm, sag ich, da hat er einen getrunken gehabt, und dann kam er damit raus. Ja, da hat er geweint. Ich sage, Marco, warum bist Du nicht früher gekommen, die hätten wir angezeigt.

Da hab ich ihn dann auch in den Arm genommen, aber Marco ist denn auch so, dass er sich nich drücken lassen will. Er hat seine Mauer aufgebaut, wo er keinen ranlassen tut.

Jürgen Schönfeld: Mein Vater – kurz bevor er gestorben ist, haben wir hier gesessen. Da hat mein Vater das erzählt, vom Weltkrieg, was er als Kind mitgemacht hat. Dass dann die Russen kamen. Kommt rein ins Haus, der Russe. Will mein Großvater seine Uhr, die Russen da haben die Uhr abnehmen wollen. Hat er gesagt, er gibt nischt raus, und dann wollten se die Uhr abreißen, meinem Großvater. Hat er sie nich rausgerückt, und dann wurden se beide stranguliert. Mein Großvater und meine Großmutter. Musst zugucken, mein Vater. Muss Schreie und alles gehört haben. Vor seinen Augen. Ja. Kurz vor Ende des Krieges.

Nach dem Krieg, alles aufgebaut, Hof, Wirtschaft, hier in Potzlow. 1960 müsste det gewesen sein. Erst mal waren se Einzelbauer, und dann wurde Typ 1 gebildet, das heißt dann, dass die Einzelbauern sich zusammengeschlossen haben zu ner Gruppe. Und dann hat jeder jedem geholfen, nich, und denn kam denn die Enteignung. Da wurden Kühe aus'm Stall geholt und Pferde und alles, wurde ne große Genossenschaft draus. Mussten wa unterschreiben, wie viele Rinder rausgegangen sind. Denn hieß es Volkseigentum, det gehört jetzt allen. Das war nur ne Umschreibung dafür, dass wa gar nischt mehr gehabt haben. Wir hatten kein Vieh im Stall, außer 'n Schwein zum Schlachten, das war alles denn. Was wollen Sie sich dagegen wehren? Die Wut saß drinne bei meinem Vater. Er hat det sich nich anmerken lassen, mir gegenüber nich. Nie wat gesagt. Nie.

Verhörender: Verhör Marcel Schönfeld. Was passierte, nachdem Sie auf den Kopf von Marinus Schöberl gesprungen sind?
Marcel Schönfeld: Mein Bruder fing dann an zu schreien: Scheiße, wir haben einen umgebracht. – Er sprach auch davon, dass wir ihn verbuddeln müssen. Am Ausgang in Richtung Jauchegrube rechts stand ein Schaufelblatt ohne Stiel.
Verhörender: Warum haben Sie keinen Arzt oder die Polizei verständigt?
Marcel Schönfeld: Ich hatte große Angst vor meinem Bruder Marco und auch vor Sebastian Fink. Die hätten mich windelweich geschlagen. Außerdem hatte ich Angst vor Bestrafung, da ich mich mitschuldig fühlte.
Verhörender: Ihre Erklärung erscheint bezüglich der Verletzungen des Marinus und anderer Aussagen unglaubwürdig. Wollen Sie Ihre Aussage diesbezüglich überdenken?
Marcel Schönfeld: Sie haben Recht. Nachdem ich mit beiden Füßen auf den Kopf von Marinus gesprungen bin, röchelte er noch und war noch leicht bei Bewusstsein. Marco schrie dann aber, dass wir keinen Arzt mehr anrufen können und wir ihn jetzt richtig um die Ecke bringen müssen.
Verhörender: Waren alle drei damit einverstanden?
Marcel Schönfeld: Von meinem Bruder kam die Idee. Ich war damit einverstanden.

Jürgen Schönfeld: Sind wir mit den Kindern damals viel nach Berlin gefahren, noch vor der Wende. Alles mit Zug. Tierpark und überall 'n bisschen rumgekuckt. Marco war immer für die Tiger und Leoparden. Wir haben det Geld gehabt damals, zu DDR-Zeiten. Ich hab hauptsächlich in der Zimmerei mitgearbeitet. Dachstühle gemacht und so ne Sachen. Samstags, sonntags bin ich arbeiten gegangen. Schwarz, sozusagen. In DDR-Zeiten hat kein Mensch danach gefragt, Hauptsache, du warst Montag wieder auf Arbeit. Insgesamt kam ich auf sieben Tage. Vierundsechzig Stunden pro Woche. Joa. Bis 86/87. Wir konnten überall hinfahren, Papa hat gut verdient. Wochenendarbeit hat viel Geld eingebracht, dazu Gehalt bei die Firma und alles. Durchschnittlich 3000 Ostmark auf der Hand gehabt. Da konnten wir leben wie Gott in Frankreich. Ham wir Urlaub gemacht. Sind wir nach Warnitz gefahrn, Betriebsbungalow, zehn Kilometer von Potzlow. Wir haben viel unternommen, für die Kinder sehr viel, immer wenn die 'n Wunsch hatten, wurde der erfüllt.

Gutachter: Schule und berufliche Entwicklung. Marco Schönfeld gibt an, er habe in den ersten drei Klassen immer alles Einser gehabt. Seine Lieblingsfächer seien Mathematik, Deutsch und Sport gewesen. Er sei erst mit sieben Jahren eingeschult worden. Er sei in eine Sprachheilschule gekommen, aber er habe nie einen Sprachfehler gehabt. Manchmal habe er sich mit Mitschülern geprügelt, da habe es schon mal einen Verweis gegeben. Nach der Sprachheilschule sei er dann in die Gesamtschule gekommen. Das sei in der 4. Klasse gewesen. Da seien sie über zwanzig Kinder gewesen, und er sei gleich sitzen geblieben. In der 5./6. Klasse habe er dann die Schule geschmissen.

Jutta Schönfeld: Bedrückt war er, aber wir wussten nicht, woran das liegt. Wir sind zur Schule hin, haben gesagt, hier stimmt irgendwas nich, und die haben immer gesagt, es ist alles in Ordnung.

Wir haben ihn gefragt, was ist denn los? Er hat sich nicht geäußert, nie. Das war wie ne Wand.

Jürgen Schönfeld: Ja, ne Wand.

Jutta Schönfeld: Wir haben gesagt, er soll sich nicht prügeln, aber wenn er was einstecken tut, dass se ihm verhauen, dann soll er sich wehren.

Jürgen Schönfeld: Wenn da drei, vier Jugendliche…, muss sich ja einer wehren.

Jutta Schönfeld: Marco hat sich nie gewehrt, Marco hat… Wir haben nischt mitbekommen. Gar nischt. Und die Lehrer wussten von gar nischt. Auch Klassenkameraden. Keiner weiß was.

Jürgen Schönfeld: Keiner weiß was, genau so isses. Keiner wusste wat, keiner weiß wat.

Jutta Schönfeld: Da kam er auch ständig nach Hause, angetrunken. Da war er zwölf, dreizehn, wo es anfing, da war er wie inner Sekte, da hat er sich immer mehr zurückgezogen, und ich konnte nächtelang nicht schlafen. Und dann kam er wieder 'n paar Tage nicht nach Hause. Wir überall geklingelt, gefragt. Die Polizei hat ihn da nicht gefunden. Die sind praktisch an ihm vorbeigelaufen. Er hat einfach unter dem Bett gelegen. In nem Obdachlosenasyl.

Der *Wegmann*. Der hat ihn da versteckt. Der *Wegmann*… total tätowiert, mit Glatze, das war en total Rechter gewesen. Denn fing das mit seiner Tätowierung an, »Rotfront verrecke«, oder was das war. Ich sag, Marco, sag ich, als wär ne Welt zusammengebrochen, als er auf einmal vor einem stand mit ner Glatze. Hat er gesagt: Det is cool. Det is meine Sache.

Angela Becker: Marco saß bei Kumpels auf'm Sessel. Das war 97, Silvester in Teltow. Total betrunken schon, freut er sich immer, fand ich ihn doof. Er nur gegrinst, nur gefreut. Der fand alles lustig, ja. Ich so, was is denn das für einer? Und dann fing's an. Warn beide in der rechten Szene, das is wie Familie. Seine Art, ich fand seine Art immer niedlich so. Fängt er 'n bisschen an zu stottern, musste bloß sagen, Marco langsam, dann war's o.k. Wenn wir in ner Gruppe waren, er war eigentlich immer mit der Ruhigste. Wenn's mir schlecht ging, er hat das gesehen. Ich weiß nich, warum. Und er kam dann auch immer an, hat mich in den Arm genommen, und das hat mich doch angesprochen. Er hat es einem auch entgegengebracht, was er fühlt. Wenn wir uns mal gestritten haben aus irgendwelchen Lappalien, und ich gesagt hab, dass mir das alles zu viel is, dann war es schon sehr oft so, dass er geweint hat und is dann losgelaufen und kam wieder an mit Blumen und alles.

Marco hat ... er hat weiche Hände.

Jutta Schönfeld: Weiß keiner, wie das passiert ist. Und da ist er ja mit dem Kopf genau durch die Glastür, genau geradezu, also. Da hat er so ne Rage gehabt, da hat er uns als, als Täter gesehen, dass wir böse zu ihm sind, und da is er auf uns drauf zugegangen.

Jürgen Schönfeld: Marco ist dann auch lauter geworden, hat die Augen verdreht und und und, richtig so so gebrüllt, laut ... lauter. Möbel zerkloppt, in der Veranda, da hat er mit der Faust raufgehauen, da war die Lehne abgewesen. Ich hab gedacht, das is nicht unser Marco. Und ich sage, bevor hier irgendwas passieren tut, ruf ich die Polizei. – Is er freiwillig mitgegangen. Und andern Tag, er wusste von gar nischt mehr.

Jutta Schönfeld: Das hab ich so oft zu Marco gesagt: Marco, komm, ich bin bereit. Ich steh dir zur Seite, ich komm mit zu den Anonymen Alkoholikern. Ich begleite dich! – Waren wa dann da gewesen. Hat da ne Frau zu ihm gesagt, er muss sich nich einbilden, dass er bloß die Füße bei uns untern Tisch stecken kann, dass er sein Essen und Trinken kriegt. Er muss auch dafür was tun. Da war's schon vorbei. Hat Marco zu mir gesagt: Du musst dir nich einbilden, dass ich dir noch mal helfe. Ich bin ken Alkoholiker. Ich bin doch nich blöd und geh hier her!

Gutachter: Zu politisch rechten Ideen. Marco Schönfeld gibt an, er habe sich immer als Rechter gefühlt. Er denke national. Früher sei das doch alles viel besser gewesen. Da habe es in der DDR keine Ausländer gegeben, und jetzt, als die Mauer fiel, sei »das ganze Gesocks rübergekommen«. Diese ganzen Scheinasylanten, man müsse sich die nur angucken, wie die schon aussehen, »die nehmen die Arbeitsplätze weg«. Die einzige Lösung sei, »die Kanacker und Türken rauszusetzen« und die Mauer wieder hochzuziehen. Dann habe wieder alles seine Ordnung und der Schmutz sei weg.

Jürgen Schönfeld: Ich hab zu ihm gesagt, mit seiner Glatze, ich sag, Marco, als Jugendliche, da mussten wir alle KZ-Besuch machen, das war so, in die DDR, Pflichtprogramm, mussten uns in der Schule angucken »Nackt unter Wölfen«. Da is keiner von den Nazis mit ner Glatze rumgelaufen, die haben alle nen vernünftigen Haarschnitt gehabt. Die Einzigsten, die mit ner Glatze rumlaufen mussten, waren die Kommunisten, die sie damals umgebracht haben, die Juden und alles, nich, die sind mit Glatze rumgelaufen. – Aber wem nützt das, ja, er hat an seinem Ding festgehalten, nich.

So lange wie die da oben an den Rädern drehen, wird es auch weiter so laufen, es werden immer mehr Jugendliche nach rechts rübergehen. In Potzlow ist doch jeder Zweite arbeitslos. Von die Jugendlichen hat kaum einer wat zu tun. Unsere Jungs braucht auch keiner mehr, wenn die mal rauskommen. Und von mir red ich erst gar nich. Ick hab 30 Jahre gearbeitet – bin arbeitsunfähig. Ich krieg keinen Cent im Moment. Rückenprobleme. Wucherung im Rückenmark, wenn ich auf der Leiter stehe, in 'n paar Minuten is vorbei. Kann gar nischt mehr machen.

Jutta Schönfeld: Wir müssen Kredite abzahlen, bleiben uns unterm Strich 130,- im Monat. Mein Mann hat 'n Bescheid bekommen. Ich hab zu viel Rente. 14 Euro 53 zu viel ... Deswegen kriegt er nichts, keine Unterstützung vom Amt.

Jürgen Schönfeld: Is ne große Sauerei, sie verarschen einen hier. Man kommt sich richtig gedemütigt vor. Vorher war ich derjenige, der das Geld nach Hause gebracht hat.

Jutta Schönfeld: Als die Frau im Amt das gesagt hat, da hat er sich aufgeregt, abends Kreislaufkollaps gehabt. Lag er mit dem Kopf zur Decke, mit starren Augen, als wenn ne Leiche gelegen hat. Hab ich ihn geschüttelt, gerüttelt, dann kam er nachher wieder zu sich, sag, ich ruf 'n Arzt.

Man steht da, als wenn man steif ist, man kommt einfach nicht mehr zum Telefon.

Jürgen Schönfeld: Da komm ich nich drüber hinweg, dass man weg vom Fenster is.

Angela Becker: Marco kam im Herbst 1999 in den Knast. Ich bin dann auch eingefahren. Hab so ner Eule, war auch in der rechten Szene, is aber mit nem Fidschi verheiratet, und das hab ich alles nich kapiert, nich gerafft, ne, denn hat's geknallt. Ich hatte 2,8 Promille, und ich kam überhaupt nich klar, weiss nich, was wir mit der Eule gemacht ham. Dann war es ein bisschen doll, dann haben wir ihr das Nasenbein gebrochen und alles so. Ich hab drei Jahre gekriegt und hab mich, sobald es ging, nach Luckau verlegen lassen. Zu Marco. Der wusst es schon, hat jeden Tag gewartet. Ich hab mir Arbeit in der Küche geben lassen, er kam Essen holen in der Küche, hat ausgeteilt auf Station, hat er die Kübel wieder zurückgebracht. Hab ich Marco in den Arm genommen, unser längstes war 20 Minuten, 25 Minuten. Für uns war es schön, andere haben mich beneidet: Du siehst ihn jeden Tag. –

Wir wollten zu Marco seine Eltern ziehen, oben in das Haus rein. Ich war öfter dort oben. Marco wollte eigentlich mit seinem Vater dort oben ausbauen, den Dachstuhl. Seine Mutter fand mich ja schon immer toll, ja. Marco is schon die Liebe meines Lebens. Egal, was war, auch nach der Geschichte da im Stall, trotzdem habe ich nie gesagt, dass ich ihn nich mehr liebe. Ich hab weiter daran geglaubt.

Kinder wollten wa zwei, ich bin 26, ich will auch mal anfangen, mit 40 will ich auch keine mehr, er auch, und wenn das mit Arbeit klappt ... Und dann wollte Marco auch seinen Führerschein machen, dann wollte ich meinen Führerschein machen, ja das waren halt alles so Wunschträume. Und denn, ich war noch in Luckau, da hatten wir dann Sondersprecher. Hat er meine Hand so genommen und: Schatz, willste mich heiraten?

Marco Schönfeld: Als ich aus dem Knast raus kam, da am 3. Juli 2002, da hat meine Schwester zu mir gesagt: Komm nach Bremen. Gibt Arbeit dort und allet. – Ich bin nich gefahren. Ich hab *Angela* besucht, im Knast in Luckau.

Wenn ich nach Bremen gefahren wär, wär das im Schweinestall nich passiert.

Verhörender: Verhör Marcel Schönfeld. Die Vernehmung wurde nochmals in der Zeit von 9 Uhr bis 10.40 Uhr unterbrochen.

Marcel Schönfeld: Ich bin bereit, weiter auszusagen und fühle mich dazu auch noch in der Lage.

Marco und ich suchten nach einem passenden Gegenstand, mit dem wir Marinus töten können. Ich fand dann im Nebenstall einen Stein. Es handelte sich hierbei um einen weißen Gasbetonstein circa dreißig mal dreißig Zentimeter groß. Mit diesem Stein ging ich dann wieder zurück an die Stelle, an welcher Marinus lag. Den Stein nahm ich dann mit beiden Händen, hob ihn über meinen Kopf und warf ihn mit voller Wucht auf den Kopf von Marinus. Dies tat ich zweimal. Marco fühlte im Anschluss daran den Puls an Marinus Arm. Er meinte dann, dass er hin wäre.

Marco sprach dann davon, dass wir Marinus verbuddeln müssen. Dann holte Marco das Blatt der Schippe und gab dieses dem Fink. Fink fing dann an, bei der Jauchegrube ein Loch zu buddeln. Ich habe ihm dann geholfen.

Als es uns tief genug erschien, bin ich mit Marco zu Marinus gegangen. Beide hoben wir ihn hoch und trugen ihn in Richtung Loch. Ich trug ihn an den Armen und mein Bruder an den Füßen. Dann warfen wir ihn mit dem Rücken zuerst in das Loch. Die Füße guckten noch heraus. Fink zog ihm dann die Schuhe aus und warf sie circa fünfzehn Meter weit in das dortige Maisfeld.

Dort wo Marinus vorher lag, befand sich ein großer Blutfleck. Eine Blutspur führte den Gang entlang bis zur Jauchegrube. Alle drei haben wir diese Spuren mit Kies abgedeckt. Als nichts mehr zu sehen war, sind wir mit den Fahrrädern direkt nach Hause gefahren. In der Wohnung unterhielten wir uns dann darüber, was eigentlich passiert ist und wie wir uns weiter verhalten sollten. Also, wenn die Polizei kommt und uns zum Aufenthalt des Marinus befragt, sollte ich sagen, dass ich nicht weiß, wo er abgeblieben ist. Dann haben wir uns schlafen gelegt.

Angela Becker: Wir haben telefoniert. Wir haben ja viermal die Woche telefoniert. Da wusste ich noch nicht, was sie da im Stall gemacht hatten. Marco hat zu mir gesagt, er kommt nicht klar damit, dass ich da drin bin und er woanders. Das hat er immer wieder gesagt. *Angela,* ich will es so nich, ich komm wieder zurück. In 'n Knast. Ich komm wieder zurück. – Ich sag, Marco, sag ich, dauert nich mehr lange. Ich sag, Marco, im Januar bin ich im offenen Vollzug, ich sage, und dann kann ich doch auf

Urlaub. Mann, die paar Monate schaffen wir auch noch. Ein halbes Jahr noch. Is doch auch nich mehr lange, wir haben so viel geschafft. – Sagt er, ich schaff es nich ohne dich, ich will nich ohne dich, ich kann nich ohne dich. Es is alles Scheiße ohne dich, ich komm wieder zurück.

Marco Schönfeld: Ich hab drei Jahre gesessen und solche Aggressionen aufgebaut. Die mussten raus. Det hätt jeden treffen können. Marinus kannte ich schon von vorher. Wenn ich gegen den wat gehabt hätte, dann hätt ich schon früher wat mit ihm gemacht. Jude, det habe ich schon zu vielen gesagt, und die hab ich auch nich umgebracht. Det war nich der Grund. Ich wollt den nie umbringen. Ich hab ihn auch nich umgebracht. Ich wollt ihn nur quälen und ärgern. Is eben aus der Situation heraus entstanden, und denn macht man det eben so, weil's Spaß macht und weil's nichts anderes gibt, was man machen kann. Da war nichts abgesprochen. Ich wusst selbst nicht, warum mein Bruder den da reinbeißen lässt, aber ich hatt natürlich auch nichts dagegen. Als Marcel da rauf gesprungen ist, war es für mich auch ein richtiger Schock. Das Bild hab ich heut noch vor Augen. Wie der dann aussah, wie der zur Seite gekippt ist, da war nichts mehr zu erkennen im Gesicht.

Jutta Schönfeld: Man kann zwar 'n alten Anzug, wenn er nicht mehr passt, wegschmeißen, aber Kinder sind da, sag ich. Egal wat kommt, wir werden bis auf den letzten Tropfen kämpfen. Wenn Marcel rauskommt, wollen wir oben ne Wohnung fertig haben. Mit Bad und allem. Wir sagen das auch dem Marco, aber den interessiert det in dem Moment nich. Verständlich ist es auch, ist auch ne lange Zeit bis dahin. Wird 'n Küchentrakt mit eingebaut, mit E-Herd und Kühlschrank drinne, im amerikanischen Stil, wie man es im Fernsehen sieht, dass die Küche in der Stube drinne ist. Wie man det nennt, heutzutage: Loft. Da kann er sich zurückziehen. Kann er Musik anmachen, kann er oben abschalten, wenn er runter kommen will, kann er runter kommen. Im Moment ruht det. Mit dem Rücken von meinem Mann geht gar nischt, und ich mit meinem Schwindel nach der Operation, kommen wir beide gar nich hoch nach da oben. Marcel schickt uns Geld aus'm Knast. Sonst könnten wir ihn gar nich besuchen kommen. Er sagt, Mama, das mach ich gerne. –

Er hat 220 Euro im Monat. Wir ham weniger. Obwohl wir im Prinzip fast unten sind mit allem ... 'n bisschen wat, was die Waage über Wasser hält, dass man sagt, det is doch nich umsonst det Leben, nich. Sonst wäre es wirklich sinnlos, wenn kener hier wär. Für wen soll man det alles machen, für wen sonst?

Birgit Schöberl: Sehr geehrtes Gericht, sehr geehrte drei Anwälte!

Im Namen meiner Familie und von mir als Mutti von Marinus bitte ich Sie, mit diesem Pokerspiel aufzuhören, kann das nicht mit ansehen. Haben Sie als Anwälte eigentlich ein Gewissen? Denken Sie an die unbeschreibliche Qual, die Schmerzen, die Angst, die Marinus erleiden musste. Er ist das Opfer, nicht diese Bestien. Das sind tickende Zeitbomben. Die tun das wieder. Einmal Mörder, immer Mörder. Ich habe Hass, Wut und Verachtung für diese Bestien. Die verdienen kein anderes Wort. Die haben genau gewusst, was sie taten in ihrer Kaltblütigkeit.

Suchen Sie keine Schlupflöcher, sondern führen Sie sich vor Augen, dass dieser Mord eingeplant war und keine Reue oder Bedauern gezeigt wird.

Diese Familie Schönfeld hat eine glückliche Familie zerstört: denken Sie an Marinus' Schwestern. Sie haben ihn geliebt und angebetet. Ich weiß, wie unsere Töchter leiden.

Unsere jüngste Tochter wird noch lange in Betreuung bleiben müssen, denn der Tag bei Gericht war wie am ersten Tag. Sie sagte zu mir: – Mutti, so muss es in der Hölle sein.

Jetzt verehrtes Gericht und Sie drei Anwälte. Hören Sie genau zu. Jetzt erzähle ich Ihnen etwas über unseren Sohn Marinus: Marinus war ein lieber und netter Junge. Er wurde in der Familie mit dem Spitznamen Blase gerufen. Er hatte ein Beschützerinstinkt unserer Enkelin *Lena* gegenüber. Er spielte mit ihr, reparierte ihr Fahrrad. Am meisten vermisse ich ihn. Er hat mich oft lachend in den Arm genommen und hat zu mir gesagt: Na meine kleine Mutti und hat mich gedrückt.

Diese Bestien verdienen keine Gnade. Die müssten so umgebracht werden wie unser Sohn.

So, nun wissen Sie, wie unser Marinus war. Fluch den Bestien, denken Sie an die Gerechtigkeit.

Familie Schöberl.

Birgit Schöberl hat den Ausgang des Prozesses nicht mehr erlebt. Am 24. Oktober 2003, dem Tag der Urteilsverkündung, starb sie an einem Krebsleiden.

Teil 2
Annäherungen

Marco Schönfeld

So gut wie nichts in Marco Schönfelds frühen Lebensjahren passt zum Klischee eines jugendlichen Straftäters. Die Eltern heiraten 1976, drei Jahre bevor Marco auf die Welt kommt. Der Vater Jürgen Schönfeld stammt aus Potzlow in der Uckermark, die Mutter Jutta aus dem Nachbardorf Pinnow. Jürgen und Jutta Schönfeld haben sich beim Tanz kennengelernt und ineinander verliebt – bei einer Frauentagsfeier im benachbarten Kaakstedt. Wenn die beiden von dieser Zeit erzählen, fällt für Momente die Anspannung ab, die sich auf ihren Gesichtern eingeschrieben hat. »Dreißig Jahre sind wir jetzt miteinander. Und jedes Jahr wird sie mir noch wichtiger. So eine Frau findet man kein zweites Mal« sagt Jürgen Schönfeld und fährt fort: »Obwohl sie selber kränklich ist, sorgt sie dafür, dass es weitergeht. Sie packt den Haushalt, macht alles. Will ich nicht mehr missen, meine Frau«.

Nach der Geburt ihrer Tochter *Carmen* ziehen sie 1977 von Potzlow in die Kreisstadt Prenzlau, wo sie in einer Plattenbausiedlung eine Wohnung erhalten. 1979 kommt Marco auf die Welt. Die Eltern arbeiten sehr viel und geben die Kinder oft zu den Großeltern. Vater Jürgen bringt es als Zimmermann auf bis zu sechzig Stunden in der Woche. Montag bis Donnerstag arbeitet er in Berlin und am Wochenende noch dazu häufig im Dorf. Mutter Jutta hat eine Stelle als Köchin, alle vierzehn Tage ist sie am Wochenende im Dienst. Rückblickend bereut es Jürgen Schönfeld, dass er so viel weg war und die besten Jahre mit den Kindern verpasst hat.

Marco sträubt sich, zum Großvater väterlicherseits zu gehen. Dessen herrische Art und plötzliche Ausbrüche machen ihm Angst. Marco meint, er sei ein ziemliches Ekel gewesen. Zum Großvater mütterlicherseits hat Marco ein gutes Verhältnis, er ist ein Mann, mit dem »er Pferde stehlen kann«. Marco wird von ihm »Sheriff« genannt, vielleicht weil er mit einem so ernsten Gesicht herumläuft und früh einen Sinn für Ordnung zeigt. Beide, Großvater und Enkel, verbindet ihr Sinn für Maschinen – und die Freude, an ihnen herumzubasteln. Der Großvater arbeitet als Traktorist bei der Landwirtschaftlichen Produktionsgenossenschaft und kennt die Motoren sämtlicher Gerätschaften, die dort eingesetzt werden. Marco ist sein »kleiner Maschinenschlosser«. »Da haben sich dann die zwei Richtigen gefunden«, so die Mutter.

Die Eltern versuchen das Beste zu machen aus der knappen Zeit, die ihnen mit den Kindern bleibt. Sie unternehmen gemeinsam Ausflüge, gehen schwimmen, spielen mit ihnen.

Einmal buddelt Marco – er ist fünf Jahre alt – auf einem Spielplatz in der Nähe der Wohnung in Prenzlau allein im Sandkasten. Sein Vater ist kurz weggegangen, um Besorgungen zu machen. Während seiner Abwesenheit spricht ein Mann mittleren Alters Marco an und lockt den kleinen Jungen in ein nahe gelegenes Haus, wo er ihn auf einen Dachboden führt. Als der Vater zum Spielplatz zurückkehrt, kann er Marco nirgends entdecken und beginnt sich Sorgen zu machen. Nachbarn, die Marco zusammen mit einem Mann gesehen haben, zeigen ihm den Hauseingang, in dem die beiden verschwunden sind. Jürgen Schönfeld sucht im Keller, ohne Erfolg, dann auf dem Dachboden. Dort wird er Zeuge, wie der Fremde sich an seinem Sohn vergeht. Er kann, so ist er überzeugt, »gerade noch Schlimmeres verhindern«. Der Fall kommt zur Anzeige, der Vater sagt gegen den Täter aus. Am liebsten hätte er »ihn so zusammen geschlagen, dass er nie mehr hätte aufstehen können«.

Marco Schönfeld hat nie über diesen Vorfall gesprochen, auch nicht gegenüber dem Gutachter im Prozess wegen des Mordes an Marinus Schöberl, obwohl das Gericht ein traumatisches Erlebnis von dieser Schwere strafmildernd berücksichtigen könnte. Doch Marco Schönfeld möchte nicht das Stigma eines »Opfers« tragen, das passt nicht in sein Idealbild eines Mannes: Der lässt es gar nicht so weit kommen, gedemütigt zu werden. So verweigert er sich einer weiteren Untersuchung des Gutachters, nachdem sein Verteidiger ohne seine Zustimmung das Thema angesprochen hat.

Mit sechs bekommt Marco ein Brüderchen, Marcel. Marco hat ein ebenso gutes Verhältnis zu ihm wie zu seiner älteren Schwester *Carmen*, mit der er immer zusammenhält. Marcel sei eben der kleine Bruder gewesen, sagt Marco. Er möchte ihn beschützen und sich um ihn kümmern. Zwar gibt es die üblichen geschwisterlichen Rivalitäten – Marco ärgert den jüngeren Bruder und nimmt ihm manchmal die Süßigkeiten weg –, aber davon abgesehen kommen die beiden prächtig miteinander aus.

Schon als kleines Kind hat Marco Schönfeld Sprachprobleme. Er stottert, kann bestimmte Wörter nicht sprechen. Mit sechs wird er deshalb auf einer Förderschule eingeschult, in der besonderes Augenmerk auf die sprachlichen Fähigkeiten gerichtet wird.

Nach vier Jahren wechselt Marco auf die Diesterweg-Grundschule in Prenzlau, wo er sich schwer tut. Er kann die Leistungsanforderungen nicht erfüllen, doch die Lehrer gehen auf seine Lernprobleme nicht ein. In einem vom Gericht bestellten Gutachten wird seine Intelligenz Jahre später mit dem Begriff »grenzdebil« beschrieben. Selbst wenn der IQ von 56 nicht dem realen Leistungsvermögen von Marco Schönfeld entsprechen sollte – weil Angeklagte sich vom schlechten Abschneiden in solchen Tests mildernde Umstände versprechen und Testfragen teilweise bewusst falsch beantworten –, bestätigt das Gutachten, dass er aufgrund seiner Leistungsschwierigkeiten gesondert hätte gefördert werden müssen. Das unterbleibt. Marco muss die vierte Klasse zweimal wiederholen, Erfolgserlebnisse sind ihm auf diese Weise kaum vergönnt. Mit einem Kind, das stottert, keinen Satz zu Ende sprechen kann, wollen die meisten Schulkameraden nichts zu tun haben. Er wird verspottet und gehänselt, fühlt sich minderwertig und ausgegrenzt. Er beginnt, die Schule zu schwänzen. Jürgen Schönfeld: »Zu Hause hat er nie davon gesprochen. Bedrückt war er, aber wir wussten nicht, woran das liegt.« Die Eltern nehmen mit den Lehrern Kontakt auf, doch die wiegeln ab. Jutta Schönfeld: »Wir haben den Lehrern gesagt, hier stimmt was nicht. Aber die haben immer gesagt, es ist alles in Ordnung.«

Marco Schönfeld schafft den Sprung in die fünfte und sechste Klasse. Die Hänseleien gehen auch dort weiter. Er geht tagelang nicht zur Schule. Jutta Schönfeld: »Wir haben gesagt, er soll sich nicht prügeln. Aber wenn sie ihn verhauen, dann soll er sich wehren. Wir glauben heute, dass er das nicht geschafft hat. Wir haben nichts mitbekommen. Die Lehrer wussten von gar nichts. Auch die Klassenkameraden. Keiner wusste was.«

Die Schönfeldts werden aufgefordert, wegen der langen Fehlzeiten von Marco ein Strafgeld zu zahlen, aber sie wehren sich dagegen: »Wir haben Marco ins Auto gesetzt und sind mit ihm zur Schule gefahren. Wir haben ihn auf dem Schulhof abgeliefert bei den Lehrern. Eine Stunde später haben die angerufen, Marco sei schon wieder weg. Wenn der Lehrer ihn wieder laufen lässt, ist das nicht unser Problem.«

Die Eltern fragen Marco, wieso er nicht zur Schule geht. Er schweigt. »Der war wie eine Wand«, so die Mutter. Später fragen sich die Eltern, ob er sich den Angreifern in der Schule schutzlos ausgeliefert fühlte.

Einige wissen doch etwas, zum Beispiel *Natalie Maller*. Ihr älterer Bruder ist mit Marco befreundet. Manchmal darf sie dabei sein, wenn die beiden losziehen, obwohl sie einige Jahre jünger ist. Marco entpuppt sich dabei immer mehr als Anführer. Die kleine Clique beherrscht den Schulhof. »Wir haben den Kindern Geld abgenommen. Marco hat halt immer die dollsten Ideen gehabt – und wir haben alles zusammen gemacht!«

Mit zwölf ist Marco Schönfeld zum ersten Mal völlig betrunken, nachdem er eine Flasche billigen Schnaps geleert hat. Jutta Schönfeld hat es, wie sie sich erinnert, an seinen Augen gesehen. Sie stellt ihn zur Rede. Langweilig sei ihm gewesen, sagt Marco. Von nun an trinkt er regelmäßig. Manchmal kämpft er mit Entzugserscheinungen. Dann zittern seine Hände, und er schwitzt.

Die Familie Schönfeld hat die Wendezeit ohne Blessuren überstanden. Jürgen Schönfeld hat weiterhin Arbeit und verdient gut. In Prenzlau gelten die Eltern als wohlhabend, was zu Spannungen mit manchen der Freunde führt. *Natalie Mallers* Eltern verbieten ihr den Umgang mit Marco, »weil die Schönfelds sich immer als was Besseres vorkamen«. Sie erinnert sich, dass Marcos Eltern ihrerseits verboten, dass er mit Kindern der Familie *Maller* spielte: »So verkommen, wie wir sind, und zehn Kinder, und meine Mutter säuft ... Hat uns nicht gekümmert, was die gesagt haben.«

Marco hat mehr Geld zur Verfügung als andere. Die einen sagen, es sei der »Schmott« der Eltern, die anderen sehen darin die Ergebnisse kleiner Raubzüge auf den Schulhöfen. Gern lädt er Freunde zu Bier und Schnaps ein, er will sich beliebt machen. »Irgendwann kommen sie immer wieder, ach, bist unser Kumpel, ist klar«, so *Natalie Maller*. Sie möchte mit ihm am liebsten allein sein.

Manchmal verschwindet Marco – und erzählt niemandem, wohin er geht. Auch die ältere Schwester *Carmen* bleibt eines Tages weg. Die Eltern suchen sie – und finden schließlich beide im Asylbewerberheim in Prenzlau.

Die vierzehnjährige *Carmen* hat einen jungen Rumänen aus dem Heim kennengelernt. Er ist Rockmusiker und »eigentlich auch sehr sympathisch«, wie die Mutter rückblickend meint. Sein Vater ist Lehrer und hat dem Sohn »etwas Bildung auf den Weg gegeben.« Am Anfang ihrer Beziehung mit dem Rumänen nimmt *Carmen* ihren zwölfjährigen Bruder gern mit, nicht zuletzt deshalb, um den Eltern die »Harmlosigkeit« der Freundschaft zu beweisen. Die Geschwister verbringen viel Zeit im Heim, sie spielen Karten mit *Carmens* Freund, trinken zusammen, schauen Videos, backen und kochen – oder hören zu, wie der Freund mit anderen zusammen Musik macht. Marco bewundert die ältere Schwester – und ihren Freund. Er freut sich, wenn er mitkommen darf.

Die Schönfelds tolerieren die Liebesbeziehung, die sich zwischen Carmen und dem rumänischen Asylbewerber entwickelt. Mehr noch: Sie laden den jungen Mann zu sich nach Hause ein und gehen selbst gerne gelegentlich zum Abendessen mit den Kindern ins Heim. Je mehr ihr Freund auch von den Eltern akzeptiert wird, desto weniger Wert legt *Carmen* darauf, dass Marco sie zu ihrem Liebhaber begleitet. Im Gegenteil: *Carmen* möchte ihren Freund lieber für sich haben und nimmt den kleinen Bruder nicht mehr mit. Dass er dies als Kränkung erlebt, ist anzunehmen.

Marco Schönfeld kommt trotz seines jungen Alters immer wieder betrunken nach Hause. Manchmal ist er auch ein paar Tage nüchtern, um dann umso betrunkener vor den Eltern zu stehen. Als der Vater versucht, ihn durch Verbote vom Trinken abzubringen, flüchtet Marco aus der Wohnung. Die Eltern suchen die ganze Stadt nach ihm ab.

Nach einigen Tagen steht Marco wieder vor der Tür. Sein Schädel ist kahl rasiert, er trägt Springerstiefel. Jutta und Jürgen Schönfeld sind froh, dass er wieder da ist und halten sich erst einmal mit Strafen zurück.

Die Veränderungen ihres Sohnes können sie sich nicht erklären. Bei der nächsten Auseinandersetzung versuchen es die Schönfelds mit Hausarrest. Marco kümmert sich nicht um die Strafmaßnahme seiner Eltern, er klettert einfach über ein Baugerüst aus der Wohnung. Als er am nächsten Abend wieder losziehen will, packt ihn der Vater und schüttelt ihn durch. Marco droht: Wenn der Vater ihn noch mal anfasse, dann bringe er jemanden mit. Bald darauf wissen die Eltern, was ihr Sohn mit seiner Drohung gemeint hat. Als Marco wenige Tage später an der Tür läutet, steht hinter ihm ein großer, muskulöser junger Mann mit Glatze. Marco stellt ihn vor: Das sei der »*Wegmann*«. »Der hat eiskalte Augen gehabt. Man hat Angst gehabt, dass der einen auch verprügeln tut«, erinnert sich die Mutter. *Wegmann* droht den Eltern: Wenn sie Marco noch einmal wegschlössen, komme er persönlich vorbei. »Ich box euch um«, soll er den Eltern noch auf den Weg gegeben haben. Die Eltern resignieren.

Jutta Schönfeld gibt ihren Job als Köchin auf und arbeitet in einem von Türken geführten Laden als Elektroverkäuferin. Sie hat jetzt mehr Zeit für die Familie – doch ihren Sohn Marco kann sie nicht mehr erreichen.

1992 stirbt der Großvater väterlicherseits. Jürgen Schönfeld erbt den Hof in Potzlow. Die Eltern beginnen, ihn zu modernisieren und auszubauen.

Der rumänische Freund von *Carmen* kommt inzwischen regelmäßig zu den Schönfelds. Er bemüht sich um die Anerkennung der Eltern, hilft dem Vater, das Dach des Potzlower Gehöfts neu zu decken. Doch dann berichtet *Carmen*, dass ihr Freund manchmal Dinge hat, die er sich von seiner Sozialhilfe alleine nicht hätte leisten können. Mal ist es eine Videokamera, dann wieder sind es Hausgeräte. Jutta Schönfeld schöpft Verdacht: In der Umgegend von Prenzlau haben sich die Einbruchsdiebstähle gehäuft, zwei seiner Kumpels aus dem Asylbewerberheim sind deshalb bereits verhaftet worden. Die Mutter ist überzeugt, dass auch der Freund ihrer Tochter etwas damit zu tun haben muss. Als sie wieder einmal im Asylbewerberheim zu Besuch ist, nützt sie eine günstige Gelegenheit – und schaut sich »ein bisschen um«. Dabei stößt sie auf Dokumente, aus denen hervorgeht, dass der rumänische Freund zweifach Sozialhilfe bezieht – unter seinem richtigen und einem falschen Namen. Jutta Schönfeld zögert nicht lange und gibt, ohne mit ihrer Tochter zu sprechen, die Dokumente an die Ausländerbehörde weiter. Der Betrug fliegt auf, der Freund soll abgeschoben werden. Am Tag der Abschiebung machen die Beamten der Ausländerpolizei mit ihm einen Umweg über die Wohnung der Schönfelds, wo sich der Rumäne von seiner Geliebten verabschieden darf. *Carmen* ist wütend auf ihre Mutter – vor allem, weil sie ihr nichts von allem erzählt hat. Sie konfrontiert ihre Mutter mit einem Geheimnis – dass sie von ihrem Freund schwanger ist. Mehrmals überlegt *Carmen*, ihrem Freund nachzureisen, aber ihre Eltern versuchen das auf alle Fälle zu verhindern. Sie gibt schließlich auf – um dann kurz nach der Geburt der Tochter *Anna* zu einem neuen Mann zu ziehen – nach Bremerhaven.

Marco Schönfeld erlebt den Weggang seiner Schwester als dramatischen Verlust eines vertrauten Menschen. Seine Wut und Enttäuschung richtet er auf den rumänischen Asylbewerber, aber auch auf die kleine *Anna*. Er begründet seine Ablehnung mit der nicht-deutschen Herkunft des Vaters. Marcel Schönfeld: »Mein Bruder wollte keine rumänische Nichte. Er hat das Kind auch nie in den Arm genommen. Er hat immer gesagt: ›Ich habe keine Nichte und ich will auch keine Nichte haben‹.« Jutta Schönfeld hat sogar Angst, dass Marco *Anna* schlägt. Einmal hat ihr »Marco wohl im Schlaf eine geklatscht«, wie Marcel sich erinnert. Sie hält sich daher oft in der Nähe von *Anna* auf.

Natalie Maller, Marcos Freundin aus Prenzlau, glaubt sich noch sehr gut an einen Vorfall zu erinnern, als die Gewalt gegen Asylbewerber zum ersten Mal eskalierte. Ihre drastische Schilderung mag ausgeschmückt sein, nach unseren Recherchen ist dieser Fall zumindest nirgends aktenkundig geworden. Marco Schönfeld selbst spricht über den Vorfall nicht. Dennoch zeigt die Beschreibung von *Natalie Maller*, wie weit offenbar die Hemmschwelle gesunken ist, Gewalt gegen Ausländer auszuüben. Marco habe geplant, zusammen mit ihrem Bruder »ins Kanakenheim reinzupoltern«. Noch heute bewundert sie die beiden für ihren Mut. »Die hatten doch keine Chance, zu fünft oder sechst da ins Asylantenheim reinzugehen, da sind Hunderte von Ausländern. Da muss man schon sehr überzeugt davon sein.« Auf dem Weg zum Heim treffen sie eine Gruppe von Asylbewerbern, offensichtlich Kurden, die an der Schleuse zum Unteruckersee spazieren gehen. Zwei der Frauen schieben einen Kinderwagen mit Babys. »Da ist Marco völlig ausgerastet, ruft ›Ihr dreckigen Kanakenschweine‹, nimmt denen ein Baby aus dem Kinderwagen, will es ins Wasser schmeißen. Der hatte es schon in der Hand, die Frauen haben geschrieen.« *Natalie Maller* berichtet, dass mehrere ausländische Männer den Frauen zu Hilfe eilen und Marco das Baby aus dem Arm reißen. Es kommt zu einer Schlägerei, Marco macht sich davon. *Natalie*: »Meinem Bruder haben sie Rippen gebrochen. Und Marco dann nachher cool: Wenn ich die Türken seh, ich box die alle um.«

Marco Schönfeld erlebt das Ganze wohl eher als eine Niederlage, für die er sich schämt, denn um seinen Mut zu beweisen, demonstriert er den Mädchen, was er alles aushält: Er fordert seine Clique auf, ihm brennende Zigaretten auf dem Rücken auszudrücken. Nach kurzem Zögern gehen die Mädchen auf seinen Wunsch ein. Er ist stolz, »nicht einmal Aua zu sagen«, erinnert sich *Natalie Maller*.

1994 zieht die Familie aus der Kreisstadt Prenzlau ins Dorf zurück. Viele der Dorfjugendlichen kennen Marco von den Wochenenden, die er bei den Großeltern in Potzlow verbracht hat. Der Fünfzehnjährige gilt inzwischen als gefährlich: »Wenn der besoffen ist, wart es zehn Minuten ab und es knallt. Im Suff ist der wie ne tickende Zeitbombe«, so Matthias Muchow, damals einer der Jugendlichen aus dem Dorf. Ein anderer Kumpel drückt es drastischer aus: »Marco ist eigentlich ganz freundlich, außer, wenn er gesoffen hat, dann dreht er voll an den Knöpfen, dann dreht sein Gehirn um, und dann hat er voll ein Ding an der Mütze.«

Einmal »leiht« Marco Schönfeld sich ein Moped von einem Kumpel. Er wird dafür von den anderen Jugendlichen bestraft: Sie binden ihn mit Handschellen an einen Baum und misshandeln ihn schwer. Kurz darauf versucht Marco ein weiteres Mal, ein Moped zu stehlen. Wieder wird er ertappt. Als er gerade davonbrausen will, stellt sich ihm die Schwester von Matthias Muchow in den Weg. Marco fährt, ohne zu bremsen, auf sie zu, sie kann gerade noch zur Seite springen. Anderen gelingt es, Marco zu stoppen.

Sie halten ihn fest, fesseln ihn mit Handschellen. Abwechselnd schlagen sie ihm ins Gesicht. Er beginnt aus

Nase und Mund zu bluten. Als sie von ihm ablassen, bittet Marco um eine Zigarette. Seine Lippe ist geschwollen, er kann die Zigarette nicht halten. Sie fällt zu Boden. Die Jugendlichen umringen und verhöhnen ihn. Johlend stecken sie ihm die Zigarette wieder zwischen die Lippen. Einer droht ihm: Wenn sie noch einmal rausfalle, schlügen sie ihn. Matthias Muchow erinnert sich, was dann passiert: »Die ist bestimmt zwanzigmal runtergefallen und jedes Mal hat er einen Schlag ins Gesicht gekriegt.«

Keiner der Dorfjugendlichen nimmt Anstoß an der brutalen Misshandlung. Die Schläge sehen sie als angemessene Bestrafungs- und Erziehungsmaßnahme. Die meisten der Jugendlichen haben Züchtigungen nach einem »Vergehen« schon am eigenen Leib erfahren. Hinzu kommt: Man macht Auseinandersetzungen auf dem Dorf unter sich aus: Es gehört sich nicht, die Polizei einzuschalten. Das war schon zu DDR-Zeiten so, als man von der Polizei nichts Gutes zu erwarten hatte, sondern nur mehr Ärger. Und nach der Wende hat ohnehin keiner mehr Respekt vor den Ordnungshütern.

Matthias Muchow liefert noch eine weitere Begründung für die Quälereien. Sie ist im Kern identisch mit dem, was Marco Schönfeld später als Grund für die Misshandlungen an Marinus Schöberl angeben wird: Langeweile. »Die haben ihn so behandelt, weil sie sonst nichts Besseres zu tun hatten.«

Auch als Marco Schönfeld einmal versucht, ein Auto zu stehlen, wird die Sache über Selbstjustiz geregelt. Falls er wegen der »Maßnahmen gegen ihn« die Polizei einschalte, würde er von ihnen eine Anzeige wegen Diebstahls erhalten – und »in den Bau einfahren«. »Auf diese

Weise hatten wir ihn im Dorf unter Kontrolle. Hier bei uns hat der sich nichts mehr getraut«, so Matthias Muchow.

Marco Schönfeld vertraut sich niemandem an. Selbst als die Misshandlungen zunehmen – und längst nicht mehr mit dem zurückliegenden Mopeddiebstahl zu rechtfertigen sind. Einmal muss er sich vor den Dorfjugendlichen ausziehen. Sie hängen ihm einen toten Aal um den Hals und zwingen ihn, vor der Gruppe zu onanieren. Dieser Vorfall ist eine traumatische Ohnmachtserfahrung für Marco.

Im November 1994 nimmt Jürgen Schönfeld mit einer Suchtberatungsstelle Kontakt auf. Das Jugendamt hatte zu einem Besuch geraten. Die dortige Psychologin erinnert sich, dass ihr von den Eltern »in einer Art Trommelfeuer« sämtliche Verfehlungen von Marco aufgezählt wurden. Er lüge ständig, mache sich eigene Gesetze, beschimpfe die Eltern mit gröbsten Ausdrücken. Er habe mehr als dreißig Tage die Schule geschwänzt, habe die Garage der Eltern aufgebrochen, um Benzin für einen alten Trabi zu klauen, mit dem er dann ohne Führerschein durch die Gegend gefahren sei. Er besuche jetzt die siebte Klasse ein zweites Mal.

Die Spannung zwischen Vater und Sohn ist mit den Händen greifbar. Um mit Marco Kontakt aufnehmen zu können, bittet die Psychologin die Eltern ins Wartezimmer. Die Entscheidung erweist sich als richtig, Marco geht aus sich heraus, fängt an zu reden. Er erklärt ihr, dass ihn alles ankotze, es werde mit ihm nur »rumgeblubbert«. Der Vater habe ihn zusammengeschlagen, worauf er zum Kindernotdienst gegangen sei. Dort habe er getrunken – und sei nach drei Tagen rausgeschmissen worden.

Nach dieser Unterredung schlägt die Psychologin Marco vor, eine Entzugsbehandlung in einer geeigneten Klinik in Eberswalde zu machen. Er fährt tatsächlich hin – und verlässt die Klinik umgehend wieder. Die Türen der Station sind abgeschlossen, das hält er nicht aus.

Die Schönfelds sind überzeugt, dass eine örtliche Trennung notwendig ist, um Marco wieder auf den richtigen Weg zu bringen. Marco ist das recht, er will weg aus Potzlow, möchte ein neues Leben anfangen, eine Lehre machen.

Das Jugendamt hilft bei der Suche. Marco soll in ein Heim ziehen und zunächst den Hauptschulabschluss nachmachen. Anschließend könne er einen Vorbereitungskurs für eine Lehre belegen.

Im März 1995 wird Marco in einer Einrichtung für betreutes Wohnen in Güterfelde am südlichen Rand von Berlin aufgenommen. Der Ort liegt 120 Kilometer von Potzlow entfernt. Anfangs lebt er sich gut ein. Doch bald gerät er auch hier in Schwierigkeiten: Mit »Ordnung, Sauberkeit sowie bei der Erledigung der Hauspflichten« hapere es, wie es in einem internen Bericht heißt. Auch lehnt Marco einen weiteren Schulbesuch ab. Trotzdem erhält er einen Platz in einem berufsvorbereitenden Lehrgang.

Wieder kommt er nur unregelmäßig zum Unterricht, wieder reichen für einen Abschluss seine Leistungen nicht. Er muss den Lehrgang verlassen, wohnt aber weiterhin im Heim in Güterfelde. An den Wochenenden fährt er mit Kumpels aus dem Heim nach Potsdam oder Teltow. Dort gibt es rechtsextreme Jugendliche, mit denen er sich gut versteht.

Vor allem interessiert er sich dort für ein Mädchen: *Angela Becker*. Sie lacht gern, hat Charme. Und sie sieht gut aus. Marco Schönfeld verliebt sich sofort in *Angela,* mit der er einige Gemeinsamkeiten teilt. *Angela* hat sich bereits in jungen Jahren Rechtsextremen angeschlossen, die für sie so etwas wie eine Ersatzfamilie sind. Um politische Inhalte geht es dabei kaum. In der Gruppe hat sie einen wesentlich älteren »väterlichen Freund« kennengelernt, der – anders als der eigene Vater – für sie da ist und sich um sie kümmert.

Angela Becker nimmt Marco anfangs gar nicht richtig ernst. Doch als es mit ihrem älteren Freund immer schwieriger wird, weil er sie wiederholt schlägt, kann Marco sich Hoffnung machen. Er umwirbt sie, bringt ihr Blumen mit, ruft sie an, um ihr zu sagen, wie sehr er sie liebt. Eine Zeitlang ist *Angela* mit beiden Männern zusammen. Wie sehr Marco Schönfeld diese Dreiecksbeziehung belastet, kann sie nur ahnen, denn er hat darüber nie mit ihr gesprochen. Schließlich entscheidet sie sich für den Jüngeren. Sie mag Marcos fröhliche, lebenslustige Art. Wann immer es geht, verbringen die beiden ihre Zeit gemeinsam.

Die Liebe zu *Angela* gibt Marco Schönfeld Auftrieb. Er spricht jetzt davon, dass er den Lehrgang abschließen möchte. Er betont, wie wichtig ein Abschluss für seinen weiteren Lebensweg sei.

Nach einigen Monaten sind die guten Vorsätze schon wieder vergessen, und es fällt Marco immer schwerer, pünktlich zum Lehrgang zu kommen. Die Ausbilder rügen ihn – und er trinkt. Er provoziert wiederholt jüngere und schwächere Kumpels. In Gesprächen mit Mitarbeitern bereut er solche »Vorfälle«. Schließlich droht man ihm an, dass er die Einrichtung verlassen müsse, wenn er sein Verhalten nicht ändere.

Manchmal versucht er allein, mit dem Trinken aufzuhören, dann gelingt es ihm, für ein oder zwei Wochen seinen Bier- und Schnapskonsum etwas einzuschränken. Irgendwann im Sommer 1996 kommt es wieder zu einem Übergriff: Wegen einer Nichtigkeit tritt Marco betrunken eine Tür ein. Er wird für ein paar Monate beurlaubt. Die Mitarbeiter sehen diesen »Warnschuss« auch als Chance. Sie hoffen, dass er ihn zum Anlass nimmt, sich über seinen weiteren Lebensweg Gedanken zu machen.

Marcos Eltern machen den verantwortlichen Erziehern heftige Vorwürfe. Sie sind der festen Überzeugung, dass »das betreute Wohnen alles [ist], nur nicht betreut«, so die Mutter. »Die haben gar nicht erkannt, wie es um Marco steht. Die haben abends zusammengesessen und mit Marco und seinen Kumpels getrunken.«

Im Herbst kommt Marco Schönfeld dennoch mit neuer Motivation zurück nach Güterfelde. Er will es schaffen. Er möchte es an einer anderen Schule versuchen. Das Arbeitsamt stimmt zu. Er erhält noch einmal die Möglichkeit, den Hauptschulabschluss nachzumachen – im Verbund mit einem berufsbegleitenden Jahr als Bauhelfer. Anfangs geht Marco regelmäßig zur Arbeit und zur Schule. Aber es dauert nicht lange, und alles ist wieder wie gehabt: Er trinkt regelmäßig, die unentschuldigten Fehlzeiten häufen sich.

Mitte 1996 droht ihm ein Gerichtsverfahren. Er ist unter anderem wegen Diebstahls und Fahrens ohne Fahrerlaubnis angeklagt. Doch noch einmal geht die Sache gut für ihn aus. Von einer weiteren Strafverfolgung wird, wie bereits in acht früheren Fällen, abgesehen. Es genügt dem Gericht, dass er nachweislich einen berufsvorbereitenden

Lehrgang besucht. Die in Ansätzen erkennbare positive Entwicklung wollen die Richter nicht gefährden.

Marco Schönfeld bekommt einen Betreuer von der Jugendgerichtshilfe an seine Seite. Der Betreuer, Vertreter des Jugendamtes und der Einrichtung für betreutes Wohnen sowie Marco und seine Eltern beraten gemeinsam, wie es weitergehen soll. Alle sind sich einig, dass es zu früh sei, ihn aufzugeben. Marco Schönfeld soll noch eine weitere Chance erhalten. Die Anwesenden hoffen, dass er seine Versprechungen, sich zu bessern, endlich in die Tat umsetzt.

Noch einmal wird er beurlaubt, von Mitte Dezember 1996 bis Anfang Januar 1997 – mit der Maßgabe, danach »sein berufsvorbereitendes Jahr erfolgreich zu absolvieren, den Arbeitsstunden nachzukommen sowie im Haus seine Aufgaben zu erfüllen und sein Verhalten entsprechend der Hausordnung zu gestalten«. Zwei Wochen läuft alles gut, Marco bemüht sich sichtlich, den Anforderungen gerecht zu werden. Doch Ende Januar 1997 kommt er plötzlich angetrunken zur Arbeit und schlägt den Meister ohne erkennbaren Grund krankenhausreif. Marco Schönfeld wird sofort entlassen und erhält eine Anzeige. Am nächsten Tag werden seine Eltern verständigt, die ihn kurz darauf abholen.

Marco Schönfeld kehrt nach Potzlow zurück. Wenige Wochen später muss er sich erneut vor Gericht verantworten, unter anderem, weil er »einem Punk auf die Fresse gehauen« hat. Am 26. Februar 1997 wird er vom Amtsgericht Prenzlau wegen Körperverletzung, Diebstahls und Fahrens ohne Fahrerlaubnis zu sechs Monaten Jugendstrafe verurteilt, die für zwei Jahre auf Bewährung ausgesetzt wird. Marco hat die Verhandlung in positiver Erinnerung: Es sei ein guter Richter gewesen, der habe nur eine Verwarnung ausgesprochen.

Marco bemüht sich nun in Potzlow um Arbeit. Nach einem halben Jahr wird ihm vorübergehend eine ABM-Stelle im Dorf zugewiesen, im Garten- und Landschaftsbau. »Für Marco war so eine Maßnahme nichts Ganzes und nichts Halbes. Lange hat er das nicht durchgehalten«, erinnert sich *Angela Becker*. An den Wochenenden fährt er nach Teltow, und bleibt manchmal auch am Montag noch dort. Einige Male lässt er sich krankschreiben, hin und wieder fehlt er einfach unentschuldigt. *Angela* fragt sich heute, warum sie ihn nicht stärker gedrängt hat, eine Ausbildung anzufangen. Sie ist sich sicher, dass Marco das Zeug dazu gehabt hätte, einen Schulabschluss und eine Lehre zu machen.

Aber sie weiß auch, dass er nicht der Typ ist, der sich Vorschriften machen lässt. »Was Arbeit anging, da hat Marco keinen Traum gehabt«, so *Angela Becker*. Einmal will er Maurer werden, ein anderes Mal Lackierer, dann will er lieber erst mal nur schauen, was es sonst noch gibt.

Sie selbst hat den Hauptschulabschluss nachgemacht und eine Ausbildung als Altenpflegerin angefangen. Marco hilft ihr bei den Prüfungen. Vor allem in Mathematik weiß er mehr als sie. Auch seine praktischen Fähigkeiten schätzt sie sehr, etwa, wenn es darum geht, ein Auto zu reparieren. »Du stellst es hin und er bastelt es dir ganz.«

Und wenn *Angela Becker* von der Arbeit zurückkommt, ist Marco Schönfeld immer schon zu Hause und wartet auf sie. Sie genießt es, dass er für sie da ist. Weil sie nur ein kleines Zimmer hat, wohnt er zeitweise auch bei einem Freund, *Stefan Unger*, der in Teltow bei seiner Mutter lebt. Marco Schönfeld entwickelt ein intensives Verhältnis zur Mutter seines Freundes. *Angela Becker* fällt auf, dass er zu ihr »Mutti« sagt.

Ab und zu besuchen Marco Schönfeld und *Angela Becker* eine Kneipe, in der auch getanzt wird. Marco, so erinnert sich *Angela Becker*, konnte sich zusammenreißen: »Er trank seine drei, vier Bier, dann war aber gut. Er wusste, dass ich es nicht mag.« Nicht immer ist es dabei geblieben. »Wenn er dann doch mal besoffen war, war er immer lieb zu mir.« *Angela Becker* kann sich auch nicht erinnern, dass er gegenüber seinen Kumpels aggressiv wurde.

Die Eltern Schönfeld erleben Marco anders. Immer wieder gibt es Streit, wenn er betrunken ist. Einmal will die Mutter, dass Marco nicht weggeht. Sie ahnt, dass er das Auto der Eltern benutzen will, um ohne Führerschein nach Teltow zu fahren. Jürgen Schönfeld mischt sich ein. Es kommt zu einem Gerangel. Im Verlauf der gewaltsamen Auseinandersetzung droht Marco, sich eine Pistole zu beschaffen, und er kündigt an, die Eltern zu erschießen. Sein Vater ruft die Polizei. Die Streife nimmt ihn mit in die Ausnüchterungszelle, Marco leistet keinen Widerstand.

Im August 1998 attackiert er aus nichtigem Anlass ein junges Paar in Potzlow, Freunde von *Anja Meiners*, die vor ihrem Haus zelten. *Anja Meiners* und ihr Bruder werden später Zeuge der Misshandlungen von Marinus Schöberl. Marco Schönfeld ohrfeigt die Frau und tritt »mit seinem beschuhten Fuß«, so die Ermittlungen der Staatsanwaltschaft, auf den männlichen Gast ein. Als das junge Paar ins Haus von *Anja Meiners* flüchtet, verfolgt Marco sie in die Wohnstube. Frau *Meiners* und ihr Lebensgefährte fordern ihn auf, das Haus sofort zu verlassen. Er weigert sich und bedroht nun auch *Anja Meiners*. Sie ruft die Polizei und stellt Strafanzeige. Bei einer Blutprobe wird bei Marco Schönfeld ein Alkoholwert von 1,42 Promille festgestellt.

Ein paar Monate später, Anfang 1999, bricht er in Potzlow mit ein paar Kumpels und seinem jüngeren Bruder Marcel in einen Getränkeladen ein. Sie lassen einen Kasten Bier und zwei Flaschen Sangria mitgehen. Nachdem der Kasten geleert ist, wollen sie sich ein Auto »ausleihen«. Marco Schönfeld bricht es auf und setzt sich ans Steuer, die Kumpels steigen mit ein. Seinen Bruder lässt Marco allerdings wieder aussteigen, weil er ihn »da nicht reinziehen will«. Volltrunken fährt er nach Prenzlau. Am Ortseingang kommt er ins Schleudern, der Wagen rammt mehrere Schilder und kommt als Wrack zum Stehen. Marco Schönfeld und seine Kumpels werden festgenommen, aber bereits am Abend wieder freigelassen.

Der Autodiebstahl spricht sich im Dorf schnell herum. Diesmal sind es ehemalige Rechte, die ihm im Jugendclub des Orts eine Abreibung geben wollen, weil er nichts gelernt habe und noch immer rechts sei. Die Potzlower Sozialarbeiterin Petra Freiberg erinnert sich an die heikle Situation. Marco habe hinter ihr gestanden. »Ich hab mich zu ihm umgedreht: Augen voller Angst.« Er bleibt in sicherer Position hinter ihrem Rücken stehen. Die jugendlichen Schläger wissen, dass Petra Freiberg in ähnlichen Fällen Anzeige erstattet hat und ziehen ab. »Auch wenn ich ein Sozialarbeiter bin, ist mir total egal, da ist Schluss-aus-Ende.«

Am 18. Februar 1999 wird Marco Schönfeld vom Amtsgericht Prenzlau im Fall *»Meiners«* wegen gefährlicher Körperverletzung und Hausfriedensbruch zu einem Jahr und sechs Monaten Jugendstrafe verurteilt. Marco hat Glück: Bis zum Strafantritt einige Monate später bleibt er auf freiem Fuß.

Je größer die Probleme in Potzlow werden, umso wichtiger wird für Marco Schönfeld seine Freundschaft mit *Angela Becker*. Die Gewaltexzesse in Potzlow belasten allerdings zunehmend die Beziehung zu ihr. »Wenn ich gesagt hab, dass mir das alles zu viel ist und es nicht mehr mit uns geht, dann hat er oft geheult. Er kam dann an, mit Blumen. Er hat gekämpft.«

Marco kämpft nicht nur um *Angela*, sondern auch um Anerkennung in der rechten Szene. Er merkt, dass sein fehlender Schulabschluss und die Tatsache, dass er keine Arbeit hat, im »Ranking« der Gruppe eine Rolle spielen. Aber er will um jeden Preis dazu gehören. Mit *Angela* und seinen Kumpels hört er fast ausschließlich Kassetten mit rechtsextremer Musik. Viele Texte kann er auswendig. Er besucht mit *Angela* Konzerte der »Landser« oder der »Zillertaler Türkenjäger«. Ab und zu nehmen sie und die Kumpels auch an NPD-Demos teil. Marco geht hin, weil die anderen hingehen, denn mit Politik beschäftigt er sich sonst wenig. Wenn er sich politisch äußert, dann meist in Form von groben Versatzstücken aus dem rechtsextremen Zitatenschatz, vermischt mit Parolen aus den Liedern von Frank Rennicke und diverser rechtsextremer Bands. Auch seine Freundin unterstellt ihm kein tieferes politisches Interesse. »Nach außen hin trägt er Stiefel und schneidet sich eine Glatze, aber das war's dann auch schon.«

Kern der gemeinsamen Überzeugungen ist die Überlegenheit der eigenen Rasse. Die Deutschen haben aus ihrer Sicht deshalb ein Anrecht, bevorzugt behandelt zu werden. Für alle, die von dieser Linie abweichen, zeigen sie wenig Verständnis. Eines der Mädchen aus der Szene hat sich mit einem Vietnamesen angefreundet. Mit anderen Jugendlichen schlägt *Angela Becker* sie Ende 1999 krankenhausreif. Wegen verschiedener Vorstrafen aufgrund ähnlicher Delikte, die zunächst zur Bewährung ausgesetzt wurden, erhält sie diesmal eine dreijährige Haftstrafe.

Marco Schönfeld muss bereits im Sommer 1999 seine Haft in der Jugendstrafanstalt Spremberg antreten. Er ist zum ersten Mal inhaftiert – und tut sich schwer mit dem Leben in der Haftanstalt. Einige der Mitgefangenen machen Witze über ihn, ziehen ihn auf. Eine Sozialarbeiterin mutmaßt, dass er von mehreren Gefangenen in einer Gemeinschaftszelle misshandelt wurde. Er selbst spricht darüber nie, auch mit *Angela Becker* nicht. Sie bemerkt nur, dass er sich in der Haft verändert hat. »Es muss schon irgendwas Heftiges gewesen sein, was ihn kaputt gemacht hat. Seitdem ist es schlimm geworden mit ihm, seine Aggressivität anderen Häftlingen gegenüber.«

Die Justizbediensteten nehmen diesen Vorfall ebenfalls wahr. In einer Aktennotiz heißt es: »Aufgrund teilweise massiver Ängste vor Mitgefangenen nimmt der Gefangene nicht am Aufenthalt im Freien teil. Er fühlt sich bedroht und von Mitgefangenen unter Druck gesetzt. Daher wurde er auf einen anderen Haftraum verlegt, in dem sich Gefangene mit eben solchen Problemen befinden.«

Die Konflikte mit Mitgefangenen schlagen auf seine Arbeitsmoral durch: Zwei Kurse als Maler beziehungsweise Lackierer und im Garten- und Landschaftsbau bricht Marco Schönfeld nach häufigen Fehlzeiten ab. Ihm wird attestiert, nur »wenig motiviert und antriebsarm bezüglich einer Teilnahme an einer Ausbildungsmaßnahme zu sein. In den Gesprächen zeigt er sich uneinsichtig, Ratschläge und Hinweise werden nicht angenommen.«

Die Eltern bekommen von alledem wenig mit. In den ersten Monaten nach der Inhaftierung schreibt Jutta Schönfeld Marco noch regelmäßig. Seine Antworten fallen eher einsilbig aus.

Am 4. November 1999 wird er unter Einbeziehung der vorangegangenen Haftstrafen wegen weiterer Delikte (Diebstahl, Fahren ohne Fahrerlaubnis) zu einer Gesamtfreiheitsstrafe von zwei Jahren und vier Monaten verurteilt. Ein Gutachter bezeichnet in seiner Stellungnahme den Alkoholkonsum als ausschlaggebend für die Straftaten: »Es ist aus meiner Sicht nicht auszuschließen, dass Marco Schönfeld in Folge seines Hanges erneut erhebliche rechtswidrige Taten begehen wird, die eine Unterbringung in einer Entziehungsanstalt rechtfertigen würden.« Ein solcher Schritt erscheint dem Gutachter jedoch als »aussichtslos, da der Heranwachsende sich bislang einem Entzug verwehrt«.

Im Januar 2000 kommt eine weitere Schwierigkeit hinzu: die Tumorerkrankung der Mutter. Am 12. Januar 2000 muss sich die Mutter einer schweren Operation unterziehen, und es ist unklar, ob und in welchem Zustand sie den Eingriff überstehen wird. Dreimal versucht er telefonisch herauszubekommen, wie es seiner Mutter geht, aber er erhält von den Ärzten keine Auskunft. Es belastet ihn, dass er sie nicht besuchen kann. Nach der Operation schafft die Mutter es nicht mehr, Marco zu schreiben. »Ich brauch bloß eine Tasse festhalten, da fängt das an zu zittern. So ist das auch beim Schreiben.« Marco Schönfeld fühlt sich von der Familie abgeschnitten.

Am 21. November 2000 stirbt überraschend sein Großvater mütterlicherseits, mit dem er als Kind gern viel Zeit beim Herumbasteln an Maschinen verbracht hat. Er verliert damit eine seiner wichtigsten Bezugspersonen. An kaum einem Menschen hat er so gehangen. Marco setzt, nachdem er die Todesnachricht erhalten hat, mit Teebeuteln und vergorenem Brot Alkohol an. Den Wärtern fällt wenig später auf, dass er torkelt. Zur Strafe werden ihm alle Erleichterungen des Haftalltags gestrichen, und man verweigert ihm die Teilnahme an der Beerdigung des Großvaters.

Marco Schönfeld protestiert dagegen auf seine Weise. Mit einem eingeschmuggelten Handy versucht er nicht nur, seine Mutter anzurufen. Er alarmiert auch die Feuerwehr. Dafür verurteilt man ihn einige Monate später zu weiteren zwei Monaten Haft.

In einem Bericht der Justizbediensteten aus dem September 2001 scheint eine andere Seite von Marco Schönfeld auf, die dem Bild des Außenseiters, der zum Ziel von Hänseleien wird, zum Teil widerspricht: »Im Gefangenenklientel des Haftraums tritt er gerne in den Mittelpunkt. Mit imponierender Pose versucht er Aufmerksamkeit zu erringen. Sein äußeres Erscheinungsbild ist ungepflegt und an der Grenze zur Normalität. Durch Tätowierungen lässt er sich der rechtsextremen Szene zuordnen. Sein Arbeitswille kann bis heute nicht nachvollzogen werden, eine Tätigkeit hat er nicht aufgenommen.« In einer weiteren Stellungnahme heißt es: »Trotz intensiver Bemühungen und verschiedener Angebote kam Herr Schönfeld seinen Pflichten im Arbeits- und Ausbildungsbereich nicht mehr nach und es wurde zwischenzeitlich erwogen, ihn aus dem Jugendvollzug zu nehmen.«

Im Oktober 2001 wird er nach Luckau verlegt. *Angela Becker,* die in einer anderen Haftanstalt eine Strafe absitzt, lässt sich ebenfalls dorthin verlegen. Marco Schönfeld bewirbt sich erfolgreich um eine Stelle als Hausarbeiter. Er kommt damit in der ganzen Haftanstalt herum, unter anderem auch in den Küchentrakt, wo *Angela* arbeitet. Immer wieder treffen sie sich für einige Minuten. Marco Schönfeld blüht auf, das registrieren auch die Bediensteten. In einer Aktennotiz heißt es: »Seiner Arbeitspflicht kommt er gut nach, die Qualität und die Quantität sind stark abhängig von einer klaren Anweisung, wobei er sich sehr bemüht. Sein Verhalten kann als weitgehend beanstandungsfrei gelten. Er ist hafterfahren, höflich und gut an die Haftsituation angepasst. Er ist ein rechtsgerichteter Heranwachsender, wobei hier seine Gesinnung kaum zum Tragen kommt.«

Doch sein Verhältnis zu *Angela Becker* ist nicht unkompliziert. Auch andere Männer interessieren sich für seine blonde Freundin.

Immer wieder glaubt Marco Schönfeld, *Angela* zu verlieren. Er reagiert nicht gerade zimperlich, droht einem Widersacher mehrmals, »ihn umzulegen«. *Angela* spielt die Kontakte zu anderen Männern herunter: »Ich hab mich ab und zu mal mit einem am Fenster unterhalten, aber nie irgendwie groß, dass Marco hätte so austicken müssen, nie. Ich hab das Marco auch erklärt, aber entweder konnte er mich nicht verstehen oder er wollte mich nicht verstehen.«

Marco Schönfeld will die verbleibende Zeit im Gefängnis für eine Lehre nützen – am liebsten für eine Ausbildung zum KFZ-Mechaniker. Aber diese Ausbildung wird in Luckau nicht angeboten. Ohnehin hätte er zuvor ein berufsvorbereitendes Jahr abschließen müssen. Das, so behauptet er, sei ihm aus Kostengründen verweigert worden, weil die Anstalt nicht über die nötigen Fördermittel verfügt habe. Marco Schönfeld will nun stattdessen seinen Hauptschulabschluss angehen, aber auch diese Möglichkeit gibt es in der Haftanstalt nicht. Man bietet ihm an, an einer Trainingsmaßnahme teilzunehmen. »Das hat dann eine Justizvollzugsbeamtin gemacht, die hat die Häftlinge so ab und zu gefragt, ob sie noch eins plus eins wissen, und das war es«, so *Angela Becker*. Marco Schönfeld ist überzeugt, dass er »das geschafft hätt, ne Lehre – oder auch die zehnte Klasse. Wenn ich die Möglichkeit gehabt hätte. Hätte ich mehr von gehabt, als wenn ich ein paar Kübel schlepp. Drei Jahre Knast – für nichts.«

Im Frühjahr 2002 wird Marco Schönfeld in die Justizvollzugsanstalt Cottbus verlegt. Er stellt einen Antrag auf vorzeitige Entlassung. Die Anstalt stellt eine negative Sozialprognose und lehnt sein Gesuch ab.

Am Mittwoch, dem 3. Juli 2002, wird er entlassen, neun Tage vor der Tat.

Marcel Schönfeld

Marcel kommt als Wunschkind auf die Welt, im März 1985, freudig erwartet von seinen Eltern Jutta und Jürgen Schönfeld. Der Zimmermann Jürgen Schönfeld muss Mitte der Achtziger nicht mehr aufgrund seiner Arbeit einige Tage in der Woche in Berlin übernachten, deshalb bekommt er von Marcel viel mehr mit als seinerzeit vom älteren Sohn Marco im selben Alter. Doch auch Marcel verbringt viel Zeit bei den Großeltern, die für ihn, wie schon für seinen Bruder, wichtige Bezugspersonen werden. Mit Marco und seiner Schwester *Carmen* ist er an den Wochenenden oft in Pinnow, wo Opa und Oma mütterlicherseits ihren Hof haben. Anfangs fällt es Marcel schwer, sich von der Mutter zu trennen. Er weint viel und hat Heimweh. Manchmal muss Jutta Schönfeld vorzeitig mit der Arbeit aufhören, um ihn bei den Großeltern abzuholen.

Mit der Zeit allerdings wird sein Verhältnis zum Großvater immer besser. Der Traktorfahrer bei der LPG macht »jeden Spaß mit«, hilft ihm später bei den Schulaufgaben und ist für ihn da, wenn seine Mutter gerade einmal nicht erreichbar ist. Haben die Brüder Streit untereinander, greift der Großvater schlichtend ein.

Manchmal passt auch seine fast zehn Jahre ältere Schwester *Carmen* auf Marcel auf, wenn beide Eltern arbeiten müssen. Sie holt ihn vom Kindergarten ab und beschäftigt sich stundenlang mit ihm.

Auch Marcel hat einen Sprachfehler, und so wird er 1991 in eine Sprachheilschule eingeschult, in der die Lehrer sich um seine Artikulationsschwierigkeiten kümmern. Marcel kämpft mit dem »k« und dem »sch«, statt »Schlitten« etwa sagt er »Litten«. Er besucht die Schule vier Jahre lang, sie macht ihm Spaß.

Mit neun Jahren zieht Marcel mit der Familie nach Potzlow. Er geht jetzt in Potzlow-Strehlow auf die Dorfschule. Zwar fällt es ihm nach dem Besuch der Förderschule schwer, das Leistungsniveau der Dorfschule zu erreichen, aber anders als sein Bruder Marco hat er mit den Klassenkameraden keine Probleme. Er kann sich durchsetzen und wird nicht gehänselt. Einige der Mitschüler kennt er außerdem auch schon von den Wochenenden, die er bei den Großeltern verbracht hat. Ihm fällt das Eingewöhnen in Potzlow deutlich leichter als seinem älteren Bruder.

Zuhause eskalieren in dieser Zeit die Auseinandersetzungen zwischen Marco und den Eltern. Marcel versucht, sich aus dem Konflikt so gut es geht herauszuhalten. Für ihn ist Marco ein »Draufgänger«. Er raucht mit ihm seine erste Zigarette – da ist er gerade mal acht Jahre alt. Manchmal wird er von Marco unter Druck gesetzt: Der älterer Bruder will, dass er mit auf Tour geht, sonst, so droht Marco, wird er ihm »eine ballern«. Jutta Schönfeld ergreift in solchen Situationen für ihren Jüngsten Partei: »Wenn zu Hause Marco ihm mal ans Fell gehen wollte, haben wir Marcel in Schutz genommen. Was dann draußen passiert ist, das weiß man nicht so ...« Aber eigentlich, so meint Marcel, kommt er ganz gut klar mit Marco, auch dann, wenn der wieder einmal betrunken ist.

Mitte der neunziger Jahre gerät Marcel in der Schule ernsthaft in Schwierigkeiten. Er kann in Mathematik nicht mehr mithalten und muss die fünfte Klasse wiederholen.

1995 kommt es zu gravierenden Veränderungen in seinem Umfeld. Seine Schwester *Carmen* zieht mit ihrem Baby nach Bremerhaven, und auch Marco verlässt Potzlow, um in Güterfelde noch einmal einen neuen Anlauf zu Schulabschluss und Lehre zu unternehmen. Marcel ist nun allein zu Hause. Das macht ihm zu schaffen, er beginnt sich dem Einfluss und der Fürsorge der Eltern zu entziehen. Er genießt es, am Wochenende bei den Großeltern mütterlicherseits zu sein. Der Opa gibt dem Elfjährigen das Gefühl, schon zu den Erwachsenen zu gehören, so, wenn er ihm auch schon mal einen Schnaps einschenkt. Marcel entdeckt das »coole Gefühl, nicht mehr geradeaus gehen zu können«.

Marcel verbringt viel Zeit mit seinen Kumpels aus dem Dorf. Er baut mit ihnen Hütten am Dorfrand und geht gern übers Wochenende mit ihnen zelten. Es kommt vor, dass er dabei trotz seines jungen Alters einen halben Kasten Bier trinkt. Bisweilen wird in der Clique auch eine Flasche Whisky geleert. Um nicht aufzufallen, kommt er erst spät nach Hause. Die Eltern werden später sagen, dass sie von den Alkoholexzessen nichts bemerkt haben. Es gibt Phasen, da trinkt Marcel jedes Wochenende. Ihm fällt vieles leichter, wenn er betrunken ist. Er kann plötzlich Wörter artikulieren, deren Aussprache ihm sonst nicht gelingt, und manches offener sagen. Er fühlt sich stärker und traut sich zu, andere »anzupöbeln«.

Petra Freiberg, die Sozialarbeiterin im Jugendzentrum von Potzlow, bestätigt das: »Man musste ihm schon gut zuhören, um den ganzen Sinn zu verstehen. Er hat geglaubt, dass das, was er zu sagen hat, nicht wichtig sei. Manchmal sogar so, als ob er sich dafür schämt. Aber wenn er dann betrunken war, dann wurde es besser. Das war vielleicht einer der Gründe, warum ich ihn so oft betrunken erlebt habe.«

1997 kehrt Marco aus Güterfelde nach Hause zurück. Marcel erlebt nun wieder die ständigen Auseinandersetzungen der Eltern mit seinem älteren Bruder. Die Mutter macht sich oft Vorwürfe, fragt sich, wie es mit Marco so weit kommen konnte, grübelt, was sie in der Erziehung falsch gemacht hat. Aufgrund der eigenen Kindheitserfahrungen – ihre Mutter hielt ihr gern die Schwester als Vorbild vor und flößte ihr ein dauerhaftes Gefühl der Minderwertigkeit ein – wollte Jutta Schönfeld es bei den eigenen Kinder immer anders machen, sie mit Liebe und Respekt erziehen, sie unterstützen und positiv bestärken.

Marcel erinnert sich, dass der Vater die Probleme von Marco eher relativiert hat, nach dem Motto: »Jeder hat mal mit der Polizei Schwierigkeiten.« Für Marcel ist Marco eher »Vaters Sohn gewesen«. Er komme wie der Vater schnell »auf 180«.

Im Sommer 1998 wird die Schule in Potzlow-Strehlow geschlossen. Marcel muss von nun an jeden Tag mit dem Bus oder Fahrrad zehn Kilometer nach Warnitz in eine Gesamtschule fahren. In der neuen Klasse trifft er auf eine gänzlich andere Situation. Hier wird er häufig gehänselt, unter anderem wegen seiner Kleidung, denn er kann sich keine teuren Markenschlaghosen leisten. Auch bedrohen ihn Mitschüler, schlagen ihn, und einer der Jungen erpresst ihn. Wenn er zahlt, hören die Quälereien auf. Seine Mutter bekommt Wind davon, weil Marcel eines Tages nicht mehr zum Unterricht will. Ihre Reaktion beeindruckt ihn. Sie fährt mit in die Schule, spricht mit der Direktorin und weist die Mitschüler, die ihn schlecht behandelt haben, zurecht. Wenn Marcel darüber spricht, leuchten seine Augen: »Meine Mutter war eine Powerfrau.«

Auch Marco bietet ihm Hilfe an. Er werde denen »schon eine gongen, bis Ruhe ist«. Marcel trägt neuerdings Springerstiefel und eine Bomberjacke und er lässt sich eine Glatze schneiden. Er fängt an, sich mit »linken« Mitschülern anzulegen. Mehrmals kommt es zu gewalttätigen Auseinandersetzungen, bei denen er dann mit seinem großen Bruder droht.

Die Eltern, so erinnert sich Marcel, haben auf das neue Outfit »ganz normal reagiert. Sie waren das von Marco gewöhnt«. Jutta Schönfeld sieht das heute anders: »Marco hat es ihm gekauft. Von uns hätte Marcel die Stiefel nicht bekommen. Weil wir das nie geduldet haben.« Die Eltern setzen Marcel keine Grenze – etwa indem sie ihm verbieten, mit Springerstiefeln das Haus zu betreten. Auch für die Lehrer sind Springerstiefel und Bomberjacke kein Grund, einzugreifen. »Die haben alle nichts gesagt«, erinnert sich Marcel.

Er hat nicht nur Ärger mit Klassenkameraden, er legt sich auch mit den Lehrern an. Als er beim Rauchen erwischt wird, soll er zur Strafe den Schulhof aufräumen. Er weigert sich, man droht ihm einen Verweis an. Er antwortet nur: »Mir doch egal.«

Marcel verbringt viel Zeit mit Marco, vor allem an den Wochenenden. Anfang 1999 ist er dabei, als sein Bruder ein Auto stiehlt. Seine Eltern sind enttäuscht, dass ihr Jüngster, zu dem sie eine innige Beziehung haben, bei »so was« mitmacht. Von Marco seien sie ja Kummer gewöhnt, aber von ihm ... Marcel schämt sich vor seinen Eltern – und lebt doch längst in einer Parallelwelt, zu der sie keinen Zugang haben. Für ihn ist es ein besonderer »Kick«, dabei gewesen zu sein. Wie eine Art Adrenalinstoß. Er möchte gern so sein wie sein großer Bruder. Wenn Marcel mit Glatze und Springerstiefeln durch Prenzlau läuft, verwechseln ihn manche Leute mit Marco, das gefällt ihm.

Er versucht, seinem Vorbild nachzueifern. »Jedes Mal, wenn ich auf Party war, haben wir uns geprügelt. Mit irgendwelchen Leuten, die uns nicht gepasst haben oder die uns dumm angemacht haben.« Meist genügt ein banaler Anlass, um anzufangen: »Man kiekt zuerst jemand an und wenn der einen zurück ankiekt, geht man hin, fragt ihn, warum er so dämlich kiekt. Wenn der einen dummen Spruch lässt, dann geht es los.«

Unter dem Einfluss des älteren Bruders fährt Marcel Schönfeld im Mai 1999 nach Berlin – zu einer NPD-Demonstration am Alex. Es ging, so erinnert er sich später, um »mehr Kindergeld für die Deutschen«. Er nimmt einen Totschläger mit, für alle Fälle, denn »Berlin ist nicht ganz sauber. Die ganzen Punks, die ganzen Ausländer. Weil die Türken auf jeden gleich immer mit dem Messer losgehen. Die Punks auch.« Einer habe mit einem langen Messer auf ihn einstechen wollen. Er habe dann in Notwehr seinen Totschläger rausgeholt und zugeschlagen, »bis er umkippt«. Er habe dann gesehen, »dass der mit dem Kopf auf dem Boden lag und dann Blut irgendwo rausgekommen ist. Dann war Ruhe. Hat er Pech gehabt denn.« Marcel kann unerkannt entkommen.

Wegen eines Einbruchs in den Getränkeladen in Potzlow steht er mit vierzehn zum ersten Mal vor Gericht, aber er kommt noch einmal glimpflich davon. Man lässt es bei gemeinnütziger Arbeit als Strafe bewenden.

Als sein Bruder Marco im Sommer 1999 seine fast dreijährige Haftstrafe antritt, fühlt Marcel Schönfeld sich plötzlich schutzlos und einsam. Er geht von nun an nur noch unregelmäßig zur Schule. Er spürt, dass er mit seinem rechten Outfit zunehmend ins Abseits gerät. Viele Kumpels, die ehemals »rechts« waren, kleiden sich nun als Hip-Hopper. Marcel passt sich an. Er lässt sich die Haare wieder länger wachsen und legt die Stiefel ab.

Einmal verliert er völlig die Beherrschung, als er auf dem Weg zur Schule mit dem Fahrrad nach vier Kilometern umdrehen muss, da die Brücke über die Ucker repariert wird und nicht passierbar ist. Der Umweg beträgt achtzehn Kilometer. Außer sich vor Zorn reißt er die Straßenmarkierungen aus der Verankerung, es schert ihn nicht, dass er von mehreren Autofahrern dabei beobachtet wird – schließlich auch von der Polizei. Er wird festgenommen – und zu achtzig Stunden gemeinnütziger Arbeit verurteilt: Das heißt für ihn Fenster putzen und Rasen mähen im Jugendzentrum Potzlow.

Marcel trinkt nicht nur exzessiv, er konsumiert auch Drogen. Mit *Patrick Senft*, einem Kumpel aus der Nachbarschaft, legt er Geld zusammen, um eine Haschpfeife zu kaufen. Die beiden fahren auch öfter gemeinsam nach Prenzlau, wo Marcel in Discos LSD und Speed einwirft. Manchmal sieht er auf seinem Trip Wasserfälle und Palmen, er glaubt dann, dem Paradies nahe zu sein, ist glücklich und ausgelassen. Wenn die Wirkung nachlässt, trinkt er Bier und Schnaps. Schule ist für ihn kein Thema mehr, er geht kaum noch hin.

Im Dezember 1999 wird ein großes Geschwür am Ohr der Mutter diagnostiziert, sie muss sich einer Operation unterziehen. Am schlimmsten findet Marcel in der folgenden Zeit die Ungewissheit. Jutta Schönfeld spricht offen darüber, dass sie die Operation vielleicht nicht überleben wird. Marcel betet, dass es mit ihr wieder aufwärts geht.

Nachdem sie operiert worden ist, bringt er es kaum über sich, sie zu besuchen. Ihr Gesichtsnerv ist beeinträchtigt, sie kann die Gesichtsmuskeln auf der einen Seite nicht wie gewohnt bewegen, und Marcel erträgt es nicht, sie in diesem Zustand zu sehen.

Marcel und Jürgen Schönfeld sind nun einige Wochen auf sich allein gestellt. Marcel wäscht Wäsche, putzt die Küche, wischt die Veranda. Abends kocht er, »Rührei mit Stulle«, einmal versucht er sich – mit Erfolg – an Spargel mit Sauce hollandaise. Sie sind stolz, dass sie das ohne die Mutter hinkriegen. Es dauert länger als ein Jahr, bis Jutta Schönfeld sich von den Folgen der Operation einigermaßen erholt hat. Sie leidet weiter unter anfallsartigen Kopfschmerzen mit Schwindelgefühlen. Marcel spürt, dass ihr manchmal der Lebensmut fehlt, was ihm Angst macht. Er entfernt sich immer mehr von ihr.

Im November 2000 stirbt sein Großvater, der Traktorist. Er spricht mit niemandem über den Verlust, fühlt sich tot und leer.

Regelmäßig nimmt er Drogen, vor allem Haschisch, manchmal auch LSD und »Speed«. Dafür braucht er Geld. Er verkauft die Springerstiefel, seine und die von Marco. Im Frühjahr 2001 bricht er in der Nachbarschaft bei *Günther Herbe* ein, angeblich, weil der ihm noch fünfzig Mark schuldet, die er nun zurückhaben will. *Herbe* ist arbeitslos, ein dorfbekannter Alkoholiker, dem die Elektrizitätswerke den Strom abgedreht haben, weil er die Rechnungen nicht bezahlt hat. Marcel nennt ihn einen »Assi«.

Die Polizei bezichtigt Marcel Schönfeld danach, *Günther Herbe* geschlagen und bei ihm einen Kassettenrekorder mitgenommen zu haben. Marcel bestreitet, *Herbe* geschlagen zu haben. Man schenkt ihm keinen Glauben, und ein Gericht verurteilt ihn wegen Sachbeschädigung, Körperverletzung, Hausfriedensbruch und Diebstahl zu achtzig Stunden Arbeitseinsatz, die er wieder im örtlichen Jugendclub ableisten muss. Das schmerzt ihn nicht weiter: »Ich hatte drei Monate für die achtzig Arbeitsstunden Zeit, davon hab ich vielleicht vierzig Stunden was getan. Die Treppe und den Flur gewischt, unten Raum ausgewischt, alles Mögliche. Den Rest hab ich da rumgesessen und mein Bier getrunken.«

Mitte Juli 2001 fährt Marcel zur Loveparade in Berlin. Als er nach Hause zurückkommt, bemerkt Jutta Schönfeld, dass mit ihrem Sohn etwas nicht stimmt. Er muss Drogen genommen haben, denn seine Pupillen sind stark vergrößert. Die Mutter möchte mit ihm zur Suchtberatung gehen, aber Marcel blockt ab, behauptet, er brauche keine Therapie. Einige Wochen später vermisst seine Mutter einen größeren Geldbetrag und spricht ihn darauf an. Marcel streitet alles ab. Sie insistiert, macht ihm Vorhaltungen. Marcel zertrümmert das Zimmer und verschwindet zwei Tage zu einem Kumpel. Doch er schämt sich für sein Verhalten und entschuldigt sich bei seiner Mutter. Er erzählt ihr, dass er Schulden habe. Sie vereinbaren, dass er das Geld ratenweise zurückzahlt.

Marcel hat im Juli die Schule nach der neunten Klasse ohne einen Abschluss verlassen. Er weiß, dass er damit beruflich ohne Perspektive dasteht. Jutta Schönfeld drängt ihn, einen einjährigen Vorbereitungskurs für eine Lehre zu absolvieren, wie er in der Bildungseinrichtung Buckow bei Eberswalde angeboten wird. Marcel willigt ein, und er ist sogar bereit, vorher einen Drogenentzug zu machen. Seine Eltern fahren mit ihm nach Greifswald in eine Klinik.

In den ersten zwei Tagen hat er Schweißausbrüche und Herzrasen, dann hat Marcel den körperlichen Entzug hinter sich. Die Therapeuten wollen von ihm wissen, wie ernst es ihm damit ist, ein Leben ohne Drogen zu führen. Er soll seine Vorstellungen von der Zukunft auf ein Plakat malen und auch darstellen, was er von Drogen hält. Marcel versucht, so gut es geht mitzumachen. Das Therapeutenteam schlägt schließlich eine Nachbetreuung bei einem externen Therapeuten vor, doch Marcel versäumt den verabredeten Termin. Er rechtfertigt sich später bei einer der Erzieherinnen in Buckow damit, dass er keine Zeit habe verlieren wollen, da sein Berufsvorbereitungslehrgang kurz darauf beginnen sollte.

Doch vom Sinn des Lehrgangs, zu dem er Anfang September in Buckow antritt, ist Marcel Schönfeld keineswegs überzeugt. Auf Fragen der Erzieher, warum er die Ausbildung mache, antwortet er nur, das sei der Wunsch seiner Eltern. Sein Wunsch sei eher, Partys zu feiern.

Die Erzieher beschreiben Marcel in der Anfangsphase als einen noch recht kleinen, unmännlichen Jungen. »Das wurde hier eher verlacht, bist kein richtiger Mann«, so eine der Mitarbeiterinnen. Marcel wirkt auf sie zerbrechlich und unsicher. Mehrfach wechselt er die Farbe der Haare, die er nun auch länger wachsen lässt.

Er versucht Anschluss zu finden, was ihm jedoch nur bedingt gelingt. Heiko Gäbler, einer seiner Kumpels in Buckow: »Weichling, ja, Muttersöhnchen ... ›Ich kann das, ich kann das, ich kann das‹ – dabei kann er gar nichts. Wenn den einer angemacht hat, der ein bisschen größer ist, dann – ruhig und weg.«

Marcel gerät häufig ins Abseits. »Kommt er mal abends runter, stellt sich zu einer Gruppe, kommt eine vorbei, dann hat er die vollgemacht, ›dicke Sau, kiek dir mal die an‹. So, dass die das mitbekommen hat. Und die andern, die daneben standen, um Gottes Willen, der schon wieder. Der hat nicht gemerkt, dass einer nach dem andern ihn stehen gelassen hat«, so ein anderer seiner Buckower Mitbewohner.

Trotz dieser Schwierigkeiten hat Marcel Spaß an der Ausbildung. Er macht schnell Fortschritte, und es eröffnet sich ihm die Möglichkeit, nach der Vorbereitungszeit eine Lehre zum Elektroinstallationsfachwerker zu beginnen. Sein Vater hat Pläne, das Haus in Potzlow auszubauen, und er könnte dann ja, so hofft Marcel, die Elektrikerarbeiten übernehmen.

Doch dann bleibt er plötzlich unentschuldigt weg. Marcel fährt nach Prenzlau, besorgt sich Drogen – und übernachtet bei Freunden. Die zuständige Erzieherin in der Bildungseinrichtung Buckow telefoniert mit dem Vater. Jürgen Schönfeld teilt ihr mit, dass er Marcel doch fünf Tage zuvor zum Bahnhof gefahren habe – und er sei der festen Überzeugung gewesen, sein Sohn sei in Buckow.

Eine Woche später taucht Marcel Schönfeld wieder in der Ausbildungsstätte auf. Er steht noch unter der Wirkung von Ecstasy und Speed, die roten Augen und die vergrößerten Pupillen fallen den Kollegen auf.

»Er konnt' die ganze Nacht nicht pennen, ist er rum gelaufen im Internat – hat rumgeschrieen. Der wollt Geld haben, die Mutter sollt es herbringen. Die Mutter hat es nicht gemacht«, so Heiko Gäbler.

Die Erzieher verwarnen ihn. Wenn er weiter Drogen nehme und sich unentschuldigt Fehltage leiste, müsse er die Einrichtung verlassen.

Im Januar bleibt er sechs Wochen von der Arbeit weg – diesmal ist er allerdings entschuldigt. *Patrick Senft*, ein Kumpel aus Potzlow, hat ihm bei einer nächtlichen Schlägerei den Kiefer und das Jochbein gebrochen und mehrere Zähne ausgeschlagen.

Seine Mutter sucht die Psychologin in Buckow auf. Sie weint. Sie befürchte, dass sie Marcel nicht halten könne. Ein Sohn sei schon im Gefängnis, sie wolle alles tun, dass es mit Marcel nicht auch so weit komme.

Am 27. Mai 2002 wird in der Bildungseinrichtung Buckow eine pädagogische Konferenz mit allen Fachkräften einberufen. Marcel wird als Ergebnis der Konferenz mitgeteilt, dass er wegen seines Drogenkonsums die Ausbildungsreife nicht erhalte – es sei denn, er höre sofort auf, Drogen zu nehmen.

Er willigt ein, sich im Juni 2002 an zwei Terminen bei der Drogenberatung testen zu lassen – zum ersten erscheint er, den zweiten schwänzt er. Er nimmt weiter Drogen. In einem Gespräch konfrontiert ihn daraufhin die Sozialpädagogin in der Bildungseinrichtung mit den Konsequenzen: Er habe sich endgültig die Teilnahme an der Ausbildung im Herbst verbaut. »Jetzt müssen

Sie selbst sehen, wo Sie bleiben«, sagt sie ihm. Marcel bleibt gefasst. Äußerlich lässt er sich nichts anmerken. Die Sozialpädagogin fordert ihn auf, auf jeden Fall bis zum Ende des Kurses am 30. August 2002 regelmäßig zur Arbeit zu kommen – damit man wenigstens seinen guten Willen erkennen könne.

Mitte Juni 2002 besuchen Marcel Schönfeld und seine Eltern Marco im Gefängnis. Marcel hat sich die Haare blau gefärbt, das ist das Erste, was der ältere Bruder bemerkt: Ob er jetzt auf Punk mache? Jutta Schönfeld hat Marco von Marcels Drogenproblemen erzählt, und Marco knöpft sich seinen jüngeren Bruder nun vor. Er macht ihm klar, dass Marcel die Finger von den Drogen lassen solle. Offenbar droht er ihm Schläge an, denn er nimmt die Drohung eine Woche später gegenüber den Eltern wieder zurück: Sie sollen ihm bestellen, dass er ihm nichts tue. Aber er wolle Marcel nicht als »drogenabhängige Schwuchtel« sehen, wenn er in der ersten Juliwoche rauskomme. Marco Schönfeld sagt, er habe Angst, dass »Marcel unter die Räder kommt«.

Zehn Tage vor Marcos Entlassung bittet Marcel seinen Kumpel Heiko Gäbler, ihm eine Glatze zu schneiden. Ein paar Tage später kauft er sich wieder ein Paar Springerstiefel. Nichts erinnert mehr an den Hip-Hopper. Mit seinem veränderten Auftreten hinterlässt er bei einem der Buckower Erzieher einen bleibenden Eindruck: »Der kam dann an nach dem Motto: ›Ich bin ein Mann, ich lass mir nichts sagen‹.« Ein Kumpel spricht ihn am Tag darauf in der Pause auf sein neues Outfit an. Marcel Schönfeld reagiert gereizt: »Halt die Fresse, sonst kriegste ein paar aufs Maul. Mein Bruder kommt in zwei Wochen raus.«

Marcel fällt immer öfter mit rechten Sprüchen auf und versucht andere auf den gleichen Kurs zu bringen. Ein Kumpel erinnert sich: »Kam er an, könntest dir die Haare auch kurz schneiden und die gleiche rechte Meinung haben. War richtig streng zu mir. Er hat *jedem* vor die Püppitz gegeben. Kam denn manchmal besoffen ins Zimmer, blöde anquatschen durfte man ihn da nicht. Mucke aufgedreht, Landser, Zillertaler Türkenjäger. Ich sag, mach das aus. Sagt der: ›Noch eine Woche – und dann geht es richtig ab‹.«

Besonders die dunkelhäutige *Tina*, eine Kollegin in Buckow, hat unter Marcels ausländerfeindlichen Sprüchen, mit denen er seine rechtsextreme Gesinnung demonstrieren will, zu leiden. Seine Äußerungen polarisieren die Gruppe. Auch einige Jugendliche, die sich selbst »links« einordnen würden, finden es normal, *Tina* als »Negersau« zu bezeichnen. »Die kann sich doch wehren, die hat sich immer gewehrt, das ist unser Slang, so gehen wir miteinander um«, erinnert sich eine Erzieherin an die Reaktion der Jugendlichen.

Doch die Mehrheit distanziert sich von ihm. Sie wollen nicht, dass Marcel an der geplanten Abschlussfahrt teilnimmt. Neben seinem rechtsextremen Auftreten werden noch andere Argumente gegen seine Teilnahme vorgebracht: »Er hat genervt. Auch wegen den Drogen. Wenn er erwischt wird, sind wir auch fällig, weil wir mit ihm rumgehangen haben.«

Marcel Schönfeld zeigt seine Wut nicht. Er brüstet sich damit, dass sein großer Bruder in ein paar Tagen draußen ist. Dann würde er allen »eins in die Fresse hauen«.

Am Montag, dem 8. Juli 2002, reist die Gruppe ohne ihn ab – fünf Tage vor dem Mord an Marinus Schöberl.

Sebastian Fink

Sebastian Fink wird am 12. Februar 1985 in Templin geboren. Sechs Jahre später, 1991, lassen sich seine Eltern scheiden, woraufhin der Kontakt zu seiner leiblichen Mutter abreißt. Immer wieder will Sebastian von seinem Vater wissen, wo sie sich aufhält, doch er bekommt jedes Mal ausweichende Antworten, erfährt nur, dass sie noch lebt. Offenbar ist sie schwer alkoholkrank. Der Vater möchte nicht, dass Sebastian sie trifft, und die Mutter unternimmt von sich aus keinen Versuch, Sebastian zu sehen.

Im Alter von sechs Jahren wird Sebastian Fink in eine Förderschule in Templin eingeschult, die er bis zur zehnten Klasse besucht. Ab der achten Klasse bleibt er allerdings häufiger dem Unterricht fern. Die Spannungen zwischen Vater und halbwüchsigem Sohn nehmen zu. Auch mit der Stiefmutter versteht er sich immer weniger.

Er findet Freunde in der Nachbarschaft, bei denen er auch mal übernachten kann, wenn er es zu Hause nicht mehr aushält. Einer der Kumpel, bei denen er sich häufiger aufhält, ist *Markus Bäumer.* Der Freund erinnert sich, dass Sebastian oft beschützt werden wollte: »Er wurde als Hilfsschüler viel gehänselt. Weil er sich nicht wehren konnte, sind wir losgegangen und haben uns davor gestellt.« Dafür zeigt Sebastian Fink sich erkenntlich. Er liest dem Freund seine Wünsche von den Augen ab, er erledigt Arbeiten im Haus, mäht den Rasen und fegt den Hof. Sebastian Fink bringt oft Bier und Zigaretten mit, ohne dass seine Kumpels etwas dafür bezahlen müssen. »Er hat versucht, dass wir seine Freunde bleiben sollen.« Doch das heißt nicht, dass die Freunde ihn respektieren.

»Er hat sich nicht geprügelt. Deswegen haben wir ihn nie so richtig ernst genommen.«

Nach einem Discobesuch nimmt sich Sebastian das Auto von seinem Kumpel *Markus*, ohne ihn vorher um Erlaubnis zu bitten, und begibt sich auf eine Spritztour. Sebastian ist gerade einmal siebzehn, hat noch keinen Führerschein und ist obendrein betrunken. Zwar stellt er das Auto nach seinem Ausflug unbeschädigt wieder bei *Markus* ab, doch der ist sauer über die Eigenmächtigkeit und kündigt ihm die Freundschaft.

Auf Druck des Vaters besucht Sebastian Fink ab September 2001 ein Berufsvorbereitungsjahr in der Bildungseinrichtung Buckow, wo er auch Marcel Schönfeld kennenlernt. Hier kommt er gut zurecht. Teil des Vorbereitungsjahrs sind mehrere Praktika, und Sebastian Fink wird zunächst auf dem Flugplatz Finow eingesetzt. Die Arbeit auf dem Flugplatz, zu dem auch ein Luftfahrtmuseum gehört, bereitet ihm Spaß, und die Lehrmeister sind ihrerseits mit ihm zufrieden. Er hat außerdem einen festen Kreis von Kumpels, die wie er der rechten Szene angehören. In diesem Umfeld fühlt er sich endlich nicht mehr als Außenseiter. Aus den Liedern der »Zillertaler Türkenjäger«, deren Musik er schätzt, kann er ganze Strophen zitieren. Er beschäftigt sich mit der Geschichte der Waffen-SS und interessiert sich für die Lebensgeschichte des Hitler-Stellvertreters Rudolf Heß. Seine Einstellung zeigt sich auch äußerlich, er zieht jetzt eine Bomberjacke an und lässt sich eine Glatze scheren.

In der Bildungseinrichtung Buckow bekommt er wegen seines Outfits bald Ärger. Eine Erzieherin fordert ihn auf, seine Springerstiefel abzulegen – und sie am Wochenende nach Hause mitzunehmen. Daran hält er sich – um am Montag darauf mit Abzeichen rechtsextremer Organisationen an der Jacke aufzutauchen. Er versucht, seine »rechte Meinung« gegen den Widerstand der Erzieher zu behaupten. Die Erzieher sehen in seinem Auftreten eher Imponiergehabe: »Vom Wissen her ist da nicht viel. Aber ich stell was dar. Mit meiner Bomberjacke fall ich auf.«

Wie Marcel Schönfeld gehört Sebastian Fink nicht zu den Stärksten seines Jahrgangs. Immer wieder hat er Angst, selbst das Opfer der Prügel von anderen zu werden. Im Zweifelsfall weicht er einem Streit eher aus. »Da hat er immer den Rückzieher gemacht, sobald er merkte, irgendeiner fasst ihn ein bisschen derber an, dann war die Sache für ihn schon erledigt«, so die Beobachtungen der Erzieher.

Sebastian Fink bringt Bier mit ins Heim, was verboten ist. Er will sich und den anderen beweisen, dass er mithalten kann und etwas verträgt. Zur Strafe wird er in ein anderes Wohnheim verlegt.

In dieser Zeit lernt er *Sonja Maller* kennen. Auch sie besucht in der Buckower Bildungseinrichtung einen Vorbereitungskurs für eine Lehre. Er verliebt sich sofort in sie. Gemeinsam verbringen sie von nun an die Wochenenden, aber er nimmt *Sonja* nicht mit nach Hause zu seinem Vater. Lieber bleibt er die Nacht über mit ihr draußen an einem der Seen, selbst im strömenden Regen. Eines Morgens tauchen sie vollkommen durchnässt bei *Natalie Maller* auf, der älteren Schwester von *Sonja*, die in einer kleinen Wohnung in Templin lebt. Sie nimmt die beiden fürs Erste auf, vorübergehend, so dass sie an den Wochenenden eine Bleibe haben. *Natalie Maller* hat sich aus der Prenzlauer rechtsextremistischen Szene zurückgezogen und auch zu Marco Schönfeld, mit dem sie gut befreundet war, hat sie den Kontakt abgebrochen. Sie erhält Sozialhilfe und ist in psychiatrischer Behandlung, da sie im Alkoholrausch mehrmals psychotische Durchbrüche hatte. Alkohol fasst sie seither nicht mehr an. Die drei verstehen sich sehr gut. »Ich mein, das war kein schlechter Bengel. Er war ein bisschen zurück, aber sonst bin ich gut klargekommen. Es sei denn, er hat mal was gesoffen. Weil das gab's bei mir nicht. Da hatte er Angst vor mir, das sollte er auch«, erinnert sich *Natalie Maller.*

Sebastian Fink verspricht, seine Sauftouren einzuschränken. Er versucht, den inneren Druck auf anderem Wege abzubauen. Er trainiert im Kraftraum, spielt viel Fußball. Eine der Erzieherinnen in der Bildungseinrichtung Buckow beschreibt, welchen Einfluss der Alkohol auf ihn hat: »Im nüchternen Zustand war er nicht so, aber wenn der Alkohol eine Rolle gespielt hat, dann hätte er überhaupt keine Skrupel gehabt, jemanden anzugreifen und Gewalt auszuüben. Was ich bei Marcel nie beobachtet habe, der hat den Rückzieher gemacht.«

Anders als Marcel Schönfeld hat Sebastian Fink mehrere Freunde in Buckow. Einer von ihnen ist Heiko Gäbler. Was beide verbindet, ist ihre rechtsextreme Gesinnung und die Vorliebe für die entsprechende Musik. Heiko Gäbler, der in einer »Kameradschaft« aktiv ist, hält große Stücke auf Sebastian Fink: »Ich sag immer noch, der Fink ist ein Top-Kumpel, der hat seine Schnauze gehalten, wenn ich Scheiße gebaut hab. Mit ihm bin ich besser klar gekommen als mit Marcel. Sebastian war besser drauf gewesen, lustiger. Er hat keine Drogen genommen. Der war Feind von so was.«

Sebastian Fink entspricht inzwischen auch eher dem Männlichkeitsideal der Kumpels als Marcel. Heiko Gäbler: »Der war aggressiv. Er war zwar ein ganz schöner Spaki, hat aber Power gehabt. Hat immer welche Kloppereien gehabt, ganz normal. Wenn er alleine war, nicht so, der hat andere dafür gebraucht.«

Sein Vater ist Geschäftsführer eines Berufsverbandes im Landkreis Uckermark und eine stadtbekannte Persönlichkeit. Als ein Mann, der viel arbeitet, hat er wenig Zeit für seinen Sohn, er besucht ihn auch kaum in Buckow. »Stattdessen hat ihm der Vater Geld gegeben, nur Geld, Geld, Geld«, erinnert sich *Natalie Maller*.

Die distanzierte Beziehung zum Vater wird zusätzlich getrübt durch das Verhältnis zur Stiefmutter, das alles andere als einfach ist. Sebastian beklagt sich bei *Natalie*, dass sie »schimpfe wie ein Drachen« und ihn beleidige, wenn er mit ihr allein sei.

Den Vater stört vor allem, dass sein Sohn zu viel Alkohol trinkt. Wenn Sebastian am Wochenende aus Buckow nach Hause kommt, holt ihn sein Vater manchmal nicht vom Templiner Bahnhof ab, sodass er die rund zehn Kilometer nach Hohenfelde bei Röddelin laufen muss. Zeitweise, so *Natalie Maller*, verbietet sein Vater ihm sogar, am Wochenende überhaupt heimzukommen.

Mehr und mehr trägt Sebastian Fink seine rechtsextremistische Gesinnung öffentlich zur Schau. Er läuft nun auch bei Besuchen in Templin mit seiner Bomberjacke umher, in seinem Zimmer hängt er eine Reichskriegsflagge auf. *Natalie Maller* meint, der Vater habe, was das Zurschaustellen rechter Neigungen angeht, zu große Toleranz gezeigt. »Da hätten die Eltern reagieren müssen.«

Bald, nachdem Sebastian im Herbst 2001 mit *Sonja* bei *Natalie Maller* Unterschlupf gefunden hat, kommt es zu einem Bruch zwischen Vater und Sohn. Sein Vater meldet sich bei ihm und bittet ihn, beim Transport eines Hundes zu helfen. Sebastian Fink kommt absichtlich zu spät, weil er keine Lust hat, seinem Vater zu helfen. Als er schließlich in Röddelin eintrifft, ist sein Vater schon weg. »Dann ist er heimlich rein und hat Geld und die Kontokarte geklaut«, erinnert sich *Natalie Maller*. Der Vater bricht den Kontakt zu seinem Sohn daraufhin zunächst ab. Doch dann ruft er bei *Natalie Maller* an. Ob sie Sebastian nicht nach Hause schicken könne? Er möchte mit seinem Sohn noch einmal über alles reden. – Sebastian Fink reagiert auf dieses Angebot nicht. »Ich hatte immer das Gefühl, Sebastian hat Angst vor ihm. Sobald hier das Handy geklingelt hat und sein Vater dran war, ist er weglaufen.« Einmal steht der Vater persönlich vor dem Haus in Templin, doch Sebastian Fink lässt ihn nicht rein. Der Vater versucht es dann noch mehrere Male – vergeblich.

Einmal brüllt Sebastian Fink auf einem Templiner Maifest betrunken ein paar Mal »Heil Hitler«. Er wird festgenommen und erhält eine Anzeige. Von der Wache aus bittet er *Natalie Maller*, ihn abzuholen, da er um jeden Preis verhindern will, dass sein Vater auf die Wache kommt, um ihn in Empfang zu nehmen.

Wenn Sebastian Fink allein ist, fällt er nicht weiter auf. Das ändert sich, wenn er rechte Kumpels bei sich zu Hause zu Besuch hat. Dann wird die Musik von Frank Rennicke oder den »Böhsen Onkelz« aufgedreht. Ein Lied spielt er immer wieder: »Nur die besten sterben jung«. Die Nachbarn beschweren sich nach einer Weile bei der

Hausverwaltung, so dass *Natalie Maller* Angst bekommt, dass ihr die Wohnung gekündigt wird.

Sebastian Fink weiß, dass er von *Natalie Maller* abhängig ist. Jederzeit könnte sie ihn und ihre Schwester *Sonja* vor die Tür setzen. Auf die Angst vor Ablehnung reagiert er – wie bei seinen Kumpels aus alten Tagen – mit Überanpassung. Manche sprechen davon, er würde sich wie ein »Diener« verhalten. Selbst *Natalie* macht sich das zunutze: »Wenn ich gesagt hab, du gehst jetzt zu der Tanke und holst Zigaretten, hat er es gemacht, egal ob er geschlafen hat und es nachts um dreie war.«

Im Frühjahr 2002 erfährt Sebastian Fink, dass seine Freundin schwanger ist. *Sonja* möchte das Kind bekommen. Abends sitzen sie zu dritt zusammen und beratschlagen, wie sie mit der neuen Situation umgehen sollen. *Natalie Maller* begleitet das junge Paar zu »Pro Familia« und beantragt beim Sozialamt für ihre Schwester eine Babyausstattung – inklusive Kinderwagen und Babybett. Sie erinnert sich, dass ihr Mitbewohner Sebastian von der Situation vollkommen überfordert war: »Er saß da und pult sich hier sonst wo und lacht vor sich hin. Der hat nicht kapiert, dass er mit der ganzen Sache was zu tun hat.«

Natalie Maller versucht, für Sebastian Fink und ihre Schwester Sozial- und Familienhilfe zu beantragen. Das scheitert bei Sebastian am relativ hohen Einkommen seines Vaters. Doch der weigert sich, an seinen Sohn einen Mietzuschuss zu zahlen, was diesen erneut gegen den Vater aufbringt.

Ein Thema lässt Sebastian Fink nach wie vor keine Ruhe, noch immer ist er auf der Suche nach seiner Mutter. »Wir haben versucht, über verschiedene Ämter an die Adresse ranzukommen. Weil Sebastian minderjährig war, brauchte er dafür das Einverständnis des Vaters. Der Vater wollte nicht, dass Sebastian seine Mutter trifft. Von daher sind wir da nicht weiter gekommen. Er hat sie bis heute nicht mehr gesehen«, so *Natalie Maller*.

Einmal räumt *Natalie Maller* bei Sebastian und *Sonja* das Zimmer auf – und findet ein ganzes Arsenal rechtsextremer Utensilien: Schallplatten und Kassetten, Fahnen mit Hakenkreuzen und Hitlerbilder. Sie zögert zunächst, doch dann geht sie mit den Sachen zur Polizei. »Ich hab gesagt, dass meine Schwester schwanger ist. Ich möchte nicht, dass sie mit irgendwelchem Hitlerzeug in Verbindung gebracht wird.«

Sebastian Fink erhält, wie schon einmal, eine Anzeige. *Natalie Maller*: »Sag ich zu Sebastian, willste dann später, wenn's Kind da ist, ans Kinderbett auch Hakenkreuze ranhängen?« Er verspricht ihr, dass alles anders wird, wenn das Kind erst einmal geboren ist.

Eine Woche vor dem Mord an Marinus Schöberl wird Sebastian Fink wie Marcel Schönfeld wegen seiner offen zur Schau getragenen rechten Gesinnung von der Abschlussfahrt der Bildungseinrichtung Buckow ausgeschlossen. Die beiden bilden nun eine Art Notgemeinschaft. »Mit Marcel hat Sebastian nur ab und zu abgehangen. Dass sich da ne Freundschaft entwickelt hatte, war nicht anzunehmen«, so eine der Erzieherinnen in Buckow.

Am Donnerstag, dem 11. Juli, einen Tag vor der Tat, wird Sebastian Fink von Marcel Schönfeld nach Potzlow eingeladen. Sebastian Fink freut sich darauf, es ist für ihn eine willkommene Abwechslung.

Marinus Schöberl

Marinus Schöberl, geboren am 4. September 1985, ist das jüngste von sieben Geschwistern – und der einzige Junge. Die Eltern von Marinus stammen aus der Gegend von Wolfen in Sachsen-Anhalt. Beide sind dort im Schichtdienst als Melker tätig und müssen morgens um drei aufstehen, um pünktlich um vier die Kühe an die Melkmaschinen in den Stallungen einer großen LPG anzuschließen. Die erste Schicht dauert bis acht Uhr. Wenn die Eltern von dieser Schicht nach Hause kommen, haben die älteren Kinder die jüngeren bereits in die Krippe oder die Schule gebracht. Nachmittags um zwei gehen die Eltern zur zweiten Schicht wieder in den Stall, und meistens haben sie dann bis gegen fünf Uhr abends zu tun. Die Kinder sind auf diese Weise früh zur Selbständigkeit angehalten worden. Ein gemeinsamer Urlaub der Familie ist undenkbar. »Mit sieben Kindern geht so was gar nicht. Wir haben es aber auch gar nicht vermisst. Die Kinder waren im Ferienlager und damit wars dann auch gut«, so die Mutter. Nach der Wende werden beide arbeitslos.

Mit etwas erspartem Geld zieht die Familie 1994 nach Potzlow in der Uckermark. Die landschaftliche Schönheit der Gegend reizt die Schöberls. Sie beziehen in der Mitte des Dorfes ein kleines Häuschen, das der Vater liebevoll auszubauen beginnt. Birgit Schöberl findet bald eine ABM-Stelle im Landschafts- und Gartenbau, während der Vater zu Hause bleibt, sich um die Kinder kümmert und das Haus herrichtet. Er baut für seine Frau eine Veranda mit Ventilator und Kühlschrank und für die Kinder eine

Laube, wo sie toben und spielen können – und die Mutter nach der Arbeit in Ruhe lassen.

Vater Schöberl sammelt alte Waffen – und bastelt gerne an seinem Auto. »Das war sein Heiligtum. Man durfte«, wie der Nachbar Achim Fiebranz sich erinnert, »nicht mal mit der Zigarette in die Nähe kommen.«

Für seine sechs Töchter kauft er zwei Ponys und dazu noch einen großen Bollerwagen, mit dem sie am Wochenende Ausfahrten unternehmen. In gewisser Hinsicht bleiben die Schöberls sich selbst genug. Sie leben in ihrem Häuschen wie auf einer Insel im Dorf.

Marinus, der Jüngste, hat schon als Kleinkind ein Sprachproblem. Er nuschelt und kann sich nicht so gut artikulieren wie seine Spielkameraden. Im Vorschulalter wird er deshalb besonders gefördert. Da er dennoch wenig Fortschritte macht und es ihm nach der Einschulung kaum gelingt, im Unterricht mitzukommen, wird er auf eine besondere Förderschule geschickt.

Er sucht Freunde – und findet zunächst keine. Birgit Schöberl: »Er wollte es eben jedem recht machen. Und jeder nützte ihn aus. Der Marinus hat sein letztes Hemd gegeben.«

Die Anerkennung, die Marinus in der Schule nicht erhält, bekommt er von seinen älteren Schwestern. Sie reißen sich darum, mit ihm Zeit zu verbringen. »Wenn er etwas haben wollte, seine Hip-Hop-Hosen, dann hat er es den Schwestern gesagt, und die haben's ihm gekauft«, erzählt die Mutter. Das Verwöhnen hatte aber auch noch eine andere Seite, Marinus ist für seine Schwestern das »Versuchskaninchen«. Sie probieren gern die neuesten Haarkreationen an ihm aus. »Die haben ihm im Bad die

Haare geschnitten. Wenn er rauskam, da kam dann der Schock. Mal hat er kurze Haare mit gegelten Strähnen. Eine der Schwestern hat ihm dann die blonden Haare verpasst. Und das fand er schick. Konnt ja niemand ahnen, dass das der Anlass war für das, was die mit ihm dann gemacht haben«, so Birgit Schöberl.

In der Schule fällt er damit auf. Seine Lehrerin wertet die immer neuen Frisuren als Versuch, Anerkennung zu finden: »Mit Lernen, mit seinen Leistungen hat er es nicht geschafft, allein mit Freundlichkeit auch nicht.« Marinus selbst verteidigt seinen Haarschnitt offensiv. »Lasst mir doch. Ich muss doch so rumlaufen, nicht ihr«, sagt er zu seinen Kumpels.

Die Dorfbevölkerung nennt die Schöberls wegen der sieben Kinder die »Kelly Family«. Sie sind Zugezogene, gehören nicht dazu. Jugendliche aus dem Dorf reißen den Briefkasten der Familie ab und werfen die Scheiben ein. Das bunte Leben der Familie wird misstrauisch beäugt. »Der Hof war total müllig bei denen. Wie es drinnen aussah, weiß ich nicht, da war ich nie, aber wenn ich mir den Hof angekiekt habe – überall ist was rum gelegen«, so ein Dorfbewohner.

Sieben Jahre leben die Schöberls in Potzlow, sieben Jahre bleiben sie ein Fremdkörper. Nur wenige verteidigen sie so vehement wie Petra Freiberg, die Leiterin des örtlichen Jugendzentrums: »Wie kann man nur so reden, dass es bei denen unsauber ist? Mit sieben Kindern ist man doch immer in einem Ausnahmezustand! Ich hab dann gesagt, ihr sollt euch schämen, ihr beurteilt die Menschen danach, wie viele Kinder sie haben.« Petra Freiberg ist auch eine der wenigen, die im Dorf eine positive Erinnerung an die Mutter haben. »Birgit Schöberl hat die Familie zusammengehalten. Von der Frau ist eine Stärke ausgegangen, das hat mich fasziniert.« Auch für Achim Fiebranz war Birgit Schöberl eine Frau, die sich durchsetzen konnte: »Was die Birgit gesagt hat, das musste passieren. Sie war der Feldwebel. Wenn die zu Marinus gesagt hat, du wäschst fünf Wochen ab, dann war das Pflicht, und wehe, der Marinus hat das nicht gemacht.«

Doch ihre resolute Art macht es nicht einfacher, in Potzlow Kontakt zu finden. Auch mit ihren Arbeitskollegen von der Arbeitsbeschaffungsmaßnahme wird Birgit Schöberl nicht richtig warm. »Man grüßt sich – und das war es dann auch schon.« Sie begegnet Marco Schönfeld, der kurzzeitig in derselben Gruppe arbeitet. »So wie sie erzählt haben, da wusste ich doch gleich, wie rabiat der ist. Ich hab nicht viel gesagt, ich wollte doch nicht ein paar auf die Klappe haben von ihm«, erinnert sich Birgit Schöberl später.

Marinus ist der Erste in der Familie, der Freunde im Dorf findet. Einer von ihnen ist Matthias Muchow, Sohn eines der Potzlower, die sich nach der Wende erfolgreich ein eigenes Unternehmen aufgebaut haben. »Mit zwölf«, so Birgit Schöberl, »haben die schon ihre Fahrräder auseinander genommen und aus zwei eins gemacht.« Zusammen bauen sie auch mehrere Seifenkisten. Vorne montieren sie die Räder von zwei Schubkarren, hinten zwei große von einem MZ-Moped. In eine der Kisten schweißen sie unter die Sitzbank einen alten Moped-Motor. Sie fahren mit fünfzig Stundenkilometern über die Auenwiesen – ohne Helm. Bremsen können sie nur über die Kupplung. Marinus verliert einmal an einem Abhang ein Rad. Als er versucht, die Seifenkiste zu stoppen, überschlägt er sich. Die Freunde rechnen mit dem Schlimmsten, als sie ihn gekrümmt auf der Wiese liegen sehen. Doch Marinus steht auf, lacht, sagt: »Gleich noch mal.« Matthias Muchow: »Marinus war jemand, der wollt es wissen. Immer bis zum Anschlag.«

Als ihnen die Seifenkisten langweilig werden, fahren sie mit einem alten Moped herum. Sie frisieren es so, dass es achtzig Kilometer schnell fährt. Sie haben dafür keine Zulassung – und fahren der Polizei in die Arme. Marinus und Matthias werden angezeigt, kommen jedoch mit einer Verwarnung davon.

Marinus Schöberl darf sich danach eine Zeitlang nicht auf dem Hof von Matthias Muchows Eltern blicken lassen. Die Eltern halten ihn für asozial und glauben, dass er einen schlechten Einfluss auf ihren Sohn ausübt. Marinus und Matthias lassen sich davon nicht beirren. Es gelingt ihnen immer wieder, die Verbote der Eltern zu umgehen.

Einmal bricht Marinus Schöberl mit Matthias Muchow im Jugendzentrum in den Fahrradschuppen ein. Marinus wird von Petra Freiberg gestellt. »Der hat mich treu angeguckt und gesagt: Nun meckere doch nicht mit mir, ist doch alles schlimm genug.« Petra Freiberg versucht, ihm ein paar Grundregeln zu vermitteln: »Ich kann ja auch nicht zu deinen Eltern hingehen, den Schrank aufmachen, Mensch, ich hab heut kein Brot gekauft, dann nehm ich mir das mal mit hier.« Beide Jungen erhalten Hausverbot im Jugendclub. Petra Freiberg informiert die Eltern.

Marinus erhält mehrere Wochen Stubenarrest. Doch so ganz strikt wird diese Strafe dann doch nicht gehandhabt. Als seine Freunde vor seinem Fenster stehen und nach ihm rufen, erlauben die Eltern ihm, auf den Hof zu gehen.

Manchmal übernachtet er heimlich bei Matthias Muchow. Als das einmal auffliegt, wird Marinus von dessen Eltern rausgeworfen.

Marinus findet einen anderen Ausweg, zumindest erzählt er das seinen Freunden. »Der hat im Wald denn übernachtet. Der hat nie Angst gehabt. Der hatte immer gedacht, dass ihm nichts passieren kann. Wo wir uns in die Hosen geschissen haben, der nicht.« Marinus erzählt seinen Kumpels, dass er sich von Pilzen oder Beeren ernährt. »Was der sich traut, Respekt, echt.«

Marinus Schöberl ist gerade vierzehn geworden, als er sich in ein Mädchen verliebt, mit dem er schon als Achtjähriger gespielt hat: Nancy Fiebranz, die Nichte von Achim Fiebranz. Aus einer Kinderfreundschaft wird eine Jugendliebe: »Das war Liebe auf den ersten Blick. Ist auch ein süßer Typ«, schwärmt Nancy Fiebranz auch heute noch. »Ich war dreizehn. Er ist nur ein paar Monate älter. Wir waren fast vier Jahre zusammen – bis zum Ende.«

Die beiden treffen sich in den ersten Wochen in einem verlassenen Kuhstall, in den sie durch ein Fenster eingebrochen sind. Immer wieder werden sie von Dorfbewohnern vertrieben. Marinus entdeckt dann einen leer stehenden Bauwagen, in der Nähe eines Schweinestalls, am Ortsrand von Potzlow. Sie richten ihn mit viel Liebe ein: An die Decke kleben sie Zigarettenschachteln, Bierdeckel und einen Teppich – wie einen »Baldachin«. An die Wände hängen sie Poster und einen Spiegel. Sie stellen überall Kerzen auf und bauen aus Kissen und Decken ein gemütliches »Heim«. Marinus schläft oft im Bauwagen. Nancy darf dort nicht übernachten, ihren Eltern ist das Gelände zu abgelegen.

Nancys Vater, ein LKW-Fahrer, schaut ab und zu vorbei, wenn er in den leeren Stallgebäuden Gasflaschen lagert. Einmal stellt Nancy Marinus ihrem Vater vor. Der ist anfangs skeptisch, denn Marinus hat im Dorf keinen besonders guten Ruf. »Muss es gerade der sein?«, fragt er Nancy. Und doch, als sie ihn zu Hause auch der Mutter vorstellt, beginnen die Eltern ihn zu mögen.

Oft kommen andere Freunde zum Bauwagen. Vor allem Matthias Muchow ist regelmäßig da. Er bringt Marinus häufig etwas zu essen vorbei, und sie spielen zusammen Karten, »frisieren« ihre Mopeds, hören Hip-Hop-Musik und veranstalten Kräuterschnaps-Wettsaufen. Oder sie trinken Bier. Marinus wird von allen Freunden akzeptiert, obwohl er in Konfliktsituationen nicht zuschlägt. Gewalt ist bei ihm bis auf ein paar spielerische Raufereien »nicht angesagt«. Er muss sich mit Gewalt nichts beweisen.

Auch mit Marcel Schönfeld hat Marinus jetzt öfter zu tun. Die beiden verstehen sich gut. Rückwirkend spielt Marcel das, was die beiden verbindet, eher herunter. »Na ich hab ihm eigentlich bloß ab und zu geholfen, bei seinem Moped. Weil ich mehr Ahnung hatte. Ich hatte mit ihm sonst nichts zu tun, mit der Familie. Der Marinus, der war verklaut.«

Dann kommen die ersten kalten Herbsttage – und Nancy und Marinus stehen bei Achim Fiebranz, Nancys

Onkel, vor der Tür. Achim Fiebranz lebt mit seiner Frau Sieglinde in einer kleinen Wohnung in der ehemaligen Schnapsbrennerei. Da sie keine Kinder haben, kümmern sie sich gerne um ihre Nichten und Neffen – und um Marinus. Oft kommen Nancy und Marinus gleich nach der Schule zu ihnen.

Sie verbringen den Nachmittag bei Achim Fiebranz und seiner Frau, schauen sich Musikvideos an, von Steven Segal oder Heintje. »Ich hab die da drinnen tun lassen, wenn einer Hunger hat, hab ich gesagt, ihr wisst, wo der Kühlschrank ist, bei mir ist das die Badewanne, Strom hab ich keinen, im Bad, da ist immer schön kalt.«

Marinus will Kinder, schon sehr früh ist er sich seiner Sache sehr sicher. Nancy sieht das anders. »Vierzehn war ich, da ging ich noch zur Schule. Ich wollte in dem Alter ehrlich gesagt noch kein Kind. Wie hätte das gehen sollen, die Kinder im Bauwagen großzuziehen?«

Marinus lässt sich davon nicht beirren. Mit seinen Kumpels überlegt er, wie er an den Bauwagen ein Steinhaus anfügen könnte. »Da hätten wir dann Platz für viele Kinder.«

Bei aller Skepsis ist Nancy angerührt von Marinus' Kinderwunsch. »Er ist sehr kinderlieb gewesen. Wenn meine kleine Cousine mal da war, dann hat er sich gern um sie gekümmert und immer mit ihr gespielt.«

Im Winter darauf wollen sie die Wohnung am liebsten für sich allein haben. »Nancy sagt zu mir, Onkel Achim, hast du nicht auf dem Hof was zu tun, ja, Onkel Achim? – Wenn ich nicht gleich wollte, haben sie mit zwei Bierchen gewunken, die hat Nancy ihrem Vater geklaut.«

Einmal kommen Achim Fiebranz und seine Frau von einem längeren Spaziergang zurück nach Hause. Marinus und Nancy haben inzwischen etwas gezeichnet, Pläne, wie sie das Kinderzimmer einrichten wollen. »Aber erst, wenn wir verheiratet sind, Onkel Achim.«

2001 zieht die Familie Schöberl aus Potzlow weg. Sie mietet eine größere Wohnung in Gerswalde, einem etwa acht Kilometer entfernten Dorf. Marinus Schöberl tut sich schwer damit, dort Anschluss zu finden. Manche sagen, es habe in Gerswalde schon die Runde gemacht, dass er klaue.

Er fährt, so oft er kann, nach Potzlow, um Nancy zu sehen, aber es ist nicht jeden Tag möglich. Seine Freundin leidet unter der Trennung noch stärker als er selbst, und es dauert nicht lange, bis sie einen neuen Freund hat. Nancy selbst spricht ungern darüber. Andere sagen, dass Marinus ihre große Liebe geblieben ist, aber Tatsache ist, dass Marinus und Nancy sich in dieser Zeit voneinander entfernen. Vielleicht sind dafür auch andere Gründe verantwortlich. Nancy Fiebranz stört sich an den Sauftouren und kleinen krummen Aktivitäten von Marinus, damit will sie nichts zu tun haben. Sie macht – ähnlich wie Birgit Schöberl – vor allem seine Kumpels dafür verantwortlich.

Im Dezember 2001 wird Marinus erneut beim Stehlen erwischt. Er ist nachts mit Matthias Muchow ins Jugendzentrum eingestiegen und hat aus dem Getränkelager eine Kiste »Powerup« geholt. Die Sozialarbeiterin Petra Freiberg stellt die beiden, und diesmal kennt sie kein Pardon, sie zeigt beide an. Marinus wird zu neunzig Stunden

Sozialarbeit verurteilt, abzuleisten im Jugendclub. Die Stimmung zu Hause ist danach alles andere als gut. Doch dann leistet sich Marinus etwas, was für die Eltern noch weniger verzeihlich ist: Er nimmt sich einfach das Auto des Vaters, obwohl er noch keinen Führerschein hat. Der gut gepflegte Wagen steht in der Garage, der Zündschlüssel steckt. Marinus ist nicht mehr ganz nüchtern.

Bevor er losfährt, ruft er seine Kumpels auf dem Handy an und fragt, wo sie sind. Die Freunde kommen ihm aus dem Club entgegen, sehen, wie ein alter Renault um die Ecke biegt und vor ihnen eine Vollbremsung hinlegt. Marinus steigt aus: »Willst auch mal fahren?«, fragt er seinen Kumpel *Andy*. Doch der lehnt dankend ab. Marinus hat, so zeigt sich bald, keine große Fahrerfahrung. Er startet mit Vollgas, lässt die Kupplung springen, es quietscht und qualmt mehr, als dass sie vorankommen. An der nächsten Ecke rammt Marinus einen Pfahl, die Stoßstange und das Nummerschild sind verbogen, die Radkappen hat er schon vorher verloren. Er legt eine Pause ein und holt die Wasserpfeifen aus dem Kofferraum. Er raucht erst einmal eine Runde mit seinem Kumpel, bevor die Reise weitergehen soll zum eigentlichen Ziel: die McDonalds-Filiale in Prenzlau. Doch so weit kommen die Freunde nicht. Unterwegs fallen sie einer Polizeistreife auf, die Marinus festnimmt und die Wasserpfeifen im Kofferraum beschlagnahmt.

Die Eltern werden verständigt, und der Vater kommt zur Polizei, um Sohn und Auto abzuholen. Marinus erhält drei Wochen Stubenarrest.

Die Situation mit den Eltern spitzt sich zu. »Sie sind bös mit ihm umgesprungen, zugelappt haben sie ihn, ausgemeckert. Das war immer die Mutter, der Vater war ruhig, obwohl der Vater ihm das schwer verzeihen konnte mit dem Auto. Marinus ist ein Papa-Kind gewesen«, erzählt ein Kumpel.

Marinus Schöberl hat oft keine Lust, nach Hause zu fahren, und übernachtet im Bauwagen. Einmal verbringt er eine Woche, ein andermal sogar zwei Wochen dort. Er geht dann auch nicht zur Schule. Als seine Eltern davon erfahren, drohen sie ihm, woraufhin er erst recht von zu Hause wegbleibt.

Wenn er längere Zeit im Bauwagen verbringt, sieht er auch Nancy wieder häufiger. »Er hat sich eingeschmeichelt, hat das so richtig gezeigt dann, seine Liebe. Hab ich nachgegeben.«

Doch an eine Zukunft mit Nancy glaubt Marinus Schöberl offenbar nicht mehr. Freunden sagt er, dass er nach Bayern ziehen wolle, da es zu Hause zu viel »Stress« gebe. *Britta,* eine seiner Schwestern, hat in Bayern Arbeit gefunden, und in den großen Ferien möchte er sie besuchen. Er spielt mit dem Gedanken, dann gleich ganz dort zu bleiben.

Warum Marinus immer wieder tagelang nicht nach Hause kommt, darüber wird im Kreis der Familie nicht gesprochen. Im nachhinein hängt Birgit Schöberl die Konflikte eher niedrig. Vielleicht will sie diese Dinge auch nicht näher als nötig an sich heranlassen. »Er war nicht frech zu uns. Es kam nur jetzt ins Alter der Pubertät. Marinus war bei mir ein ehrlicher, höflicher Junge. Ich konnte mein Portemonnaie liegen lassen, Marinus hat mir kein Geld rausgenommen. Wenn er Geld brauchte, hat er mich gefragt.«

In der Nacht vom 11. auf den 12. Juli 2002 übernachtet Marinus in Gerswalde bei seiner Familie, denn er möchte gern mit seiner Schwester *Britta* am nächsten Morgen nach Bayern fahren, wenigstens für eine kurze Zeit. Aber seine Mutter erlaubt es nicht, er solle lieber etwas für die Schule tun. Marinus beschließt kurzerhand, stattdessen übers Wochenende nach Potzlow zu fahren.

Am Mittwoch, dem 3. Juli 2002, zehn Tage vor dem Mord an Marinus Schöberl, wird Marco Schönfeld nach drei Jahren Haft aus dem Gefängnis in Cottbus entlassen. Er hat sich gewünscht, vom Vater allein im Auto abgeholt zu werden, damit er »vorne sitzen kann«. Jürgen Schönfeld erfüllt seinem Sohn diesen Wunsch. Auf der Fahrt nach Potzlow hat Marco Schönfeld eine spontane Idee: Er will den jüngeren Bruder sehen. Sie machen einen Umweg zum Berufsbildungswerk in Buckow. Doch Marcel treffen sie nicht an. Einer der Mitarbeiter erklärt ihnen, er sei an seinem Arbeitsplatz unabkömmlich. Andere haben allerdings beobachtet, dass Marcel – als er den Bruder vorfahren sieht – in Deckung geht. Die Eltern kennen den Grund für die Flucht: »Er hat Angst vor Marco gehabt, weil er Drogen genommen hat.« Marcel, so erinnern sich die Eltern, kam auch abends nicht nach Hause. Er verbringt die Nacht bei einem Kumpel in Prenzlau.

Am Tag darauf trifft Marcel Schönfeld in Potzlow ein. Die Brüder geben sich die Hand. »Marco will das so nicht, mit Umarmen«, so Marcel. Die beiden Brüder gehen auf die Terrasse und trinken Bier. Marco Schönfeld erzählt nichts von seiner Zeit im Gefängnis, er redet überhaupt wenig. Nachmittags fährt er nach Prenzlau und meldet sich arbeitslos. Er bewirbt sich als Bauhelfer.

Abends sitzt er mit Marcel zusammen, sie trinken Bier. Marco Schönfeld möchte seinen sechs Jahre jüngeren Bruder auch die nächsten Tage ganz für sich haben. Marcel ist wegen seines Ausschlusses von der Abschlussfahrt ohnehin nicht besonders erpicht darauf, in Buckow zu arbeiten, während die Kollegen sich am Strand vergnügen, deshalb ist es ihm ganz recht in Potzlow zu bleiben. Abends treffen ein paar Kumpels ein, und einer von ihnen hat eine Haarschneidemaschine dabei. Die Eltern Schönfeld werden Zeuge, wie sich alle eine Glatze schneiden lassen, auch Marcel.

Am nächsten Morgen brechen Marco und Marcel mit zwei Kumpels nach Teltow am südlichen Stadtrand von Berlin auf, wo Marco seine früheren Freunde wiedersehen will. Einer der Kumpels hat den Wagen seines Vaters organisiert, damit machen sie sich auf den Weg, nicht ohne allerdings einen Vorrat an Bier einzuladen. Die Stimmung ist aufgeheizt, Marco Schönfeld hat seine rechten Kampflieder dabei und singt die Texte der »Zillertaler Türkenjäger« und der »Landser« lauthals mit. Kurz darauf werden alle aufgeschreckt. In einer Kurve verliert der Kumpel, der das Auto besorgt hatte, die Gewalt über das Fahrzeug und prallt gegen einen Laternenpfahl. Der Wagen ist eingebeult, aber noch fahrtüchtig. Jetzt setzt sich Marco ans Steuer. Der jüngere Bruder sitzt hinten, trinkt wie die anderen Bier. Keiner im Wagen ist angeschnallt. Wenig später baut auch Marco einen Unfall, in einer Kurve rammt er die Leitplanke. Das Auto wird durch den Aufprall auf die Strasse zurückgeschleudert, aber wie durch ein Wunder bleiben alle unverletzt. Niemand hat den Vorfall mitbekommen, und so fahren sie weiter nach Teltow.

Marco Schönfeld gibt bei diesem Ausflug den Ton an. Wenn er lieber ohne den kleinen Bruder einen Kumpel sehen will, muss Marcel allein im Auto warten. Ein andermal darf er dann wieder dabei sein. Marco Schönfeld lässt mit seinen Kumpels die alten Zeiten hochleben, erinnert sich Marcel: »Da hatten sie Autos geklaut, so, und denn Verfolgungsjagden mit den Bullen.«

Am Tag drauf ist in Potzlow Dorffest. Auf einer Wiese ist ein Kettenkarussell aufgebaut, es gibt einen Schießstand und ein Bierzelt. Marco Schönfeld trifft auf ein paar frühere Kumpels. Inzwischen, so erinnert sich Marcel, »waren die nicht mehr rechts, weil sie Drogen genommen und damit die rechte Meinung abgelegt haben«.

Als die Brüder gegen Mitternacht nach Hause gehen wollen, wird Marco Schönfeld von seinen früheren Kumpels angegriffen. Einer springt ihm von hinten ins Kreuz, ein anderer tritt ihm in den Bauch, ein dritter reißt ihn zu Boden, setzt sich auf ihn drauf und schlägt ihm mit der Faust mehrmals ins Gesicht. Sie machen ihm klar, dass er mit seinem rechten Outfit hier unerwünscht ist.

Marcel Schönfeld steht dabei, ohne einzuschreiten. Der ältere Bruder steht auf, ruft seinen Angreifern nach, dass sie das noch mal bereuen werden.

Die Brüder gehen nach Hause. Marco Schönfeld hat am nächsten Tag Kopfschmerzen und ein blaues Auge. Er liegt im Bett, später auf der Terrasse. Er empfindet »einen unbändigen Hass«. Als die Mutter ihn auf seine Blessuren anspricht, sagt er: »Das erledige ich schon.«

Marco Schönfeld spricht nicht weiter über den Vorfall, aber es ist offensichtlich, dass er den jüngeren Bruder als Versager sieht, weil er ihm nicht zu Hilfe gekommen ist. Später entschuldigt sich Marcel Schönfeld damit, dass alles so schnell gegangen sei, außerdem sei er betrunken gewesen. Er habe keine Chance gehabt einzugreifen.

Marcel hat noch ein anderes Problem: Er hat erste Entzugserscheinungen und er schämt sich, sie vor Marco zu zeigen. Heimlich fährt er nach Prenzlau, um sich mit Drogen zu versorgen, fürchtet aber, dass sein Bruder Wind davon bekommen könnte. In der Hoffnung, dass die Folgen des Drogenkonsums nicht mehr sichtbar sind, fährt er erst abends zurück.

Den Rest der Woche verbringen die Brüder mit den Eltern zu Hause. Es sind warme Sommertage, ab und zu brechen sie auf und gehen an einer nahe gelegenen Badestelle schwimmen. Marco trinkt viel, jeden Tag zehn Flaschen Bier, manchmal auch mehr. Er weiß nichts mit sich anzufangen. Wenn er nicht trinkt, bekommt er »eine Unruhe«.

Nur einmal fährt Marcel Schönfeld noch zur Arbeit nach Buckow, am Donnerstag, dem 11. Juli. Er hat sich überlegt, einen seiner Kumpels aus dem Bildungswerk, einen »mit rechter Meinung«, nach Potzlow einzuladen, denn er möchte Marco zeigen, dass er »mit den richtigen Leuten verkehrt«. Zunächst fragt er Heiko Gäbler. Der sagt zu – um es sich dann doch anders zu überlegen, er will lieber zu seiner »Kameradschaft« in Cottbus. Später wird Heiko Gäbler sagen, dass er den Mord sicher verhindert hätte, wenn er mitgefahren wäre.

Nachdem Heiko Gäbler abgesagt hat, lädt er einen anderen Kumpel aus Buckow, Sebastian Fink, nach Potzlow ein. Sebastian kommt gern mit. Donnerstagabend fährt Marcel zurück nach Potzlow, am Freitagnachmittag holt er Sebastian Fink im Nachbardorf Seehausen vom Bahnhof ab. Geplant ist, dass Sebastian bei den Schönfelds übernachtet. Marco Schönfeld erwartet die beiden zu

Hause, er freut sich auf den neuen Kumpel von Marcel und erzählt seiner Mutter, die an diesem Wochenende im Krankenhaus ist, von dem bevorstehenden Besuch. Jutta Schönfeld ist weniger begeistert, sie besteht darauf, dass Sebastian Fink im Zelt im Garten schläft. Später sagt sie, dass sie von Anfang an ein ungutes Gefühl gehabt habe. Sie habe auf keinen Fall gewollt, dass der ihr unbekannte junge Mann bei ihnen im Haus übernachtet.

Am Donnerstag, dem 11. Juli, einen Tag vor seiner Ermordung, fährt Marinus Schöberl im Jugendzentrum in Potzlow-Strehlow vor. Er hat einen Wunsch: Er möchte an einer Nachtwanderung teilnehmen, die am nächsten Abend stattfinden soll. Die Sozialarbeiterin Petra Freiberg plant mit einer Gruppe von Berliner Kindern zum See zu wandern. Doch Marinus hat keinen Erfolg bei Petra Freiberg, sie lehnt ab. Marinus und andere Jugendliche hätten im Partykeller gewütet, die Wände seien beschmiert, Billardqueues und Tischtennisschläger kaputt gehauen worden. »Wenn das in Ordnung gebracht ist, dann fängt unser gemeinsamer Weg wieder an«, gibt ihm die Sozialarbeiterin zu verstehen. Marinus verspricht, am Montag ins Jugendzentrum zu kommen und den Keller zu streichen.

Donnerstagabend trifft sich Marinus Schöberl mit Nancy Fiebranz und mehreren Freunden im Bauwagen. Es wird ihr letzter gemeinsamer Abend. Sie trinken, machen ihre Späße, spielen Mau-Mau. Nancy kommt erst spät nach Hause. Auch sie fragt sich immer wieder, was gewesen wäre, wenn sie Marinus am nächsten Abend getroffen hätte. »Weil ich Donnerstagabend ein bisschen länger draußen geblieben bin, durfte ich dann am nächsten Tag nicht raus. Das war so abgemacht mit meinen Eltern. Sonst wären wir zusammen gewesen. Und dann würde er noch leben.«

Nachdem sich die Runde aufgelöst hat, fährt Marinus Schöberl nach Gerswalde zurück und übernachtet zu Hause bei den Eltern. Als seine Mutter ihm am nächsten Morgen verbietet, seine Schwester nach Bayern zu begleiten, entschließt er sich, übers Wochenende wieder nach Potzlow zu fahren.

Gegen Mittag erscheint er im Potzlower Jugendzentrum und fragt, ob er nicht schon jetzt den verschmierten Keller neu streichen könne. Er will Petra Freiberg zeigen, dass es ihm ernst ist, um ihr vielleicht doch noch die Erlaubnis zur Teilnahme an der Nachtwanderung am selben Abend zu entlocken. Aber Petra Freiberg hat noch keine Farbe besorgt, und so bleibt es bei der Verabredung für Montag. Marinus fragt noch einmal nach der Wanderung, kann aber die Sozialarbeiterin nicht umstimmen – er darf erst wieder mitmachen, wenn der Schaden behoben ist.

Später macht sich Petra Freiberg deshalb Vorhaltungen. »Die Entscheidung, ihm das zu verbieten, dazu stehe ich. Aber ich denke immer, wenn er dabei gewesen wäre, wär er nicht den Schönfelds in die Arme gelaufen.«

Es ist ein warmer Sommertag. Marinus beschließt nachmittags, mit Matthias Muchow am See baden zu fahren. Sie haben Spaß zusammen.

Zur gleichen Zeit treffen Marcel Schönfeld und Sebastian Fink im elterlichen Haus ein. Marcel stellt seinen Kumpel seinem großen Bruder vor. Zu dritt hören sie in Marcos Zimmer verschiedene CDs mit rechtsextremer Musik, die Sebastian Fink mitgebracht hat. Marcels Rechnung geht auf. Der ältere Bruder akzeptiert Sebastian, und damit fühlt sich auch Marcel vom Bruder respektiert. Sie trinken einige Flaschen Bier. Gegen neunzehn Uhr machen sie sich auf zu Hans Joachim Fiebranz. Bei Achim, so wissen sie, ist die Stimmung gut. Es wird oft gegrillt im Sommer, und zu trinken gibt es auch immer was.

Marinus Schöberl fährt am frühen Abend mit Matthias Muchow vom See nach Potzlow zurück. Die beiden sind unschlüssig, wie sie den Rest des Tages verbringen sollen. Doch in dem Augenblick kommen Marco und Marcel Schönfeld und Sebastian Fink auf ihren Rädern um die Ecke gefahren. Sie tauschen sich kurz aus, Marinus und Matthias erfahren, dass die drei bei Achim Fiebranz vorbeischauen wollen. Matthias hat »auf die Schönfeldbrüder« keine Lust, er fragt Marinus, ob er nicht lieber zu ihm mitkommen wolle, ein Bier trinken. Marinus begleitet Matthias Muchow zwar nach Hause, doch auf ein gemeinsames Bier mit seinem Freund verzichtet er. Er will lieber bei Achim Fiebranz »auf der Platte« vorbeischauen, wie der Platz unter dem Vordach der ehemaligen Schnapsbrennerei genannt wird.

Als Marco Schönfeld, sein Bruder und Sebastian Fink auf dem Hof von Fiebranz eintreffen, begrüßen sie die Anwesenden mit dem »Hitlergruß«. Die Trinkrunde – neben Achim Fiebranz sitzen seine Mutter, die Nachbarin *Anja Meiners* und ihr Lebensgefährte *Martin Buhre* und noch weitere Freunde »auf der Platte« – ignoriert die rechtsextremen Sprüche. Fiebranz hat andere Sorgen. Am Vortag ist seine Frau Sieglinde überraschend gestorben und er steht noch unter Schock. Er bietet den Gästen Bier an. Torsten Muchow, der Vater von Matthias Muchow und Getränkehändler im Ort, hatte bereits am Vormittag zwei Flaschen Schnaps und einen Kasten »Sternburger« angeliefert.

Bald trifft auch Marinus Schöberl ein. Zusammen leert die Runde den Kasten Bier, die Stimmung ist entspannt. Marco Schönfeld erzählt, dass er am liebsten noch nach Teltow zu seinen Kumpels fahren würde, doch dafür bräuchte er ein Auto. Marinus sieht eine Chance, sich nützlich zu machen. Er berichtet von einem Trabi, der in einem der Nachbardörfer auf einer stillgelegten Anlage abgestellt sei – der Zündschlüssel stecke noch. Marco Schönfeld schickt seinen Bruder Marcel mit Marinus los, um nachzusehen, ob der Wagen wirklich fahrtüchtig ist. Als die beiden nach einer Stunde noch nicht zurück sind, wird Marco ungeduldig. Schließlich treffen Marcel und Marinus ein und erzählen, dass der Trabi zwar noch existiere, aber nicht einmal mehr ein Lenkrad habe. Marinus steht etwas hilflos vor Marco, der sichtlich verärgert ist.

Marco Schönfeld hat später eine andere Version vom Ausflug der beiden geliefert: Er habe den beiden keinen Auftrag erteilt, nach dem Wagen zu sehen. Sie seien ohne sein Wissen einfach »abgehauen«, und er habe erst nach ihrer Rückkehr von dem Trabi erfahren. Er sei danach auf Marinus »sauer« gewesen, weil Marinus Marcel doch nur in etwas »hereinziehe«. Aus diesem Grund habe er ihn »zusammengeschissen«. – Möglichweise versucht Marco Schönfeld damit im nachhinein zu rechtfertigen, warum er kurze Zeit später beginnt, Marinus zu misshandeln. Vielleicht diente die Version auch dazu, die Polizei, als sie nach Marinus suchte, auf eine falsche Fährte zu locken: Marinus habe in dieser Nacht noch nach Bayern abhauen wollen und sich deshalb auf die Suche nach einem Fahrzeug gemacht.

Unstrittig ist, dass gegen dreiundzwanzig Uhr die beiden Schönfeldbrüder, Sebastian Fink und Marinus zusammen zu Achim Fiebranz in die Wohnung gehen, nachdem Marcel und Sebastian Fink zuvor bei Torsten Muchow noch einen zweiten Kasten Bier geholt haben. In der Wohnung von Achim Fiebranz spielen sie Karten und trinken weiter. Dazu hören sie rechtsextreme Musik von Frank Rennicke und »Oi-Sturm«. Fiebranz spielt nicht mit. »Der hat gar nicht mehr so durchgesehen«, erinnert sich Marcel. Gegen Mitternacht ist der zweite Kasten Bier geleert, Fiebranz möchte allein sein und bittet die Anwesenden aus seiner Wohnung. Marco Schönfeld schlägt vor, den *Meiners* noch einen Besuch abzustatten, und die vier brechen auf. Marinus lässt seinen Rucksack zurück – und auch sein Fahrrad. Er will offenbar nur kurz mitgehen, um dann noch einmal zu seinem »Onkel Achim« zurückzukehren. Vielleicht traut er sich nicht, das Angebot der Brüder abzulehnen, da er sie an diesem Abend schon einmal enttäuscht hat, als er das Versprechen, ein Auto zu organisieren, nicht halten konnte.

Viele seiner Freunde treibt um, warum Marinus mit den beiden Brüdern und Sebastian Fink mitgegangen ist. Warum, so fragt sich *Andy Werner,* hatte Marinus, wie er es ausdrückt, keine »Erpelkutte«, sprich »nicht richtig Schiss«, als er die Schönfelds begleitet hat? Weil sie sich schon lange kannten und Birgit Schöberl, die Mutter von Marinus, einmal mit Marco zusammen bei derselben Arbeitsbeschaffungsmaßnahme war? Oder suchte er in diesem Moment einfach Anschluss?

Wären sie gemeinsam unterwegs gewesen, sie hätten sich von den Schönfeldbrüdern fern gehalten. Da ist sich *Andy Werner* sicher.

Auf dem Weg zum Haus der *Meiners* machen die vier noch einen kleinen Schlenker zu ihrem Getränkehändler. Bei Torsten Muchow antwortet immer jemand, selbst um diese Zeit noch. Mit einer Flasche »Klaren« und zehn Flaschen Bier im Gepäck ziehen sie weiter zu *Meiners*.

Anja Meiners, ihr Lebensgefährte und ihr Bruder wohnen in der Nähe der ehemaligen Schnapsbrennerei in einem kleinen, heruntergekommenen Haus. *Anja Meiners* ist Alkoholikerin, und auch ihr Lebensgefährte und ihr Bruder trinken gern und viel. Die drei leben am Existenzminimum, der Strom- und der Telefonanschluss sind schon seit längerem gesperrt.

Alle drei sind schon vor etwa einer Stunde bei Fiebranz aufgebrochen und haben sich zu Hause schlafen gelegt. Auf das Klopfen und Rufen der nächtlichen Besucher reagieren sie zunächst nicht.

Als Sebastian Fink ungehalten gegen die Küchenscheibe klopft, ruft *Anja Meiners*, dass sie keinen Besuch mehr wolle. Sebastian Fink schenkt dem keine Beachtung. Er haut gegen das Glas, bis die Scheibe splittert und er sich am Handrücken verletzt. Als *Anja Meiners* immer noch nicht öffnet, drückt Marco Schönfeld gegen die Eingangstür. Sie gibt nach.

Anja Meiners, die inzwischen aus dem oberen Stockwerk heruntergekommen ist, empört sich nicht weiter über das Eindringen der ungebetenen Gäste, spricht sie auch nicht auf die kaputte Glasscheibe an. Sie bittet die vier auf die

Veranda, holt Bier und setzt sich zu ihnen. Auch der Bruder von *Anja Meiners* gesellt sich noch dazu. Nur *Martin Buhre*, ihr Lebensgefährte, zieht es vor, sich schlafend zu stellen und im Bett zu bleiben.

Marco Schönfeld und *Anja Meiners* unterhalten sich über seine berufliche Zukunft. Er hofft, im August als Bauhelfer bei einer Firma in Prenzlau anfangen zu können. Die unfreiwillige Gastgeberin erkundigt sich nach seiner Zeit im Gefängnis, aber darüber möchte Marco nicht reden. Das Gespräch stockt, die Atmosphäre wird angespannt, plötzlich kippt die Stimmung. Marco Schönfeld beginnt auf einmal Marinus Schöberl zu provozieren. Der ältere der Schönfeldbrüder wird später über den Tatabend sagen, »das habe sich alles aus der Situation ergeben«, es habe keinen Vorsatz oder Plan gegeben, Marinus zu misshandeln.

Marco Schönfeld bezeichnet seine Gefängniserfahrung als *einen* Grund für die Eskalation: Die Zeit in der Haftanstalt habe ihn »fertig gemacht«, es hätten sich in ihm »solche Aggressionen angestaut, die mussten raus«. Er nennt auch noch einen zweiten Grund dafür, dass sie anfingen, Marinus Schöberl zu quälen: den starken Alkoholkonsum. Wenn er eine bestimmte Menge »drin« habe, »gehe er ab«.

Marco Schönfeld reagiert tatsächlich nicht zum ersten Mal mit aggressiven Ausbrüchen, nachdem er eine größere Menge Alkohol getrunken hat. An diesem Abend ist der Alkoholpegel die ganze Zeit hoch, und er steigt noch einmal, als sie zum Schluss bei den *Meiners* nur noch Schnaps trinken.

Marco Schönfeld selbst erwähnt einen dritten Grund, der augenscheinlich im Widerspruch zu einem plötzlichen Ausbruch der Gewalt steht. Er habe mit den Quälereien angefangen, weil ihm »langweilig war« und er »nicht wusste, was er sonst tun sollte«.

Es mag aber noch einen anderen Grund für die Misshandlungen geben. Marco Schönfeld entdeckt möglicherweise unbewusst in Marinus Teile von sich selbst. Auch Marco hat sich schon einmal – genau wie Marinus – bei Misshandlungen gegen seine Peiniger nicht gewehrt. In seiner Angst hatte er nur noch gestottert. Jetzt spürt er dieselbe defensive Haltung bei Marinus. Und Marco hat am eigenen Leib die Erfahrung machen müssen, dass die Hilflosigkeit eines Opfers in solchen Situationen nicht dazu führt, dass aus Mitleid von ihm abgelassen wird, im Gegenteil: Je schwächer sich das Opfer zeigt, desto mehr fühlen sich die Täter ermuntert, mit den Misshandlungen weiterzumachen.

Marco Schönfeld entgeht es nicht, dass Marinus beim Leeren der Schnapsflasche nicht richtig mitmacht. Er will nun erst recht, dass Marinus seine Trinkfestigkeit beweist. Marco schenkt ihm einen Becher mit Schnaps und Bier ein und fordert ihn auf, den Becher »auf ex« zu trinken. Nachdem Marinus den Becher geleert hat, wird ihm ein weiterer eingeschenkt. Marinus zögert, nimmt nur einen Schluck, weil ihm übel wird. Für Marco Schönfeld und Sebastian Fink stempelt ihn das zum Schwächling, der nichts verträgt. Marco schlägt Marinus ins Gesicht, einmal, zweimal, mehrere Male. Schon durch den ersten Schlag hat er seinem jüngeren Bruder Marcel und vor allem Sebastian Fink unmissverständlich klar gemacht, wer hier das Sagen hat.

Die ersten Misshandlungen zwingen Marcel Schönfeld, sich zu entscheiden. Er könnte sich schützend vor Marinus stellen – könnte sagen: »Hört auf, Marinus ist mein Kumpel, lasst ihn in Ruhe!« Er tut es nicht, vielleicht weil er unter besonderem Druck steht, dem älteren Bruder seine Loyalität zu beweisen, hat er doch eine Woche zuvor beim Angriff auf ihn nicht eingegriffen.

Ein anderer Grund ist vielleicht noch zwingender: Marinus erinnert ihn an den, der er war und nicht mehr sein will – ein Hip-Hopper, und ein ängstlicher und wehrloser noch dazu.

Im Verhör nach seiner Verhaftung erklärt Marcel, dass sein Bruder ihm angedeutet habe, dass er sich bei den Schlägen raushalten solle. Ohne diese von Marco geforderte Zurückhaltung hätte Marcel sich möglicherweise schon viel früher an den Misshandlungen beteiligt. Bis dahin beschränkt sich seine Mitwirkung auf kleine Hilfsdienste. Als es Marinus schlecht wird und er sich zu übergeben droht, schleppen Marcel Schönfeld und Sebastian Fink ihn auf die Veranda, wo Marinus völlig betrunken eine halbe Stunde liegen bleibt.

Warum trifft es gerade Marinus Schöberl – und nicht etwa *Anja Meiners* oder ihren schlafenden Bruder? Bei ihnen hätte man eher an die Begriffe »Assi« oder »Penner« denken können als bei Marinus, der aus geordneten Verhältnissen stammt. Marinus entspricht auch nicht dem herkömmlichen Feindbild, wie man es aus der rechtsextremen Jugendkultur kennt: Er ist weder Asylbewerber noch Farbiger, er ist weder Verräter aus den eigenen Reihen noch eine »linke Zecke«.

Marinus provoziert durch sein Äußeres. Er trägt eine weite Hip-Hop-Hose, und Hip-Hopper stehen für etwas, was Marco Schönfeld – und mit ihm viele andere im rechten Milieu – entschieden ablehnen. Hip-Hopper sehen sich und ihre Musik in einem weltoffenen und lebensfrohen Kontext. Jede Form von nationalem Chauvinismus ist ihnen zuwider. Drogen lehnen sie nicht grundsätzlich ab. Marinus entspricht nicht in jedem Detail einem Hip-Hopper, er nimmt auch keine Drogen, aber er hat sich für das »Zeichensystem« der Hip-Hopper entschieden. Das ist *ein* Anlass, der ihn an diesem Abend zum Ziel der Aggressionen macht.

Marco Schönfeld nahm schon früher einmal Anstoß daran, dass sein Bruder Marcel mit anderen Hip-Hoppern Zeit verbrachte, und er hielt ihm vor, dass er vor die Hunde gehe, wenn er sich mit drogenabhängigen Hip-Hoppern abgebe. *Ina* Schöberl, eine der Schwestern des Opfers, beobachtete einmal bei einem Dorffest, wie Marcel Schönfeld mit einem Mädchen, das Hip-Hop-Kleidung trug, tanzte. Als Marco vorbeikam, machte er seinem jüngeren Bruder unmissverständlich klar, dass er so einen »Umgang« nicht dulde. »Marcel ist von der Tanzfläche gegangen und hat das Mädchen nicht weiter angeschaut.«

Marcel und Marinus haben immer wieder Zeit miteinander verbracht, was Marco Schönfeld bekannt ist. Marco möchte Marcel mit niemandem teilen, schon gar nicht mit einem Kerl, der in seinen Augen »verklaut« ist und seinen kleinen Bruder auf die schiefe Bahn bringen könnte. Marinus Schöberl wird zu einer negativen Projektionsfläche, auf der die eigenen kriminellen Anteile entsorgt werden. Indem er Marinus demütigt, schiebt er einen Keil zwischen Marcel und Marinus. Mit einem, der keinen Schnaps verträgt, eine Schwuchtel ist und sich nicht wehrt, kann man nicht befreundet sein.

Noch etwas prädestiniert Marinus Schöberl zum Opfer: seine Arg- und Wehrlosigkeit. Gerade weil er keiner Fliege etwas zuleide tut und sich nicht wehrt, provoziert er die Täter, so lange weiter zu machen, bis er ihnen etwas entgegensetzt. Doch gerade das schafft Marinus nicht.

Marinus Schöberl ist in großer Geborgenheit aufgewachsen, von seinen Schwestern und aus dem Freundeskreis hat er nie etwas wirklich »Schlimmes« befürchten müssen. Für solche Ernstfälle hat er keinerlei Handlungsmuster parat. Weil er zuvor nicht erlebt hat, dass Menschen sich grausam verhalten, ist er einfach nur eines: fassungslos. Er kann nicht verstehen, warum andere etwas »Böses« mit ihm vorhaben, es kann sich dabei nur um einen Irrtum, ein Versehen, einen Ausrutscher handeln. Darin mag einer der Gründe gelegen haben, warum er nicht davongerannt ist. Er konnte sich einfach nicht vorstellen, dass die Quälereien fortgesetzt werden – und sich sogar noch steigern würden.

Auch das verhältnismäßig geringe Ansehen seiner Familie im Dorf scheint eine Rolle zu spielen. Matthias Muchow beispielsweise ist sich sicher, dass die Täter ihn nicht derart misshandelt hätten. Dazu habe sein Vater im Dorf zu viel Ansehen und Rückhalt. »Die hätten genau gewusst: Wenn sie mich anfassen, dann ist die Straße voll, das überleben die nicht.«

Die Auswahl des Opfers scheint daher nicht ganz so beliebig, wie etwa der Bürgermeister behauptet – dass es jeden hätte treffen können, dass Marinus Schöberl nur zur falschen Zeit am falschen Ort war. Die Tatsache, dass die Schöberls in Potzlow nie angekommen sind, immer als Sonderlinge galten, hat mit dazu beigetragen, dass Marinus zum Opfer wurde. »Sie waren«, wie es der Pfarrer des Dorfes einmal überspitzt formulierte, die »Juden von Potzlow«.

Marinus Schöberl nimmt die Misshandlungen ohne Gegenwehr hin und unternimmt keinen Fluchtversuch, obwohl er weder von seiner Statur noch von seiner Größe eigentlich dem Bild eines hilflosen Opfers entspricht. Für sein Alter ist er schon recht groß gewachsen und gut gebaut. Ist er so betrunken, dass er es, wie einer seiner Freunde vermutet, ohnehin nur bis zum Hoftor geschafft hätte, um dann von seinen Peinigern eingeholt und zurückgetrieben zu werden? »Marinus, der hätte wegrennen können. Sein Gesicht war blau und angeschwollen, geheult hatte der, aber der hätt' noch laufen können. Glaub nicht, dass wir den verfolgt hätten«, wird Marcel später sagen. Eine Erklärung dafür, dass Marinus nicht wegrannte, liefert seine Freundin Nancy: »Marinus hat sich sehr leicht einschüchtern lassen. Er konnte sich auch durchsetzen, aber eben nur auf seine Art, eben nicht mit Gewalt. Ich hab ihn nie ernsthaft jemand schlagen sehen.«

Es ist auch anzunehmen, dass Marinus durch die Schläge und Misshandlungen schon so angegriffen ist, dass er für einen Fluchtversuch einfach keine Kraft mehr hat. »Die Verzweiflung des Gewaltopfers ist weder mit der Schwermut des Verzagens noch mit depressiver Verstimmung zu verwechseln. Sie löscht den Antrieb nicht aus, sondern packt ihr Opfer mit aller Kraft. Der angstvolle, gequälte Leib wird selbst zum Feind, zum inneren Feind des Menschen. Er widersetzt sich jeder Anstrengung des Willens. Die Kraft des Handelns ist dahin«, so formuliert es Wolfgang Sofsky in seinem »Traktat über die Gewalt«.*

Die Misshandlung von Marinus Schöberl verläuft in mehreren Schüben. Auf eine Attacke folgt eine Pause. Sebastian Fink schleppt Marinus Schöberl auf die Veranda, stößt ihn zu Boden und lässt ihn liegen. Nach etwa dreißig Minuten wird Marinus von Marco Schönfeld zurückbeordert – und die Misshandlungen werden fortgesetzt. Marco Schönfeld wirft ihm nun etwas Neues vor. Mit den gefärbten Haaren wolle Marinus »vertuschen«, dass er ein Jude sei. Die weiteren Schläge dienen – so die verquere Logik der Täter – der Wahrheitsfindung. Da Marinus nicht zugibt, was er nicht ist, dient die angebliche »Lüge« des Opfers als Vorwand, ihn weiter zu schlagen.

Mit dem Begriff »Jude« verbindet Marco Schönfeld »nichts Besonderes«. Das habe er schon vielen gesagt, es sei ein Schimpfwort wie viele andere auch. Marcel Schönfeld erklärt später, dass für ihn Juden Menschen mit krummen Rücken und Hakennasen sind. Persönlich sei er nie einem Juden begegnet. Offenbar bezieht er seine Vorstellungen aus Kopien oder Nachahmungen des nationalsozialistischen Hetzblatts »Der Stürmer«. Sebastian Fink wird, wenn er später in dieser Nacht auf Marinus uriniert, sagen, dass so etwas »Juden doch schmecken würde«. Der Begriff »Jude« ist für sie also nicht irgendein

* Wolfgang Sofsky, Traktat über die Gewalt, Frankfurt a. M. 1996, S. 76.

Schimpfwort. Sie verwenden es für Menschen, die in ihren Augen keinen Anspruch darauf haben, menschlich behandelt zu werden.

Sebastian Fink hat in seiner Einlassung vor Gericht betont, dass er nichts gegen Marinus gehabt habe, er habe ihn überhaupt nicht gekannt. Warum hat er dann bei den folgenden Misshandlungen nicht nur mitgemacht, sondern ist zu einem Hauptakteur geworden, der zeitweise am häufigsten und am brutalsten zuschlägt?

Sicher ist, dass er sich gegenüber dem »Anführer« Marco als hart und brutal zeigen will, als jemand, der keine Schwäche kennt und vor nichts zurückschreckt. Die späteren Äußerungen vor Gericht, er habe Angst vor Marco Schönfeld gehabt, wirken da wenig glaubhaft, denn dafür ist seine Rolle bei den Misshandlungen zu aktiv und zu dominant.

»Von alleine wäre er auf so was auch nicht gekommen. Sebastian ist ein Schisser. Nur in der Gruppe, da hat er immer eine große Fresse«, so *Natalie Maller.*

Sebastian Fink verpasst Marinus mehrere Faustschläge ins Gesicht, einer ist so heftig, dass Marinus mit dem Stuhl nach hinten kippt. Anschließend schleppt Sebastian Marinus wieder vor die Tür, wo er auf das wehrlose Opfer uriniert.

Mit dieser Misshandlung ist eine weitere Stufe der Entwürdigung und Demütigung des Opfers erreicht. Die Beschmutzung ist nicht nur eine Machtdemonstration, durch sie wird Marinus quasi entmenschlicht, mit einem Tier gleichgesetzt, das sich in Exkrementen suhlt.

Um den Quälereien ein Ende zu setzen, rät *Anja Meiners* Marinus, einfach zuzugeben, dass er Jude sei, dann sei Ruhe – in der Hoffnung das »Verhör« werde beendet, wenn der »Verdächtige« sein »Vergehen« gesteht. Marinus geht auf den Vorschlag ein und gibt zu, Jude zu sein. Doch seine Peiniger lassen nicht von ihm ab. Mit seinem Eingeständnis grenzt er sich erst recht aus. Marinus hat gestanden, dass er ein »Untermensch« ist, das erleichtert ihnen, Marinus weiter zu misshandeln. An diesem Punkt beginnt Marcel Schönfeld mitzumachen. Er haut Marinus mit der Faust ins Gesicht und versetzt ihm zwei oder drei Schläge in den Magen. Dass er nun ebenfalls zuschlägt, kommentiert er im Verhör lapidar mit der Bemerkung: »Ich habe auf Marinus Schöberl eingeschlagen, weil es alle gemacht haben.«

Die Ausübung von Gewalt vergleicht Ferdinand Sutterlüty in manchen Fällen mit »einem epiphanen Erlebnis, dem Erlebnis einer Offenbarung im Leben einer Person: In einem bedeutsamen, oftmals krisenhaften Ereignis zeigt sich ihr individueller Charakter in neuem Licht.«* Oft verbindet sich damit der Wechsel von der Opfer- in die Täterrolle. Jahrelang stand Marcel Schönfeld im Schatten des großen Bruders. Er hatte immer wieder Angst, selbst Opfer von Marco zu werden. In der Rollenumkehr blitzt schlagartig die Möglichkeit auf, die Opfergeschichte zu beenden und zu einem neuen Selbstverständnis zu gelangen.

Er erlebt zum ersten Mal in seinem Leben den Triumph der physischen Überlegenheit: Mit Hilfe seines Bruders

* Ferdinand Sutterlüty, Was die Erfahrung der Gewalt erklärt, Gewaltkarrieren von Jugendlichen, in: Stimmen der Zeit, Jg. 128, Heft 11/2003, S. 731. – Epiphanie bezeichnet ursprünglich die Offenbarung der Gottheit vor dem Menschen.

und Sebastian Finks kann er über Marinus verfügen. »Die Gefühle von Größe und Omnipotenz hängen mit der direkten Erfahrung der Gebrochenheit des Opfers zusammen. Es geht dem Täter um ein rauschhaftes Selbstgefühl aus der unabweisbaren Gewissheit der eigenen Stärke und Größe.«*

Marcel und Marco Schönfeld und Sebastian Fink schlagen nun mit voller Wucht abwechselnd auf Marinus ein. Dabei verhöhnen sie ihn als »Jude«, als »Assi«, als »Penner«. «Mitleid«, so Marcel später, » hatte ich mit Marinus nicht so. Zu mir hätte der Marco nie ›Du bist ein Jude‹ gesagt.«

Nach einer Weile verkündet Marco Schönfeld eine Pause, er möchte eine Zigarette rauchen. Sein jüngerer Bruder fährt nach Hause, um von dort eine Packung zu organisieren. Er kommt zurück, sie legen eine längere »Rauchpause« ein. Mit *Anja Meiners* spielen sie eine Runde »Mau-Mau.« Inzwischen ist es vier Uhr und es dämmert bereits. Bei den *Meiners* ist der Alkoholvorrat zur Neige gegangen. Die Gruppe steigt auf ihre Fahrräder, den angeschlagenen Marinus Schöberl lassen sie im Haus zurück. Marinus zieht sich die nassen Kleidungsstücke aus und legt sich auf ein Sofa.

Auf der Hauptstraße kommen Marco Schönfeld Bedenken, Marinus bei den *Meiners* zurückzulassen. Er würde die Hausbewohner möglicherweise stören. Ob Marco Schönfeld wirklich auf die *Meiners* Rücksicht nehmen will, erscheint angesichts seiner früher der Familie gegenüber

* Ferdinand Sutterlüty, Was die Erfahrung der Gewalt erklärt, a.a.O., S. 731.

gezeigten Brutalität zumindest fraglich. Wahrscheinlicher ist, dass er befürchtet, dass Marinus am nächsten Tag zur Polizei geht, um die drei anzuzeigen. Das würde für den älteren der Schönfeldbrüder bedeuten, dass er verhaftet wird und mit einer erneuten Gefängnisstrafe zu rechnen hat. Um das zu verhindern, müssen sie sich Marinus noch einmal vornehmen. Er muss so eingeschüchtert werden, dass er schweigt.

Es gibt noch eine andere Deutung. Marco Schönfeld hat in einem Gespräch einmal geäußert, dass die Quälereien Spaß gemacht hätten. Vielleicht denkt er in diesem Moment auch nur, dass der »Spaß« weitergehen muss.

Marco und Marcel Schönfeld und Sebastian Fink beschließen umzukehren und dringen zum zweiten Mal ins Haus der *Meiners* ein. Marinus Schöberl ist inzwischen auf dem Sofa im Wohnzimmer eingeschlafen. Die drei wecken ihn, schlagen auf ihn ein, zwingen ihn, die nasse Hose falsch herum anzuziehen. Dann gehen sie los.

Marco Schönfeld nimmt Marinus Schöberl auf der Lenkstange seines Fahrrads mit. Was haben die Täter ihrem Opfer erzählt, was sie mit ihm vorhaben? Ziel der nächtlichen Fahrt soll der Schweinestall sein, der einige hundert Meter außerhalb des Ortes liegt. Vor diesem Gelände steht der Bauwagen, in dem Marinus manchmal übernachtet. Die Schläge, die sie ihm vor dem Aufbruch bei den *Meiners* versetzt haben, bedeuten nichts Gutes. Marcel Schönfeld wird später im Verhör zu Protokoll geben, dass Marinus auf der Stange des Fahrrads »heulte«. Wird ihm in diesem Augenblick, auf der Fahrt durch das ganze Dorf Potzlow, erstmals wirklich bewusst, was er bereits durchgemacht hat? Oder weint er, weil er ahnt, was ihm jetzt noch droht? Hat er mitbekommen, dass Marco Schönfeld an der Kreuzung zum Schweinestall zu den anderen sagt, Marinus solle noch ein bisschen Angst eingejagt werden? Oder hofft er, dass er von den Brüdern zu seinem Bauwagen gefahren wird?

Auch jetzt wehrt sich Marinus Schöberl nicht. Er ruft nicht um Hilfe und versucht nicht einmal, vom Fahrrad zu springen. Am Stall angekommen, zwingen die drei ihr Opfer mit Schlägen, über den Zaun zu klettern.

Welche Rolle spielt der Alkohol in diesem Augenblick? Wissen die Täter, was sie tun? *Anja Meiners* wird später vor Gericht aussagen, dass die drei noch normal sprechen und sich normal bewegen konnten. Das, so nimmt das Gericht später an, gilt auch für den Moment, als die Gruppe in den Morgenstunden am Stall eintrifft.

In der Urteilsbegründung heißt es: »Ausfallserscheinungen durch Alkohol sind für keinen der Angeklagten feststellbar. Sie waren noch in der Lage, Fahrrad zu fahren, sogar einen unbefestigten Weg hinauf. Sie konnten über den Zaun zum Stall klettern und nach dem Mord die Leiche und andere Spuren beseitigen … Die Kammer hat keine Anhaltspunkte, dass die Angeklagten alleine wegen des konsumierten Alkohols über eine bloße Enthemmung hinaus in ihrer Steuerungsfähigkeit erheblich eingeschränkt gewesen wären.«

Auffällig ist, dass die Täter ihr Tun vor sich selbst herunterspielen. Marco Schönfeld hatte an der Kreuzung gesagt, Marinus noch »etwas Angst einjagen« zu wollen. Mit der Verharmlosung bannen sie letzte Gewissensbisse.

Die Tatsache, dass sie den außerhalb des Dorfes gelegenen Schweinestall als Ort für die Fortsetzung der Misshandlungen wählen, hat den einfachen Grund, dass sie hier vollkommen ungestört sind. Selbst wenn Marinus Schöberl um Hilfe schreien würde – was er nicht tut –, es würde ihn niemand hören. Er ist seinen Peinigern ausgeliefert, die Kontrolle des »Draußen« existiert nicht mehr. Das erhöht bei den drei Tätern das Gefühl, uneingeschränkte Macht über das Opfer zu haben. Nun bedarf es auch keiner weiteren Begründungen und Vorwände mehr, um Marinus zu schlagen.

Die Täter suchen in solchen Fällen, so Ferdinand Sutterlüty, »einen Ausnahmezustand, ... der im Moment der Gewaltausübung alle Sinne in Beschlag nimmt und die im alltäglichen Zusammenhang geltenden Regeln suspendiert, wenn nicht gar verhöhnt.«*

Nachdem Marco und Marcel Schönfeld und Sebastian Fink mit Marinus das Gelände betreten haben, prügeln sie abwechselnd auf ihn ein. Vielleicht wollen die drei ihr Opfer gefügig machen, weil Marinus von ihren Absichten etwas mitbekommen hat und sich weigert, in den Stall zu gehen. Möglicherweise hat sich aber auch die Lust auf Gewalt längst verselbständigt. Sie neutralisiert jeden Anflug von Mitleid oder Mitgefühl mit dem Opfer. Ferdinand Sutterlüty schreibt dazu: »Die Schmerzen des Opfers, die körperlichen Leiden sind für die jugendlichen Täter oft nicht nur ein unbeabsichtigter Nebeneffekt ihrer Gewalt, sondern das, wonach sie trachten. Das unmit-

* Ferdinand Sutterlüty, Was die Erfahrung der Gewalt erklärt, a.a.O., S. 731.

telbare Erlebnis der Verwundbarkeit des anderen kann einen solchen Sog auf die Täter ausüben, dass sie nicht einhalten können, ehe sich das Opfer krümmt.«*

Im Stall ereignet sich das letzte Kapitel der Misshandlung von Marinus Schöberl. Nachdem Marinus von allen abwechselnd Schläge ins Gesicht und in den Magen erhalten hat, treiben die drei ihn durch den gesamten Stall ans andere Ende des Gebäudes – so weit wie möglich weg von den ersten Häusern am Dorfrand.

In ihrer Anklageschrift geht die Staatsanwaltschaft davon aus, dass die drei Täter sich abgesprochen haben, womit sie ihrem Opfer noch »etwas Angst einjagen« wollen: Marinus soll in die Kante eines Futtertroges beißen, der sich längs durch den nicht mehr genutzten Stall zieht, und drohen ihm an, dass er durch einen Sprung auf seinen Kopf exekutiert werden würde, so wie es in dem amerikanischen Spielfilm »American History X« geschieht, wo ein Mann gezwungen wird in den Bordstein zu beißen und durch einen Sprung auf den Kopf getötet wird. »Etwas Angst einjagen« heißt damit vor allem, sich an der Todesangst des Opfers zu berauschen.

Glaubt man Marco Schönfeld, dass er den Film »American History X« nicht kannte, so bedeutet das, dass Marcel, der ihn gesehen hat, einen Wissensvorsprung gegenüber seinem älteren Bruder besitzt. Er sieht sich plötzlich in einer unerwartet überlegenen Position. Der jüngere Bruder wird nun zur treibenden Kraft der weiteren Ereignisse.

* Ferdinand Sutterlüty, Was die Erfahrung der Gewalt erklärt, a.a.O., S. 731.

Marcel fordert Marinus auf, in die Kante des Troges zu beißen. Marinus folgt der Aufforderung aus Angst vor weiteren Schlägen, er kniet sich vor den Trog und beißt in die Steinkante. Er kann in dieser Position nicht beobachten, was über ihm und hinter ihm vorgeht. Dann richtet er sich auf, hebt noch einmal den Kopf, ein letztes Aufbäumen vor einem möglichen Sprung – der jedoch noch immer nicht kommt. Wieder schlagen Marcel Schönfeld und Sebastian Fink auf ihn ein, bis Marinus Schöberl erneut in die Kante beißt.

Marcel Schönfeld wird später in seiner Vernehmung erklären, dass ihm die Idee des Bordsteinkicks spontan kam, er habe sich mit den beiden anderen nicht abgesprochen. Dieser Version wird dann auch das Gericht folgen. Die Kammer ist überzeugt, dass bis zu diesem Augenblick keiner der drei den Sprung tatsächlich ausführen will oder davon ausgeht, dass die beiden anderen es vorhaben.

Erst jetzt, so Marcel Schönfeld bei seiner Vernehmung, brennen bei ihm alle Sicherungen durch. Marinus Schöberl kniet vor ihm auf dem Boden, die Zähne umklammern den Rand des Troges. Marcel Schönfeld springt mit voller Wucht auf seinen Hinterkopf. Dass er damit Marinus Schöberl töten kann, nimmt er nicht nur in Kauf, durch die Kenntnis des Films setzt er es voraus. Später wird er sagen, dass er wissen wollte, wie das sei, einen Menschen umzubringen.

In welcher Weise hat die Szene aus dem Film »American History X« Marcel im Augenblick der Tat beeinflusst? Er kann sich an den Film sehr gut erinnern – und auch an die offensichtliche Intention des Regisseurs. »American

History X« sei, so Marcel, »ein Film gegen rechte Gewalt«. In der Schlüsselszene zwingt der ältere von zwei Brüdern, ein Skinhead, einen Afroamerikaner, in die Bordsteinkante zu beißen. Dann wünscht er ihm »eine gute Nacht« und springt. Dem Zuschauer wird das Bild des sterbenden Schwarzen vorenthalten, ein filmisches Mittel, das Marco Schönfeld später dazu veranlasst, die Szene als harmlos zu beschreiben, im Vergleich zu dem, was er im Stall gesehen habe.

Man sieht dann in Zeitlupe, wie der ältere Bruder sich in heroischer Siegerpose dem jüngeren zuwendet. Diese Szene hat auf Marcel Schönfeld den stärksten Eindruck gemacht, er hat sich offenbar mit dem älteren Bruder und seiner Tat identifiziert. Mit dem Sprung auf Marinus verschmilzt die eigene Person mit dem Filmhelden aus »American History X«.

Marcel Schönfelds Äußerungen über den Film sind ein Musterbeispiel für die verkannte Wirkung von Gewaltszenen. Sie beschreiben den Widerspruch zwischen der Intention des Filmemachers und der ästhetischen Form der Gewaltdarstellung, die der offensichtlichen Absicht diametral entgegenläuft, denn handlungsauslösend ist eben nicht die wohlmeinende Botschaft, sondern die ästhetische Überhöhung eines Gewalttäters zu einem positiven Helden.

Marcel Schönfeld sagt, dass er sich nicht erklären kann, warum er gesprungen ist: »Das war ein Blackout.«

Was unmittelbar darauf geschah, hat Marcel Schönfeld hingegen in allen Einzelheiten geschildert. Sein Bruder bemerkt, dass man Marinus »jetzt keinem Arzt mehr vorstellen könne«, man müsse ihn »endgültig um die Ecke bringen«. Marcel und Marco suchen nach einem »passenden Gegenstand«, Marcel findet einen Gasbetonstein und erschlägt den noch röchelnden Marinus. Inzwischen ist es bereits hell geworden, die drei Täter verbuddeln die Leiche, verwischen die Spuren, fahren nach Hause und legen sich schlafen. Gegenüber einem Kumpel wird Marcel später von dem »Kick« prahlen, den dieser Sprung ihm bereitet habe.

Wolfgang Sofsky beschreibt, wie der Täter generell in Exzessen dieser Art alle »inneren und äußeren Schranken überspringt. Indem er das Opfer zu einem Körper, schließlich zu einem reaktionslosen Ding macht, erlangt er die Gewissheit, zu allem fähig zu sein. Der Exzess ist ein Akt ungehemmter Selbstexpansion«.*

Warum haben die Zeugen, die bei den Quälereien dabei waren, nicht eingegriffen? Matthias Muchow, der die *Meiners* gut kennt, hat eine einfache und verständliche Erklärung: »Die hatten Angst, Angst, Angst. Die wurden damals von Marco mit Zeltstangen verprügelt, die Familie.« Matthias Muchow spielt auf den Vorfall an, als Marco 1998 mit einem Kumpel zunächst zwei Gäste der *Meiners* schlug und später auch *Anja Meiners* attackierte. Seinerzeit hatte *Anja Meiners* trotz der Bedrohung durch Marco Schönfeld ohne Zögern die Polizei verständigt und Anzeige erstattet.

Umso mehr stellt sich die Frage, warum die *Meiners* nicht wenigstens am nächsten Tag die Polizei gerufen

* Wolfgang Sofsky, Absolute Macht. Zur Soziologie des Konzentrationslagers. In: Leviathan 18, 1990, S. 518–535.

haben. Achim Fiebranz versucht sie zu entlasten: »Die hatten kein Telefon, und das Handy war abgelaufen. Am nächsten Tag, na, die haben sich keinen Kopp gemacht.« Doch als der Vater von Marinus zwei Tage später bei ihnen nach seinem Sohn fragt, hätten sie Verdacht schöpfen können. Vielleicht haben sie sich geschämt, bei den Quälereien nicht eingegriffen zu haben. Vielleicht hatten sie auch Angst, dass die Eltern von Marinus die Polizei einschalten – und sie Schwierigkeiten mit den Behörden bekommen.

Gilt dasselbe für Achim Fiebranz? Warum hat er den Rucksack von Marinus nicht erwähnt, als etwa zwei Wochen nach dem Verschwinden ein Polizist sich bei ihm nach Marinus Schöberl erkundigt? Warum hat er dem Vater nicht erzählt, dass sie mit Marinus, Marco und Marcel zusammensaßen, als der Vater auf der Suche nach seinem Sohn auch bei Achim Fiebranz klopfte? Warum hat er keinem von beiden gesagt, dass Marinus mit den anderen zu den *Meiners* weiterzog?

Achim Fiebranz führt immer wieder an, dass er Angst vor den drei Besuchern gehabt habe. »Erst mal war ich ja auch ein bisschen betüdelt, die waren auch besoffen, und denn ich alleine gegen drei Mann. Wenn ich mit rüber zu den *Meiners* gegangen wär, dann hätte ich vielleicht auch da oben in der Grube gelegen. Bloß mein' Schädel brauch ich noch ein bisschen.« Erst Wochen später gibt Achim Fiebranz den Rucksack, in dem sich inzwischen nur noch das Ladegerät befindet, an *Ronny Herken*, einen Kumpel von Marco, weiter. Erst der verständigt die Schöberls. Über diese »Panne« spricht Achim Fiebranz nicht. Entweder hat er das Handy weiter veräußert – oder er hat es stillschweigend geduldet, dass andere es genommen haben. Auch die Handtücher, die Marinus beim Baden dabei hatte, und sein Fahrrad sind bis heute nicht mehr aufgetaucht.

Alkoholkonsum und materielle Not mögen ein Grund sein, warum die Sachen verschwunden sind, aber sie erklären kaum das Schweigen. Vielleicht hat Achim Fiebranz sich geschämt, das Handy und die weiteren Gegenstände anderen Kumpels überlassen zu haben. Je stärker der Verdacht wurde, dass Marinus etwas zugestoßen sein musste, desto schwieriger wurde es womöglich für Fiebranz, sich den Verwandten von Marinus zu offenbaren.

Und noch etwas mag eine Rolle gespielt haben, vielleicht weniger bei Achim Fiebranz als bei der Familie *Meiners*: Die Angst, selbst Opfer zu werden, führt im Augenblick von Misshandlungen dazu, dass man sich mit dem Aggressor identifiziert. Oder, in den Worten von Wolfgang Sofsky: »Der Schrecken lässt [den Zuschauer] erschaudern, doch zugleich genießt er es, sich selbst in Sicherheit zu wissen. In die Angst mischen sich Erleichterung und Befriedigung, das Wohlgefühl stolzer Unerschütterlichkeit.«* Bleibt die Frage, warum sich im Zuschauer nicht wenigstens Mitleid oder Mitgefühl regt. Sofsky hat darauf folgende Antwort: »Der Schmerz, den er sieht, ist nicht sein eigener Schmerz. Flüchtig nur sind die Anflüge von Mitgefühl, die das Gewissen beruhigen und moralische Genugtuung verschaffen. Mit Mitleid ist das nicht zu verwechseln. Mitleid gründet sich auf die

* Wolfgang Sofsky, Traktat über die Gewalt, a. a. O., S. 107.

Einsicht, dass alle Lebewesen gleich bedürftig und auf Hilfe angewiesen sind, eine Erkenntnis, welche die Haltung des Beobachters in ihren Fundamenten erschüttern würde. Deshalb neigt der Zuschauer stets dem Täter zu. Faszination gilt dem Handeln, nicht dem Leiden.«*

* Wolfgang Sofsky, Traktat über die Gewalt, a. a. O., S. 108.

Als Marco und Marcel Schönfeld und Sebastian Fink frühmorgens wieder im Haus der Schönfelds eintreffen, stecken die beiden Brüder ihre verschmutzten Kleidungsstücke in die Waschmaschine. Sie beratschlagen, wie sie sich verhalten, wenn sie von der Polizei nach Marinus gefragt werden. Sie einigen sich darauf zu erzählen, dass Marinus zur Schwester nach Bayern aufgebrochen sei – und sich dafür in der Nacht noch ein Auto organisieren wollte. Danach legen sie sich ins Bett.

Am späteren Morgen, so erinnert sich Marcel, »bin ich ganz normal aufgestanden. Das war dann erst mal so, als ob wir uns einen schlechten Film angeguckt hätten.«

Mittags kommt die Mutter nach Hause, Jürgen Schönfeld hat sie aus dem Krankenhaus in Prenzlau abgeholt. Marco, Marcel und ihr Gast Sebastian Fink frühstücken gemeinsam mit den Eltern. Sebastian, der ursprünglich länger bleiben wollte, teilt mit, dass er nun doch schon nach Templin zurückfahren werde. Jutta Schönfeld hat nichts dagegen einzuwenden. Sie mag den jungen Mann nicht, sie findet seinen Blick kalt und unheimlich.

Samstagabend kommt Sebastian Fink in Templin an. Seine schwangere Freundin *Sonja* und ihre Schwester *Natalie Maller* sind zu Hause. Natalie fallen die blutigen Hände von Sebastian auf. »Ich bin hingefallen«, sagt er, mit Blick auf seine Hände. *Natalie* streitet sich mit ihm, weil er – offensichtlich betrunken – ihr neues Fahrrad ausgeliehen hatte. Plötzlich fängt Sebastian an zu weinen. Er hat einen Heulkrampf, muss sich dabei übergeben. Ohne eine Erklärung geht er zu Bett.

Am nächsten Tag schläft er lange. Die beiden Schwestern können nichts Auffälliges an ihm feststellen. »Wenn wir was gesagt haben, ist er wie immer für uns gesprungen.« In den Tagen danach spricht er *Sonja* wiederholt darauf an, dass sie »abhauen müssten«. Die beiden Schwestern denken, dass Marco Schönfeld ihm »da etwas eingeredet haben muss«.

Am Montag, drei Tage nach der Tat, will Marcel Schönfeld nicht zum Bildungswerk nach Buckow fahren. Er bittet die Mutter um fünfzig Euro – für einen Trip mit Marco nach Teltow. Das lehnt Jutta Schönfeld ab, mit dem Hinweis, er müsse zur Ausbildung. »Ich bin nicht zur Arbeit gefahren, stattdessen waren wir in Zichow am See baden, haben gesoffen, war mir alles egal«, so Marcel.

Am selben Tag erwartet Petra Freiberg in Potzlow Marinus zum Streichen der Clubräume im Keller des Jugendzentrums. Als er nicht kommt, fragt sie seine Kumpels nach ihm. Sie wissen nichts von Marinus. Petra Freiberg denkt sich nichts weiter, es ist nicht das erste Mal, dass der Junge ein Versprechen nicht hält. »Das wusste ja niemand, dass er nicht mehr kommen konnte.«

Am nächsten Tag fährt der Vater von Marinus nach Potzlow und fragt im Ort nach seinem Sohn. Mehr durch Zufall klopft der Vater auch an die Tür des kleinen Hauses, in dem der Leidensweg von Marinus begonnen hatte. *Martin Buhre*, der Lebensgefährte von *Anja Meiners*, öffnet ihm, behauptet jedoch, Marinus nicht gesehen zu haben.

Am nächsten Tag fährt Marinus' Vater nach Templin. Er vermutet, dass sich Marinus bei einem seiner Schulfreunde aufhalten könnte. Er trifft einige der Klassenkameraden auch an, aber keiner von ihnen hat Marinus kürzlich getroffen.

Als er am darauf folgenden Wochenende immer noch nicht nach Hause kommt, fährt Birgit Schöberl nach Templin, um ihn bei der Polizei vermisst zu melden. Für den Beamten, der den Fall aufnimmt, so erinnert sich die Mutter, ist das eine nervige Routineangelegenheit: »Das ist jetzt die dritte Vermisstenanzeige, spielen denn die Siebzehnjährigen alle verrückt heute?«

Birgit Schöberl geht nach Hause – und wartet.

Nach ein paar Tagen kommen zwei Polizisten zu den Schöberls nach Gerswalde. Sie wollen von der Mutter wissen, wann ihr Sohn zum letzten Mal gesehen worden ist und anderes mehr, Fragen, die sie schon beim Aufgeben der Vermisstenanzeige beantwortet hat. Birgit Schöberl versucht ihnen klarzumachen, dass mit Marinus etwas passiert sein müsse, so lange sei er noch nie verschwunden gewesen.

Etwa zwei Wochen nach der Tat, als sie wieder einmal in Potzlow ist, fährt Marinus' Schwester *Ina* mit Nancy Fiebranz und anderen Kumpels zum Bauwagen. Die Freunde rätseln über Marinus' Verschwinden. Sie sind überzeugt, dass er wieder auftaucht. *Andy Werner* vermutet ihn in Bayern bei seiner Schwester. Er hat immer wieder versucht, ihn anzurufen, ist aber jedes Mal auf der Mailbox gelandet. »Ich hab bloß gedacht, lass den machen. Es ist wie ein Hund: Wenn er Hunger kriegt, kommt er wieder nach Hause.« *Ina* glaubt, dass jemand Marinus verprügelt haben könnte. »Vielleicht versteckt er sich dann, damit man ihn nicht sieht, wie er aussieht, weil er ne dicke Backe hat und ne blaue Lippe.«*

Es ist schon ziemlich spät, als es klopft. Sie fragen, wer draußen ist, erhalten jedoch keine Antwort. Es klopft wieder. Sie machen die Tür auf – und vor ihnen steht Marcel Schönfeld. Er kommt herein, fragt die Kumpels, ob sie für ihn eine Zigarette haben. Sie reichen ihm eine Packung, er nimmt sich eine und steckt sie sich an. Dann setzt er sich neben *Ina*. Er fragt sie, ob Marinus schon zu Hause sei. Sie schüttelt den Kopf. »Und dann hat er nichts mehr gesagt. Und ich auch nicht.«

Drei Wochen später steht die Polizei bei den Schönfelds vor der Tür. Sie befragen zunächst die Eltern, später auch Marco und Marcel. Die Eltern haken später bei ihren Söhnen noch einmal nach, warum die Polizei gerade zu ihnen gekommen ist. Ob Marco und Marcel nicht doch etwas wissen. – »Was ihr immer wollt, das ist meine Sache, wir haben damit nichts zu tun«, soll der ältere Sohn geantwortet haben.

Nach ein paar Tagen kommen erneut Polizisten zu den Schönfelds und befragen noch einmal Marcel. Ob er etwas von Marinus gehört habe? Marcel hält sich an die Absprachen mit seinem Bruder. Er deutet an, dass Marinus zu Hause Probleme hatte. Er habe zu seiner Schwester nach Bayern fahren wollen. Und ein Auto habe er dafür auch organisieren wollen. – Das erscheint

* Dieses und alle weiteren Zitate von *Ina* Schöberl stammen aus Interviews, die Gabi Probst 2003 mit ihr führte und die sie uns freundlicherweise zur Verfügung stellte.

den Polizisten plausibel. Dass sich Marinus einen Wagen organisieren kann, war der Polizei spätestens nach der geplatzten Spritztour mit dem Auto des Vaters bekannt.

Als einige Wochen später von der Kriminalpolizei eine Vermisstenanzeige in der örtlichen Kreiszeitung geschaltet wird, heißt es darin: »Marinus Schöberl kann auch gestohlene Kfz fahren.« Seine Mutter erhält von der Polizei die Mitteilung, dass er bestimmt bald auftauchen werde – gestoppt von einer Polizeikontrolle auf irgendeiner Autobahn in den alten Bundesländern.

In der ersten Augustwoche 2002 fährt Marinus' Schwester *Ina* noch einmal nach Potzlow. Sie ist sich sicher, dass er sich noch im Dorf aufhält. Sie fragt seine Kumpels im Jugendzentrum, schaut beim Bauwagen nach ihm. Auch zu *Meiners* geht sie noch einmal, die weiterhin beteuern, dass Marinus in der Tatnacht nicht bei ihnen war. Sie geht auch zu Hans Joachim Fiebranz, zu *Günther Herbe* und den anderen Dorfbewohnern, die am 12. Juli abends mit Marinus zusammengesessen und Bier getrunken haben. »Von denen hat auch keiner was gesagt, dass er abends noch mit dabei war.«

Auch Nancy Fiebranz fragt immer wieder die gemeinsamen Freunde und Kumpels aus. Haben sie Marinus nicht irgendwo gesehen? Sie traut ihm zu, dass er es bringt, von zu Hause abzuhauen. Dass er sich bei ihr nicht einmal meldet, kränkt sie. »Ohne mir was zu sagen, das war nie vorgekommen.« Sie beruhigt sich damit, dass er seinen eigenen Kopf hat. »Auch früher hat er sich nicht immer an Absprachen gehalten und letztendlich das gemacht, was *er* will.«

Nach einem Monat wird Nancy unruhig. Sie ahnt, dass ihm etwas zugestoßen sein muss. Dass er so lange ohne eine Karte oder einen Anruf wegbleibt, war ohne Beispiel. Sie fährt zur Familie Schöberl, redet mit den Eltern, versucht sie zu beruhigen. Eigentlich geht es ihr mehr darum, die eigenen Ängste zu besänftigen.

Anfang August 2002 treffen sich Marcel Schönfeld und einige andere Jugendliche an einer Bushaltestelle im nahe gelegenen Zichow, um dort gemeinsam zu trinken. Marcel Schönfeld prahlt mit der Tat: Es sei ein »geiles Gefühl« gewesen, und empfiehlt seinen Kumpels: »Das müsst ihr auch mal machen.«

Einer Freundin seines älteren Bruders, *Mandy Krüger*, gesteht Marcel, dass er Marinus Schöberl umgebracht hat. Dabei habe er, so *Mandy Krüger*, geäußert, der Jude habe es nicht anders verdient. Marcel sucht zusammen mit ihr und zwei anderen Kumpels den Tatort auf und beginnt in der Grube zu buddeln. *Mandy Krüger* wird später in den polizeilichen Vernehmungen einräumen, dass sie einen Teil der Hose und einen Fuß gesehen habe. Aber es ist zu diesem Zeitpunkt für sie völlig unvorstellbar, zur Polizei zu gehen und Marcel anzuzeigen. Sie behält für sich, was sie gehört und gesehen hat, und auch die anderen sagen nichts. Marinus bleibt verschwunden.

Als *Ina* Schöberl wieder einmal in Potzlow ist, begegnet sie *Ronny Herken,* einem Kumpel von Marco Schönfeld und Achim Fiebranz. *Ronny* erzählt ihr, dass er den Rucksack von Marinus »gefunden« habe. Er ist – bis auf das Ladekabel des Handys – leer. Das Handy selbst und die Handtücher sind verschwunden. *Ina* Schöberl nimmt den Rucksack mit nach Hause. Die Familie meldet den

Fund der Polizei, die daraufhin zu den Schöberls kommt, in den Rucksack schaut – und wieder geht. »Da hab ich mir schon gedacht, da muss etwas passiert sein, der haut nie ohne seinen Rucksack ab«, sagt *Ina* Schöberl. »Da ist mir durch den Kopf geschossen, dass man ihn umgebracht hat. – Danach habe ich nicht mehr weiter gesucht.«

In den nächsten Wochen fährt Birgit Schöberl mehrmals nach Templin zur Polizei. Sie spürt, dass sie den ermittelnden Beamten lästig wird. Jedes Mal, wenn sie kommt, zieht ein Beamter die Vermisstenanzeige aus einem Stapel hervor und teilt ihr mit, dass sich keine neuen Erkenntnisse ergeben hätten. Sie würden sich melden. Doch niemand ruft sie in den folgenden Wochen an. Mitte August meldet sich Birgit Schöberl wieder in Templin. Man hält sie erneut hin. Am 27. Juli habe sich seine Spur verloren, mehr wissen die Beamten nicht. An diesem Tag will ein Zeuge Marinus in Schwedt gesehen haben, einer Stadt etwa dreißig Kilometer von Potzlow entfernt. Zu Hause erzählt Brigitte Schöberl ihrer Tochter *Ina* davon. *Ina* hält die Aussage für falsch. »Der läuft da nicht alleine rum. Der nimmt immer einen mit.«

An einem Wochenende Mitte August zelten Marco und Marcel Schönfeld mit ein paar Kumpels, darunter *Mandy Krüger*, im Nachbardorf Zichow an einem See. Marco Schönfeld ist angespannt, die Tat sitzt ihm im Nacken, wieder hat die Polizei nach dem Verbleib von Marinus gefragt. Und die einzige Person, zu der er Vertrauen hat, ist im Gefängnis: *Angela Becker*. Nachmittags ruft er sie in der Haftanstalt an und eröffnet ihr, dass er es ohne sie nicht mehr aushalte. Sie will ihn beruhigen und trösten.

Doch er kündigt an, dass er »wieder zurück zu ihr in den Knast kommt«. Nach dem Gespräch mit *Angela Becker* trifft er wieder bei seinen Kumpels auf dem Zeltplatz ein. Marco Schönfeld trinkt Bier und Schnaps – in dem Wissen, dass »es dann mit ihm losgeht«. Tatsächlich dauert es nicht mehr lange. Wegen einer Nichtigkeit gerät er mit einem der Kumpels in Streit. Der will gerade mit seinem Auto losfahren, als Marco Schönfeld die Beifahrertür aufreißt, ihn aus dem Wagen tritt und sich selbst ans Steuer setzt. Mit *Mandy Krüger* und einem anderen Kumpel fährt er nach Prenzlau. Marcel lässt er zurück.

Inzwischen ist es ein Uhr nachts. Zunächst sitzt Marco am Steuer, dann lässt er seinen 17-jährigen Kumpel *Mario Bayer* fahren.

Zur gleichen Zeit läuft der 33-jährige Schwarzafrikaner Neil Duwhite durch die Innenstadt von Prenzlau. Er kommt aus Sierra Leone und lebt im Prenzlauer Asylbewerberheim. Er befindet sich auf dem Heimweg von Freunden, denen er beim Tapezieren einer neuen Wohnung geholfen hat. Ein Prenzlauer Kumpel von Marco Schönfeld spricht Neil Duwhite an: »Hey Neger, was willst du hier?« Die beiden gehen ein Stück des Wegs gemeinsam. Der Kumpel ist auf der Suche nach Bier oder Schnaps. Um ihn zu beruhigen, schlägt Duwhite vor, zusammen zu einer Tankstelle zu gehen. In diesem Augenblick fährt der gestohlene Golf an den beiden vorbei, hält an. Marco Schönfeld steigt mit *Mandy Krüger* und *Mario Bayer* aus, um sich »den Neger vorzunehmen«. Er beschimpft ihn mit Sprüchen wie »Scheißnigger, was willst du hier?« *Mario Bayer* setzt nach mit Sätzen wie: »Ihr Scheißausländer bekommt zweitausendfünfhundert

Mark, viel mehr als meine Mutter.« Marco Schönfeld und seine Begleiter schlagen ihn abwechselnd ins Gesicht, treten auf ihn ein, bis er zu Boden geht. Marco Schönfeld trägt Halbschuhe mit Stahlkappen, seine Kumpels einfache Turnschuhe. Immer wieder gelingt es Duwhite, sich aufzurichten und einige Schritte wegzurennen. »Ich bin um mein Leben gelaufen, und keiner hat mir geholfen«, sagt er vor Gericht aus. Die Täter holen ihn erneut ein, reißen ihn zu Boden und schlagen zu. Sie treten ihm zwei Zähne aus. Mehrere Autos fahren am Tatort vorbei, niemand hält an und greift ein. Neil Duwhite muss wegen Prellungen im Bauch- und Rippenbereich sowie einer aufgeplatzten Wangentasche im Krankenhaus behandelt werden. Viel schlimmer als die körperlichen sind die bleibenden seelischen Schäden, die Neil Duwhite beim Überfall erlitten hat. Er traut sich nicht mehr aus dem Heim und wird einige Monate später in ein Asylbewerberheim in Potsdam gebracht. Neil Duwhite ist bis heute von diesem Vorfall traumatisiert, er leidet unter Schlaflosigkeit, Angstzuständen und fühlt sich zeitweise verfolgt.

Marco Schönfeld und seine drei Kumpels werden etwa eine Stunde später in Prenzlau verhaftet. Sie hatten den VW Golf bei einem Supermarkt abgestellt. Die Polizei findet sie in einer nahe gelegenen Parkanlage.

Noch auf der Wache gibt Marco Schönfeld an, dass er »Schwarze nicht leiden könne«. Die hätten mehr Geld als sie Deutsche. Seine Begleiterin *Mandy Krüger* gibt zu Protokoll: »Ich hab ihn nur geschlagen, weil er hier nichts zu suchen hat. Es ist ein weißes Land, da gehören nur Weiße hin.«

Einen Tag später wird Marcel Schönfeld von der Nachricht überrascht, dass sein Bruder verhaftet worden ist. »Marco rief mich an, er war in Prenzlau auf der Wache. Er wollte, dass ich Vater anrufe, damit sie ihn abholen. Da war aber nichts mehr mit abholen.« Am nächsten Tag erfährt er, dass sein Bruder in der Justizvollzugsanstalt Wulkow in Untersuchungshaft einsitzt. Die Festnahme nimmt Marcel sehr mit. Er hängt zu Hause herum. Auf Fragen der Eltern, was mit ihm sei, reagiert er nicht. Sie vermuten, dass er wieder Drogen genommen hat. Schließlich meint Marcel nur: »Jetzt lässt Marco mich mit allem allein.« Die Eltern verstehen nicht, was er damit meint, fragen aber nicht weiter nach.

Ein paar Tage später fährt Marcel Schönfeld mit seiner Mutter nach Buckow, um seine restlichen Sachen aus dem Internat der Bildungseinrichtung abzuholen. Sein Auftreten und sein Aussehen sind einer Erzieherin in deutlicher Erinnerung geblieben. »Die Tür ging auf, und er kam rein, da hat's mich bald vom Stuhl gehauen, ich sag, bist du denn verrückt? Junge, was ist bloß aus dir geworden mit den Springerstiefeln, schwarzen T-Shirt mit rechtsradikalen Symbolen drauf, kahl polierte Glatze, kreideweiß und einen versteinerten Gesichtsausdruck?« Die Erzieherin versucht, mit ihm ins Gespräch zu kommen. »Ich sage, das Blatt kann sich doch wenden, und du kannst doch immer noch mal eine Chance für eine Ausbildung kriegen. Aber wenn du so auftrittst, Junge, dann macht doch jeder die Schotten dicht und sagt: ›Der nicht mehr‹.« – Marcel, so die Erzieherin, habe nur mit den Schultern gezuckt und nach unten geschaut.

Die Erzieherin spricht die Mutter auf das Äußere ihres Sohnes an. »So wie er angezogen ist, wäre ich mit ihm nirgendwo hingefahren.« Jutta Schönfeld ist von ihrem Sohn überfordert. Sie schafft es nicht, Grenzen zu setzen. »Was soll ich denn machen? Der macht was er will«, erwidert sie der Erzieherin.

Doch dann, Anfang September, fasst Marcel Schönfeld einen Entschluss. Er möchte eine Lehre machen. Er hört auf, Drogen zu nehmen. Er versucht, die Entzugserscheinungen mit Alkohol aufzufangen. Das gelingt ihm. Bier und Schnaps haben aus seiner Sicht noch einen weiteren Vorteil: Alkohol wird beim Drogenscreening nicht erfasst. Mitte September meldet er sich beim Arbeitsamt zum Test an, Anfang Oktober bekommt er einen Termin. Ergebnis: Marcel Schönfeld wird bescheinigt, in den vorangegangenen vier Wochen keine Drogen genommen zu haben. Damit steht der Lehre nichts mehr im Weg. Die Eltern haben ihn bei diesem Schritt unterstützt: »Wir haben gesagt, Mensch, Marcel, du hast jetzt die Chance, du kannst eine Lehre machen, nimm es an, wir stehen hinter dir.«

Auch Sebastian Fink geht wieder zur Arbeit. Im September 2002, fast zwei Monate nach der Tat, erhält er einen Praktikumsplatz bei einer Tiefbaufirma in Templin. Kurz vor dem Antritt seines Praktikums kommt er nach Buckow, um sein Zimmer zu räumen. »Er ist angereist, als wenn überhaupt nichts gewesen wäre«, so eine der Erzieherinnen. »Er trat auf nach dem Motto: Was kostet die Welt. Da war nichts zu spüren, dass er was auf dem Herzen hat.«

Daheim in Templin spricht Sebastian Fink über seine Berufspläne im Ausland. *Natalie Maller* unterstützt die

Idee: »Ich hab einen Kumpel und der wollte Sebastian zur Arbeit ins Ausland mitnehmen. Da sollte er auch 'ne Menge Geld verdienen. Hat Sebastian immer gesagt, er fährt vor, und dann, wenn das Kind da ist, kommt sie nach.«

Etwas fällt *Natalie Maller* an ihm auf. Sebastian Fink spricht immer wieder mal von einem »Bordsteinkick«. Ganz neu ist der Begriff für sie nicht. »Das haben wir alle öfter mal gesagt, wenn irgendeiner mal wat Blödes gemacht hat: ›Halt die Schnauze sonst kriegste einen Bordsteinkick.‹ Das kennt jeder, der den Film gesehen hat. Und den haben wir alle gesehen.«

Im Oktober 2002 findet am Amtsgericht Prenzlau die Verhandlung gegen Marco Schönfeld statt, unter anderem wegen des Angriffs auf den Schwarzafrikaner Neil Duwhite. Marco Schönfeld wird nach mehrwöchiger Verhandlung wegen gefährlicher Körperverletzung in zwei Fällen in Tateinheit mit Nötigung sowie wegen »unbefugten Gebrauchs eines Kraftfahrzeugs in Tateinheit mit vorsätzlicher Trunkenheit« zu einer Gesamtfreiheitsstrafe von zwei Jahren und sechs Monaten verurteilt. Zu Lasten von Marco Schönfeld sei zu berücksichtigen, so heißt es in der Urteilsbegründung, dass »er wegen Körperverletzungs- und Eigentumsdelikten ganz erheblich vorbestraft ist«.

Marco empfindet das Urteil als »zu hart«. Diese Ansicht teilt auch Marcel. Er wird später über das Urteil sagen: »Fast drei Jahre für Pillepalle. Lippe aufgeplatzt, mehr war doch gar nicht. Wäre es umgekehrt, hätte der Ausländer nur Bewährung bekommen. Das war richtig, dass der Marco den zusammengeschlagen hat. Die meisten sind doch nur illegal hier, machen sich breit, ziehen Vater Staat ab und gehen zurück in ihr Land als reiche Menschen.«

Marcel Schönfeld beginnt die Ausbildung mit fast zweimonatiger Verspätung. Am 28. Oktober reist er mit den Eltern in Buckow an. Auf die Erzieher wirkt er fröhlich und gelöst. Er trägt jetzt wieder längere Haare. In der Verwaltung trifft eine Erzieherin auf ihn. Sie freut sich mit ihm, dass er jetzt doch die Lehre beginnen kann. Im Verlauf des Gesprächs merkt die Erzieherin, dass Marcel Schönfeld getrunken hat. In seinem Rucksack, so erinnert sie sich, klirren Bierflaschen. »Wenn du wieder so weitermachst, dann wird das mit der Lehre doch wieder nichts. – Sagt Marcel, das war jetzt bloß Einstandsfeier.«

In den fünf Wochen bis zu seiner Festnahme gelingt es Marcel, nicht weiter auffällig zu werden. Er trinkt nicht übermäßig, behält seinen unauffälligen Haarschnitt. Die Springerstiefel lässt er zu Hause.

Heiko Gäbler freut sich, dass sein Kumpel wieder in Buckow ist. Sie treffen sich abends in der Dorfkneipe. Nach ein paar Bieren erzählt ihm Marcel Schönfeld, dass er einen »Assi« totgeschlagen habe. Heiko Gäbler nimmt ihn nicht ernst. Marcel, so denkt sich sein Freund, erzähle doch immer irgendwas.

Er ist nicht der Einzige, mit dem Marcel Schönfeld über das Geschehene spricht. Wird er nicht ernst genommen, legt er nach, sagt, dass er Fotos vom Stall mitbringen will, »von dem Typen, den sie vergraben haben«, erinnert sich Heiko Gäbler.

Einmal bekommt Marcel Schönfeld mit einem Mitschüler Streit. Im Verlauf der Auseinandersetzung droht er ihm damit, dass er »schon mal einen umgebracht hat«. Auch der Mitschüler hält Marcel Schönfeld für einen Sprücheklopfer, der sich wichtig machen will. Immer mehr seiner Kollegen ziehen sich zurück. Keiner möchte mehr mit ihm zusammenwohnen. Er wechselt daraufhin in ein Einzelzimmer des Wohnheims.

Vier Wochen später, am 16. November, einem Freitag, kommt Marcel Schönfeld in den Jugendclub in Potzlow-Strehlow. Er hat schon ein paar Biere getrunken. Er setzt sich an einen Tisch, an dem sich *Jessica Niemann* und *Patrick Senft* gerade unterhalten. *Patrick Senft* hatte ihn zwei Jahre zuvor krankenhausreif geschlagen, aber inzwischen haben die beiden sich wieder versöhnt.

Die Sprache kommt auf Marinus Schöberl. Plötzlich platzt es aus Marcel Schönfeld heraus – er weiß, wo er ist. Die beiden glauben ihm nicht. Schließlich schließen sie eine Wette ab. *Patrick* setzt zwanzig Euro, *Jessica* fünf Euro darauf, dass er es *nicht* wisse. Sie brechen vom Jugendzentrum auf, fahren erst noch einmal zu den Schönfelds nach Hause. Marcel holt sich eine Axt aus dem Schuppen, ein anderes Werkzeug findet er auf die Schnelle nicht. Dann fahren sie zum Stallgelände. Marcel Schönfeld klettert mit seinen Begleitern über den Zaun. Zielstrebig geht er zu der aufgelassenen Jauchegrube und fängt an, mit der Axt zu graben. Als er den Schädel freigegraben hat, wollen es *Jessica Niemann* und *Patrick Senft* zunächst nicht glauben. Sie denken, dass es sich um einen Schweinekopf handelt. Doch dann, nach weiteren Grabungen, sind auch sie sich sicher, dass vor ihnen die Überreste von Marinus Schöberl liegen. Marcel Schönfeld droht ihnen: Wenn sie zur Polizei gehen, dann sind sie selbst dran.

Am nächsten Tag erzählt *Patrick Senft* seinem Kumpel Matthias Muchow von dem, was er gesehen hat. Was *Patrick* ihm berichtet hat, lässt Matthias Muchow keine Ruhe. Mit zwei befreundeten Mädchen fährt er zum Schweinestall. Sie finden auf dem Gelände eine alte Schippe. Matthias Muchow hofft, dass es sich vielleicht doch um jemand anderen handeln könnte. Er gräbt und stößt bald auf die Beckenknochen mit den Resten einer grünen Hose. Jetzt ist er sich sicher, dass es sich bei dem Fund nur um Marinus Schöberl handeln kann. Der Schock sitzt tief.

Sie laufen aus dem Stall, klettern über den Zaun und erreichen bald die ersten Häuser des Dorfes. Dort wohnt ein Kumpel von Matthias Muchow. Sie läuten bei ihm – und treffen in der Wohnung noch jemand anderen: Marcel Schönfeld. Sie berichten, was sie im Stall gesehen haben. Marcel, so erinnert sich Matthias Muchow, sei »cool drauf gewesen«. Das, was Matthias und die die beiden Mädchen erzählten, sei »Scheiße: Da oben würde niemand liegen, schon gar nicht Marinus«.

Die Jugendlichen fahren nun zum Haus von Matthias Muchow. Eines der Mädchen, die bei der Ausgrabung dabei waren, hat ihren Eltern inzwischen vom Fund der Leiche erzählt. Die Eltern raten ihr, nicht die Polizei zu rufen, das würde nur »Ärger bringen«. Mit der Ausnahme von Matthias Muchow unternimmt niemand etwas.

Marcel Schönfeld ahnt, dass die Geschichte nun auffliegen wird. Aber er sagt nichts, als er nach Hause zu den Eltern zurückkehrt. Der Vater bringt ihn abends ins Internat nach Buckow.

In Buckow verabschiedet er sich von seinem Sohn. »Bis Freitag«, sagt Jürgen Schönfeld. Marcel Schönfeld geht auf sein Zimmer. Er packt nicht aus. Er wartet. Um etwa ein Uhr wird er von der Polizei im Wohnheim verhaftet.

Noch in derselben Nacht, in den frühen Morgenstunden des 19. November 2002, beginnt auf der Wache in Prenzlau ein etwa achtstündiges Verhör. Marcel Schönfeld macht von seinem Aussageverweigerungsrecht keinen Gebrauch. Die Vernehmungsbeamten gewinnen den Eindruck, dass er sich die Tat von der Seele reden will. Er erzählt in allen Einzelheiten den Verlauf der Tatnacht. Es sei, so der Ermittlungsrichter, zu keinem Zeitpunkt der Eindruck entstanden, dass Marcel Schönfeld versucht habe, sich herauszureden oder andere zu schützen. Die Schilderung sei emotionslos erfolgt, Marcel habe weder bedrückt noch stolz gewirkt, es sei eher der Eindruck entstanden, dass er sich wie ein »Kindergartenkind« gefreut habe, etwas erzählen zu können. Nur in zwei Punkten wird er sich später korrigieren. Im ersten Verhör verschweigt er, dass sie mit Marinus noch zu den *Meiners* gegangen sind. Offenbar will er vermeiden, dass die Zeugen vernommen werden und möglicherweise Belastendes zu Protokoll geben. Zum anderen erklärt er, dass Marinus durch einen Stoss auf den Schweinetrog gefallen sei und sich dabei die tödlichen Verletzungen zugezogen habe.

Auch Sebastian Fink wird noch in der gleichen Nacht festgenommen und verhört. Er erzählt, dass Marinus Schöberl von Marcel und Marco gezwungen wurde, in den Schweintrog zu beißen. Und dass Marcel Schönfeld schließlich auf den Kopf von Marinus gesprungen sei.

Marcel Schönfeld wird am folgenden Tag mit dieser Version konfrontiert. Er schildert nun ebenfalls den kompletten Ablauf der Tatnacht. Sie deckt sich weitgehend mit der Version von Sebastian Fink.

Die Familie von Marinus erfährt am Morgen nach den Verhaftungen, dass ihr Sohn in Potzlow gefunden wurde. Die Familie steht unter Schock. *Ina* Schöberl möchte nicht einmal im Ansatz an das denken, was im Stall mit ihrem Bruder passiert ist.

Zur gleichen Zeit erfahren die Eltern Schönfeld von der Verhaftung ihres jüngeren Sohnes. Sie machen sich sofort nach Prenzlau auf, werden aber nicht zu ihm vorgelassen.

Nach den Verhören wird Marcel Schönfeld in die Justizvollzugsanstalt Oranienburg überstellt. Von den Eltern hört er zunächst nichts. Er fühlt sich verlassen, denkt, dass die Eltern nach der Tat von ihm nichts mehr wissen wollen. Er hegt Selbstmordgedanken. Jutta Schönfeld versucht, Marcel einen Brief zu schreiben, doch sie schafft es nicht. »Wenn ich schreibe, fängt mir die Hand an zu zittern. Ich weiß nicht, was ich schreiben soll.« Zu ihrem Sohn vorgelassen werden die Eltern nicht. Sie versuchen anzurufen, aber es wird ihnen nicht gestattet, direkt mit ihm zu sprechen.

In den ersten Tagen nach der Tat erhalten Jürgen und Jutta Schönfeld Morddrohungen. Sie geben einige Interviews, die meist damit enden, dass der Vater oder die Mutter in Tränen ausbricht. In der Verkürzung der meisten Beiträge fühlen sie sich falsch dargestellt, als »Mördereltern« angeprangert. Nach einer Woche verweigern sie jeden Kontakt zu den Medien.

Jürgen Schönfeld versucht, sich nicht völlig zurückzuziehen. Er geht zu einem Gedenkgottesdienst in Potzlow. Birgit Schöberl, die Mutter des Opfers, empört sich über sein Erscheinen, doch niemand wagt, ihn aus der Kirche zu bitten.

Ab und zu wird er von einzelnen Dorfbewohnern beschimpft, wenn er in die Kaufhalle zum Einkaufen kommt. Man macht ihm Vorwürfe, die Familie habe dem Dorf »das Ganze eingebrockt, das beste wäre, wenn sie von hier verschwinden würde«.

Andere, die nicht weniger Hass auf die beiden Brüdern verspüren, denken trotzdem differenzierter: »Die erste Zeit hab ich immer so gedacht, schwule Eltern, warum haben die nicht eher aufgepasst? Aber was können die Alten dafür, wenn die Kinder so scheiße sind? Man darf die Eltern dafür nicht bestrafen«, so etwa Matthias Muchow.

Am 28. November 2002, bald zwei Wochen nach der Festnahme, stehen die Eltern in einer Besuchszelle in der Justizvollzugsanstalt Oranienburg. Marcel Schönfeld hat damit gar nicht gerechnet. Er weint, als er die Eltern sieht. Er sagt, wenn sie nicht gekommen wären, hätte er sich einen Strick genommen. Auch der Vater ist verzweifelt, er habe »den Kopf hängen lassen wie ein kleiner Junge«, erinnert sich Marcel Schönfeld.

Die Eltern versuchen sich und ihm Mut einzureden: »Durch den Zusammenhalt, den wir haben, schaffen wir das schon.«

Marcel Schönfeld macht Ansätze, die Tat zu erklären. Er wisse nicht, was im Stall mit ihm passiert sei. Er habe das nicht gewollt. Die Eltern fragen nicht weiter nach. »Man hat so viel Fragen und man kriegt keine Antwort. Auf eine Art möchte ich das auch gar nicht wissen. Ich denke sowieso Tag und Nacht daran«, so Jutta Schönfeld.

Sie erzählt ihrem jüngsten Sohn nicht, wie es ihr wirklich geht. Dass sie manchmal denkt, dass sie es nicht schafft weiterzuleben. Sie hat Schmerzanfälle, sie liegt dann zu Hause und glaubt nicht mehr, dass das Leben noch einen Sinn hat. Aber dann rafft sie sich doch wieder auf. »Es ist egal, was kommt, was passiert. Es sind unsere Kinder und wir werden auch weiter für unsere Kinder kämpfen.«

Die Mutter betont, wie sehr sie sich alle brauchen: »Marcel ist ein Familienmensch. Wenn Marcel merkt, man lässt ihn fallen, würde er kaputt gehen. Ich selber auch, ich selbst würde daran kaputt gehen. Auch bei Marco. Ich werde ihnen auch immer wieder verzeihen, es sind unsere Kinder.«

Die Eltern besuchen eine Woche später auch ihren ältesten Sohn Marco. Er ist erst vier Wochen zuvor wegen des Angriffs auf Neil Duwhite zu zwei Jahren und sechs Monaten Haft verurteilt worden.

Ihr ältester Sohn sei, so die Mutter, wie immer gewesen: »Kraft konnte der uns nicht geben. Marco hat geschwiegen.« Über die Tat im Stall dürfen sie nicht sprechen, das hat ein Beamter ihnen vorher mitgeteilt. Sonst müsse er das Gespräch abbrechen. Als der Beamte für einen Augenblick die Sprechzelle verlässt, sagt Marco Schönfeld, dass er »damit« nichts zu tun habe. Dann ist die Sprechzeit auch schon zu Ende.

Wenige Tage nach dem Fund der Leiche von Marinus Schöberl findet in Potzlow eine Bürgerversammlung statt.

Etwa vierzig Einwohner erscheinen, darunter die Bürgermeister Weber und Feike, der Pfarrer Johannes Reimer sowie die Leiterin des Jugendclubs, Petra Freiberg. Bürgermeister Weber erhält langen Beifall für seine ersten Worte: »Ganz wichtig ist, dass wir den Leuten draußen zeigen, dass wir letztendlich ein ganz normales Dorf sind, das mit Rechtsradikalität nichts am Hut hat.«

In der folgenden Diskussion geht es vor allem darum, den Mord vom Dorf fern zu halten. »Das kann überall passieren«, meint ein Bewohner. Ein anderer wehrt sich mit den Worten: »Die Täter sind meiner Meinung nach geistig nicht auf der Höhe. Was haben wir mit denen zu tun?«

Die Sozialarbeiterin Petra Freiberg versucht sich dagegenzustemmen: »Der Mord ist hier in unserer Gemeinde passiert, also müssen wir uns auch hier damit auseinandersetzen. Es ist hier nicht alles schön, es läuft nicht alles richtig hier im Dorf. Das hat aber alles seine Ursache, und man muss darüber reden.« Damit macht sich Petra Freiberg alles andere als beliebt. Keiner der Anwesenden geht auf ihre Äußerung ein. Petra Freiberg setzt noch einmal an. »Wir haben jetzt eine Riesenchance zu begreifen, um was es geht. Der Tod von Marinus darf nicht umsonst gewesen sein.« Auch das verhallt bei der Bürgerversammlung ungehört.

Letztlich geht es bei allen öffentlich im Dorf geführten Diskussionen kaum um die Hintergründe und Zusammenhänge des Mordes. Im Zentrum der Debatten steht die Sorge um die Auswirkungen der bundesweiten Berichterstattung über den Mordfall. Die einen wollen nicht mit einem »Mörderdorf« in Verbindung gebracht werden. Andere sehen den stetig wachsenden Fremdenverkehr einbrechen, der für die strukturschwache Region große Bedeutung hat.

Peter Feike, Bürgermeister der Großgemeinde Oberuckersee, zu der Potzlow gehört, erklärt, Marinus sei eben zur falschen Zeit am falschen Ort gewesen. Es hätte jeden treffen können. Er stellt mit einer gewissen Resignation fest, dass es für manche Jugendliche geradezu selbstverständlich sei, abends loszuziehen und jemanden »aufzuklatschen«. Genau dagegen wehrt sich die Sozialarbeiterin Petra Freiberg: »Dass man das als gegeben hinnimmt, kann nicht sein.«

In mehreren TV-Interviews formulieren der Pfarrer und die Sozialarbeiterin ihre kritische Position zum Dorf. Der Pfarrer sagt in einem Gespräch mit dem Sender RBB: »Ich fürchte, dass sich ein Vorfall wie mit Marinus hier wiederholen kann ... Ich weiß, es gibt ein Gewaltpotential ... Dieses Kaff ist in einer furchtbaren Not, und alle Aufklärung versagt, wenn es um die letzten Fragen, um Leben und Tod geht.«

Viele Einwohner empfinden die Gleichsetzung von Potzlow mit einem »Kaff« als Affront. Sie sehen in den Äußerungen des Pfarrers einen Beweis, dass er sich auf die Seite der »Medienhetzer« stellt.

Auf die Frage der Reporterin Gabi Probst: »Warum ist dieses Kaff, dieses Dorf so wie es ist? Was ist das Schlimmste hier?«, antwortet Pfarrer Reimer: »Das Schweigen! Und die ausgeprägte Neigung, unangenehme Dinge zu tabuisieren. Ich habe noch keine Gemeinde erlebt, in der so viele Tabus bestehen wie hier, und wehe dem, der daran rührt ... Das ist das Beängstigende: Das Schweigen ist normal, das Lügen ist normal... Dieser Bodensatz macht das Leben schwer und vergällt es einem zuweilen auch. Und der hat einen großen Einfluss auf viele Menschen hier – ich würde es als Ungeist bezeichnen.«

Petra Freiberg beschreibt in einem anderen Interview die Probleme der Jugendlichen: »Der Alkoholmissbrauch bei Jugendlichen und Erwachsenen gehört hier zum täglichen Leben. Das liegt in erster Linie am Desinteresse der Eltern. Sie interessieren sich nicht, wo ist mein Kind, mit wem hat es Umgang?«

Der Pfarrer und die Sozialarbeiterin gelten fortan als Nestbeschmutzer. Auch Gemeindemitglieder, die bisher hinter dem Pfarrer standen, fühlen sich verunglimpft und entziehen ihm die Unterstützung. Als Folge der Auseinandersetzung beantragt Pfarrer Reimer bald darauf seine Versetzung und verlässt etwa zwei Jahre später die Gemeinde.

In der weiteren Öffentlichkeit werden vor allem die beiden als »Sprecher« des Dorfes wahrgenommen. Sie verstärken unbeabsichtigt die weithin herrschende Einschätzung, dass dieses Dorf »ungeheuerlich« ist.

Birgit Schöberl, die Mutter von Marinus, verbittert am meisten, dass kaum jemand aus Potzlow nach dem Bekanntwerden des Todes von Marinus zu ihnen gekommen ist und sein Beileid ausgesprochen hat. Das Dorf sei nur mit sich selbst beschäftigt gewesen, vor allem mit seinem Ruf in den Medien. »Wie es uns geht, hat niemand interessiert. Wir hatten nicht mal Geld für den Grabstein.«

Birgit Schöberl fährt noch einmal nach Potzlow. Sie bringt an einem Holzkreuz, das Jugendliche vor dem Stall aufgestellt haben, in dem Marinus gestorben ist, eine kleine Inschrift an. »Marinus – warum hat Dir keiner geholfen? Fluch den Bestien«, steht auf dem einfachen Kreuz.

Am 4. Dezember 2002 wird Marinus auf dem Friedhof in Gerswalde beigesetzt. Den Tag der Beerdigung steht Birgit Schöberl nur mit Beruhigungsmitteln durch. Sie glaubt nicht, dass Marinus tot ist. Als sie am Friedhof eintrifft, denkt sie, dass er gleich in der Leichenhalle vor ihr steht, auf sie wartet. »Ich hatte Angst. Ich weiß nur, dass ich zu Vati gesagt habe: ›Hol Marinus raus, hol Marinus raus‹.«

Matthias Muchow hat bis zu dem Tag, an dem er in der Jauchegrube auf den Leichnam gestoßen ist, daran geglaubt, dass Marinus noch lebt. Jetzt bekommt er die Bilder der Überreste seines Freundes nicht mehr aus dem Kopf. Es ist kein Skelett aus einem Horrorfilm, es ist Marinus. Matthias Muchow hat niemanden, mit dem er darüber reden kann. Seine Eltern sind in den Urlaub gefahren, die Großeltern schicken ihn wieder in die Schule. Für seinen Schmerz bringen sie kein Verständnis auf. Wer bei der Beerdigung der Uroma gelacht hat, soll sich jetzt nicht so haben, meinen sie.

Einmal sitzt er morgens im Bus zur Schule. Aus dem Radio kommen die neuesten Nachrichten über den Mord an Marinus. Er weint, ein einziges Mal gelingt ihm das. Er erzählt niemand von dem, was in ihm vorgeht. In der Schule kursieren Zeichnungen – von einem Skelett mit einer Axt im Kopf und einem, der dabei steht: Matthias Muchow. Einige Mitschüler ziehen ihn auf, nennen ihn den »Totengräber«. Bei einer Gelegenheit wehrt er sich handgreiflich, schlägt auf einen Klassenkameraden ein, besinnungslos. Er erinnert sich nur noch daran, wie der Mitschüler »um die Ecke fliegt«.

Matthias bleibt danach mehrere Wochen der Schule fern. Erst im Januar 2003 geht er wieder zum Unterricht. Es gelingt ihm manchmal, auch an etwas anderes zu denken. Doch dann wird er wieder von den alten Ereignissen eingeholt. *Mandy Krüger,* eine Freundin von Marco Schönfeld, hat es nicht verwunden, dass Matthias Muchow die Tat aufgedeckt hat und damit ihren Freund auf Jahre hinter Gitter bringen wird. Sie fängt Matthias Muchow nach der Schule in Passow ab und stellt ihn auf dem Schulhof zur Rede. Er versucht sein Handeln zu erklären. Sie droht ihm: Wenn er seine Aussagen vor Gericht wiederhole, werde ihm das Gleiche wie Marinus passieren. Als er sich davon nicht beeindrucken lässt, zieht sie einen Sprühbehälter mit Pfefferspray und zielt auf ihn. Er versucht, den Strahl abzuwehren, doch es gelingt ihm nicht. Mehrmals trifft ihn das Spray direkt in Nase, Mund und Augen. Er windet sich vor Schmerzen.

Matthias Muchow lässt sich im Krankenhaus in Prenzlau behandeln und fährt dann nach Hause. Er beschließt *Mandy Krüger* anzuzeigen und geht zur Polizei. Am selben Abend wird sie festgenommen. Bis zum Prozess wegen Körperverletzung und Nötigung sitzt sie vier Monate in Untersuchungshaft. Schließlich wird sie zu einer zwanzigmonatigen Bewährungsstrafe verurteilt. Aber das hilft Matthias Muchow auch nicht.

Die Eltern melden ihn bei einer Therapeutin an. Monatelang fährt er dafür immer wieder von Potzlow nach Berlin. Die Sitzungen bringen ihn nicht weiter. Er kann die Bilder der Leiche nicht vergessen, kommt nicht los von seinen Erinnerungen an Marinus. Ein Gedanke vor allem quält ihn: Hätte er die Tat verhindern können?

Matthias Muchow fragt sich immer wieder, warum er nicht mit Marinus und den Brüdern mitgegangen ist. Gegen zwei wären sie nicht vorgegangen, da ist sich Matthias Muchow sicher. »Warum, warum, warum. Immer diese schwulen Fragen. Das tut weh.«

Angela Becker besucht ihren Freund Marco Schönfeld Ende November 2002 im Gefängnis – zwei Wochen, nachdem die Tat in den Medien publik wurde. »Er hat mir gesagt, dass er mich liebt, dass er mich braucht, er war wie immer.« Sie versichert, dass sie zu ihm steht.

Sie versucht, aus Marco herauszubekommen, was bei ihm abgelaufen ist, warum er vorgeschlagen hat, Marinus endgültig umzubringen, nachdem sein Bruder ihm auf den Kopf gesprungen war. »Er hatte«, so sagt sie, »zu der Zeit darauf keine Antwort.«

Angela Becker bekommt bald in der rechten Szene Probleme, weil sie sich zu Marco bekennt. In den Medien wird der Mord aus dem rechtsextremistischen Hintergrund der Täter erklärt. Dieser Schatten fällt auch auf seine früheren Kumpels, und die haben nun das Bedürfnis, sich zu distanzieren.

Angela Becker versucht, die früheren Freunde dazu zu bringen, ihm zu schreiben. Keiner ist dazu bereit. Sie redet gegen eine Wand. Auch *Stefan Unger*, ein guter Freund, möchte nichts mehr von ihm wissen. Als *Angela Becker* Marco davon beim nächsten Besuch im Gefängnis erzählt, spürt sie, wie sehr ihn die Ablehnung verletzt.

Marco verliert nicht nur den Kontakt zu seinen Freunden, auch zu seinem Bruder Marcel reißt die Verbindung ab. Dafür sorgt Marco Schönfeld selbst. Er ist enttäuscht, dass der jüngere Bruder ihn bei der Polizei schwer belastet hat. Marco habe den Mord quasi angestiftet, hat der jüngere Bruder zu Protokoll gegeben. In den ersten Wochen nach Marcels Festnahme will er mit ihm nichts zu tun haben. Als er von *Angela Becker* erfährt, dass sie auch dem jüngeren Bruder hin und wieder schreibt, reagiert er nur knapp und unwirsch. *Angela Becker*: »Er hat gesagt: ›Marcel? Wer ist Marcel?‹ – Ich sag, na Marco, das ist dein Bruder!« Sie versucht sich für den jüngeren Bruder einzusetzen. Marcel habe nach der Verhaftung des Bruders allein mit der Tat dagestanden. Damit sei er nicht fertig geworden.

Marco Schönfeld fühlt sich von ihr hintergangen. Er beginnt, ihr zu misstrauen. Wenn sie mit dem jüngeren Bruder Briefe wechselt, mit wem dann noch?

Und noch etwas macht ihm zu schaffen: Er wird von einigen Schließern und Justizbediensteten angefeindet. Auch einige Mitgefangene halten ihm vor, was er mit Marinus gemacht hat. Wieder andere klopfen ihm anerkennend auf die Schulter. Aber das sind nur wenige.

Matthias Schöneburg, der von den Eltern beauftragte und in vielen Verfahren erprobte Strafverteidiger, besucht Marco Schönfeld regelmäßig vor dem Beginn des Prozesses in der U-Haft. Das anfängliche Misstrauen, das Marco Schönfeld erst einmal allen Fremden gegenüber zeigt, legt sich bald.

Der Verteidiger spricht mit ihm ausführlich über die Anklageschrift. Marco begreift nicht, dass ihm ein Mord zur Last gelegt wird. Das sei nicht seine Sache gewesen, er sei nicht auf Marinus gesprungen. Er habe auch nicht den Gasbetonstein auf ihn geworfen. Matthias Schöneburg erklärt ihm, dass es um die Anstiftung zum Mord gehe. Er habe nach der Aussage sowohl seines jüngeren Bruders als auch nach der von Sebastian Fink sinngemäß gesagt, dass man »den jetzt endgültig um die Ecke bringen müsse«.

Matthias Schöneburg erkennt, dass Marco Schönfeld mit der Situation im Gerichtssaal überfordert sein wird. Er hat offensichtlich Angst vor dem Prozess. Die negativ aufgeladene Aufmerksamkeit wird es ihm nach Ansicht des Verteidigers unmöglich machen, seine Gedanken auch nur im Ansatz zu formulieren. Für den Verteidiger ist klar, dass er mit Marco Schönfeld keine übliche Verteidigungsstrategie aufbauen kann: Sie beschließen, dass Marco sich in der Verhandlung nicht äußern soll.

Am 26. Mai 2003 beginnt der Prozess gegen Marcel und Marco Schönfeld und Sebastian Fink vor der Jugendstrafkammer des Landgerichts Neuruppin. Zunächst sind zehn Verhandlungstage anberaumt, dreißig Zeugen sollen befragt werden, die Urteile sind für den 18. Juni vorgesehen. Doch dann zieht der Prozess sich in die Länge. Der renommierte Strafverteidiger von Marcel Schönfeld, Volkmar Schöneburg, beantragt Mitte Juni, die Protokolle der Vernehmung von Marcel Schönfeld nicht als Beweismittel zuzulassen. Der Strafverteidiger argumentiert, dass die Eltern von Marcel Schönfeld gegen ihren ausdrücklichen Wunsch nicht bei der polizeilichen Vernehmung ihres Sohnes anwesend sein durften. Einem jugendlichen Beschuldigten dürfe der Beistand der Eltern aber nicht vorenthalten werden. Bei der Vernehmung sei es deshalb »nicht mit rechten Dingen zugegangen«.

Hintergrund des Antrages ist, dass Marcel Schönfeld bei den polizeilichen Vernehmungen ein umfassenderes Geständnis abgelegt hat als vor Gericht.

Die in der Hauptverhandlung abgegebene Erklärung von Marcel, so die Sicht des Gerichts, sei durch Auslassungen und bewusst offene Formulierungen geprägt, die darauf hindeuten, dass Marcel Schönfeld insbesondere seinen Bruder schützen möchte.

Die Richter lehnen den Antrag aufgrund eines Formfehlers ab, er sei zu spät erfolgt. Die Verteidiger stellen daraufhin einen Befangenheitsantrag gegen die drei Richter, der Prozess droht zu platzen. Mitte August 2003 wird auch dieser Antrag abgelehnt.

Ein anderer Streitpunkt ist die Frage, ob Marco Schönfeld und Sebastian Fink mit Marcel Schönfeld »gemeinschaftlich handelnd aus niedrigen Beweggründen und in Verdeckungsabsicht einen Menschen getötet haben«, wie die Staatsanwaltschaft behauptet. Die Umsetzung des Bordsteinkicks sei »als Ausfluss eines gemeinsamen Tatplanes allen drei Tätern zuzurechnen«. Würde das Gericht dieser Ansicht folgen, müssten alle drei Täter wegen Mordes verurteilt werden. Dagegen halten die Strafverteidiger, von einem gemeinsamen Vorsatz, Marinus umzubringen, könne keine Rede sein. Sie berufen sich auf die Aussagen von Marcel Schönfeld, ohne Absprache mit den anderen Beschuldigten auf den Kopf des Opfers gesprungen zu sein, aber auch auf die Tatsache, dass Marco Schönfeld den Film »American History X« gar nicht gekannt habe. Schon allein deshalb habe es keinen gemeinsamen Plan geben können, Marinus nach dem Vorbild des Filmes zu ermorden. Die Staatsanwaltschaft präsentiert einen Zeugen, der gesehen haben will, dass Marco den Film in der Haftanstalt wenige Tage vor seiner Entlassung angeschaut habe. Der ehemalige Mitgefangene von Marco Schönfeld verwickelt sich vor Gericht jedoch in Widersprüche und erscheint deshalb wenig glaubwürdig.

Am 4. September 2003 werden die psychiatrischen Gutachten verlesen. Danach ist Marco Schönfeld wegen seiner Alkoholkrankheit nur vermindert schuldfähig, bei Marcel Schönfeld kann eine verminderte Schuldfähigkeit zumindest nicht ausgeschlossen werden. Bei allen drei Angeklagten sei die Steuerungsfähigkeit durch Alkoholkonsum »erheblich eingeschränkt« gewesen, so der Gutachter.

Die aus seiner Sicht autoritäre Präsenz der Richter und Staatsanwälte schüchtert Marco Schönfeld ein. Und manchmal versteht er nur die Hälfte von dem, was sie von ihm wissen wollen. Er fühlt sich minderwertig und verschließt sich. Seine Unsicherheit kaschiert Marco Schönfeld hinter einem stieren Blick. Manchmal setzt er auch ein Grinsen auf, so als ob ihn alles nichts anginge. Seine ehemalige Freundin, *Natalie Maller*, erinnert sich: »Er hat nur gegrinst, na fotografiert mich mal alle, ich bin cool so.« Er demonstriert aufrecht seine »rechte Meinung« und erscheint an jedem Verhandlungstag mit frisch rasierter Glatze.

Bei der Schilderung der Tatvorwürfe zeigt er keinerlei Reaktion. In den Medien wird er als brutal und gefühllos beschrieben. Auch auf die Prozessbeobachter hat er eine ähnliche Wirkung. »Der Marco Schönfeld hat auf mich einen absolut abgeklärten, unbeeinflussbaren Eindruck gemacht. Für den steht fest, er ist Ganove, er ist der Größte, sollen die anderen erst mal nachmachen. Also in meinen Augen ist der ein richtiger Verbrecher, also unbelehrbar«, so einer der Erzieher seines Bruders Marcel Schönfeld.

Am unerträglichsten ist die Situation für Ina Schöberl, eine der Schwestern des Opfers. Sie sagt, dass sie »Wut und Angst« verspürt habe beim Anblick von Marco und den beiden anderen. »Marco wollte mir in die Augen gucken, ich ihm aber nicht. Ich habe mir die Hand vorgehalten. So etwas muss ich nicht angucken.«

Auch für Matthias Muchow wird die Begegnung mit Marco und Marcel Schönfeld zu einer starken Belastung. Er muss vor Gericht noch einmal berichten, wie er nach dem Fund des Leichnams in der Grube die Polizei gerufen hat – und damit die Festnahme der Täter auslöste. »Marco hat mich nur angekiekt, eiskalt.« Nicht nur Matthias Muchow fühlt sich von seinen Blicken eingeschüchtert. »Alle die jetzt da im Fall ausgesagt haben, die werden dafür ihr Ding wegkriegen. Auch noch, wenn er in fünfzehn Jahren rauskommt,« so *Natalie Maller*.

Doch ausgerechnet *Natalie Maller* nimmt Marco auch anders wahr. Für Bruchteile von Sekunden treffen sich ihre Blicke. *Natalie Maller* entdeckt hinter der coolen Fassade seine ganze Hilflosigkeit. »Ich hab auch gleich geheult, wo ich ihn so gesehen hab. Ich hab ihn angekuckt, immer wieder.«

Am 10. September 2003 plädiert die Staatsanwaltschaft. Sie wirft den drei Angeklagten die gemeinsame Ermordung von Marinus vor.

Marcel Schönfeld soll wegen Mordes und versuchten Mordes die nach dem Jugendstrafrecht mögliche Höchststrafe von zehn Jahren erhalten. Für Sebastian Fink fordert der Ankläger ebenfalls wegen Mordes neun Jahre und acht Monate Haft, für Marco Schönfeld wegen Mordes und versuchten Mordes nach dem Erwachsenenstrafrecht eine lebenslange Freiheitsstrafe.

Der Verteidiger Matthias Schöneburg plädiert bei Marco Schönfeld auf eine Strafe deutlich unter zehn Jahren. Wegen einer vom Gutachter festgestellten Persönlichkeitsstörung, seiner Alkoholkrankheit und einer erheblichen Intelligenzminderung macht der Verteidiger mildernde Umstände geltend. Bei Marcel Schönfeld beantragt der Strafverteidiger Volkmar Schöneburg eine Jugendstrafe von acht Jahren. Er spricht von einem Mord aus »frustbedingter Aggression«. Der anerkennungssüchtige Marcel habe seinem Bruder und Sebastian Fink beweisen wollen, dass auch er gewalttätig sein könne, er habe sie durch den Sprung auf den Kopf des Opfers in puncto Brutalität quasi »überholt«.

Für Sebastian Fink fordert sein Verteidiger Drewes lediglich »Zuchtmittel« wie eine Geldstrafe oder Arbeitsstunden. Sein Mandant habe sich nur am Anfang an der Tat beteiligt und damit der gefährlichen Körperverletzung schuldig gemacht. Bei den anfänglichen Auseinandersetzungen habe es sich um »nicht wesentlich mehr als eine Kabbelei« gehandelt. Für die Angehörigen und Freunde von Marinus ist dieses Plädoyer »eine Verhöhnung der Qualen, die Marinus durchgemacht hat«. Die Mutter von Marinus hält es nicht mehr aus, dem Prozess weiter beizuwohnen. Am Tag der Urteilsverkündung stirbt sie in einem Schwedter Krankenhaus an den Folgen ihres Krebsleidens.

Für alle völlig überraschend nutzt Marcel Schönfeld am Ende des Prozesses die Chance, sich noch zu äußern. Während des Verfahrens hatte er, wie sein Bruder Marco und Sebastian Fink, geschwiegen.

Marcel Schönfeld sagt, dass es ihm leid tue, was geschehen sei. »Wenn es ginge, würde ich es rückgängig machen. Aber das geht ja nicht.«

Am 23. Oktober 2003 wird das Urteil gesprochen. Das Gericht geht nicht von einem gemeinsam geplanten Mord aus. Sebastian Fink erhält wegen Körperverletzung in Tateinheit mit Nötigung in vier Fällen eine Einheitsjugendstrafe von zwei Jahren. Marcel Schönfeld wird wegen Mordes sowie Körperverletzung in Tateinheit mit Nötigung zu einer Einheitsjugendstrafe von acht Jahren und sechs Monaten verurteilt. Marco Schönfeld erhält wegen versuchten Mordes und gefährlicher Körperverletzung in Tateinheit mit Nötigung in vier Fällen eine Gesamtfreiheitsstrafe von fünfzehn Jahren. Die Staatsanwaltschaft kündigt an, gegen alle drei Urteile in Revision zu gehen.

Sebastian Fink und Marcel Schönfeld reagieren erleichtert, weil das Gericht unter dem geforderten Strafmaß der Staatsanwaltschaft geblieben ist. Für Marco Schönfeld hingegen ist das Urteil ein Schock. Der Verteidiger versucht ihm zu erklären, er sei wegen seines Alters – Marco war zum Tatzeitpunkt dreiundzwanzig – nach dem Erwachsenenstrafrecht abgeurteilt und deshalb härter bestraft worden.

Die Eltern wollen ihn aufmuntern, sie sagen, dass es irgendwann auch wieder Licht am Ende des Tunnels gebe.

Er antwortet dann nur: »Ihr könnt reden, ist noch lange hin.« Sein Vater versucht es mit Einfühlung: »Ich kann dich verstehen. Du hast nicht wirklich was zu tun mit dem Gewaltakt, der zum Schluss passiert ist.«

Sebastian Fink verlässt als freier Mann den Gerichtssaal. Das Gericht hat den Haftbefehl aufgehoben. Er befand sich seit fast einem Jahr in Untersuchungshaft und hat damit schon die Hälfte der Strafe abgesessen. Bei nicht vorbestraften Jugendlichen gilt in der Regel, dass sie nach dem Verbüßen der Hälfte ihrer Strafe frei kommen, wenn sie während der Haft kooperieren und nicht erneut auffällig werden. Nach Aussage verschiedener Gutachter habe die Haft ihn empfindlich getroffen, er leide unter der Haft. Aus Verzweiflung habe er einmal ein Loch in den Putz der Zelle gekratzt, zeitweise habe er Halluzinationen gehabt. Auch das ist für das Gericht ein Argument, die weitere Verbüßung der Strafe vorläufig auszusetzen.

Heiko Gäbler holt seinen Kumpel Sebastian Fink vom Gericht ab. »Hab ich mich gefreut, dass er nur zwei Jahre bekommen hat.« Andere freuen sich darüber weniger. Am meisten empört sich Marco Schönfeld über die in seinen Augen zu milde Strafe für Sebastian Fink. »Das ist für mich der größte Witz, den sie da losgelassen haben.«

Angela Becker besucht Marco Schönfeld einige Wochen nach der Urteilsverkündung. Sie sagt, dass sie ihn kaum wiedererkannt hat. Er schaut sie während des Gesprächs nicht an. Jede Annäherung blockiert er. Sie ist die Einzige, die spricht. Aus Unsicherheit redet sie auf ihn ein. »Ich hab gesagt: ›Sag mal, was ist denn los?‹ – ›Na nichts.‹ Dann hat er die halbe Stunde meine Hand gehalten.«

Marco Schönfeld hat Angst, dass *Angela Becker* ihn verlassen wird, dass sie die fünfzehn Jahre nicht durchsteht, doch darüber kann er mit ihr nicht sprechen. Nach außen signalisiert er, dass ihm alles egal ist: die Haft, aber auch ihre Beziehung. Sie will wissen, ob er sie noch liebt. Er sagt nur: »Keine Ahnung.«

Auch die Eltern Schönfeld besuchen ihren ältesten Sohn im Gefängnis. Sie finden keinen Zugang zu ihm. Einmal fahren die Eltern zusammen mit *Angela Becker* nach Neuruppin in die Haftanstalt, aber auch das hilft nicht, die Sprachlosigkeit zu überwinden. Die Eltern und *Angela Becker* teilen eine Sorge: dass Marco sich das Leben nehmen könnte.

Über eine Freundin erfährt *Angela Becker*, dass Marco mit einer anderen Frau Briefe austauscht. Er macht ihr Angebote für ein Leben »danach«. Für *Angela Becker* sind es »Liebesbriefe«. Als sie ihn wenige Tage später besucht, stellt sie ihn zur Rede. Er streitet es ab. Sie weiß nicht mehr weiter, gibt ihm zu verstehen, dass bei ihr ohne Treue nichts geht. »Da hab ich gesagt, ich kann nicht mehr, Marco.« Abends ruft er *Angela Becker* an. Er beteuert seine Liebe – und bittet sie, die Briefe an die andere Frau nicht ernst zu nehmen.

Im Juli 2004 besucht *Angela Becker* ihren Freund zum letzten Mal. Er spricht zunächst kaum, sieht sie nicht an. Dann bricht es aus ihm heraus. Dass er sie liebt, aber dass er Angst hat. »Meinst du, du schaffst es?« Immer wieder fragt er sie: »Schaffst du es, schaffst du es?«

Angela Becker lässt sich einige Monate später auf einen neuen Mann ein. Sie erzählt Marco Schönfeld, mit dem sie weiterhin gelegentlich telefoniert, nichts von ihrem neuen Freund. »Er hat ja zu mir gesagt, fünfzehn Jahre sind lange, pass auf Schatz, Sex ist okay, weil irgendwann will man das mal, aber nicht mit dem Herzen.«

Angela Becker sagt, sie liebe Marco Schönfeld noch immer. Über zehn Jahre kennt sie ihn jetzt. »Die kann ich nicht einfach wegkippen«, sagt sie.

Die Staatsanwaltschaft geht im Oktober 2003 gegen das Urteil von Marco Schönfeld in Revision. Sie strebt eine Strafverschärfung in Form einer Sicherungsverwahrung an. Ginge es nach der Staatsanwaltschaft, müsste er nach der Verbüßung der Zeitstrafe von fünfzehn Jahren eine unbestimmte Zeit weiter hinter Gittern verbringen. Sie begründet ihren Antrag mit den zahlreichen Gewaltdelikten, an denen Marco Schönfeld neben der Potzlower Tat beteiligt war. Sie geht in ihrem Antrag davon aus, dass er angesichts der zeitlich dichten Folge von schweren Delikten bis hin zum Mord eine besondere Gefahr für die Allgemeinheit darstelle. Er sei mit den eingeschränkten Mitteln des Behandlungsvollzugs nicht therapierbar. Von staatlicher Seite fehle es an Mitteln und Möglichkeiten, entsprechende Therapieeinrichtungen für Täter wie ihn zu schaffen.

Am 19. August 2004 entscheidet der Fünfte Strafsenat des Bundesgerichtshofs über den Revisionsantrag. Er ergänzt den Schuldspruch von Marco Schönfeld und Sebastian Fink dahingehend, dass sie auch wegen Körperverletzung mit Todesfolge schuldig seien. Der Senat verweist die Sache zurück an eine andere Jugendkammer des Landgerichts. Dort soll entschieden werden, ob gegen Marco

Schönfeld Sicherungsverwahrung verhängt werden muss oder ob er in einer Entziehungsanstalt eine Alkoholtherapie machen kann. Daneben muss das Landgericht auch erneut über die Höhe der Strafe von Sebastian Fink verhandeln. Das Urteil von Marcel Schönfeld wird vom Bundesgerichtshof dagegen bestätigt.

Marco Schönfeld fühlt sich mit seinen vierundzwanzig Jahren als Mensch abgeschrieben. Er hatte seinen Eltern gegenüber bereits angedeutet, dass »er sich einen Strick nehmen« würde, wenn er Sicherungsverwahrung bekäme. Dass man ihm möglicherweise nicht einmal die Chance einer Therapie gibt, belastet Marco Schönfeld besonders. »Wenn ich das mit dem Alkohol in den Griff kriege, werde ich auch nicht mehr gewalttätig«, meint er.

Er sitzt jetzt häufig in der Zelle und grübelt vor sich hin. Wenn er mit Aufsehern spricht, dann sehr leise und geduckt. Er versucht sich abzulenken, verbringt einige Stunden in der Woche in einer Holzwerkstatt. Mit viel Aufwand und Liebe zum Detail baut er in der Tischlerei ein Vogelhäuschen. Er ist stolz darauf. Die Eltern sind es auch, sie nehmen es mit nach Hause. Für sie ist es ein Zeichen, dass ihr Sohn durchaus etwas Nützliches für die Gesellschaft zustande bringen kann. Man müsste ihm nur die Möglichkeit dazu geben.

Marcel Schönfeld wird bald nach der Urteilsverkündung im Oktober 2003 in den Regelvollzug der Jugendstrafanstalt Wriezen verlegt. Man stellt ihm in Aussicht, dass er bei guter Führung eine Lehre machen kann. Marcel ist bestrebt, nicht negativ aufzufallen, Schlägereien geht er aus dem Weg. Er selbst hat allerdings sehr mit der Haft zu kämpfen. Manchmal weiß er nicht, wohin mit seinen

Aggressionen. Es sind Kleinigkeiten, die ihn zum Explodieren bringen.

Wochenlang wartet er auf ein schriftliches Zeichen von seinem älteren Bruder – immer in der Angst, dass der von ihm nichts mehr wissen will, weil er ihm durch seine Aussage die hohe Strafe eingebrockt hat. Eine Postkarte seines Bruders wird ihm nicht ausgehändigt – wegen rechtslastigen Parolen, die Marco auf die Karte gekritzelt hat. Eigentlich betraf der Bann, wie Marcel Wochen später erfährt, nur die Anrede. Marco hatte geschrieben: »Heil mein weißer Bruder!« Marcel solidarisiert sich jetzt erst recht mit Marco, auch was seine »rechte Meinung« angeht.

Marcel Schönfeld versucht, sich in der Hierarchie im Jugendgefängnis einen Platz zu sichern. Mehr als drei Viertel der Gefängnisinsassen haben nach seiner Auffassung eine rechtsextreme Gesinnung. Was nicht unbedingt bedeutet, dass seine Mitgefangenen damit politische Inhalte verknüpfen. Das gilt auch für Marcel Schönfeld selbst. »Rechts sein, das ist nicht kloppen, das ist nur zu einer Gruppe dazugehören, die zusammenhält. Wenn einer was vor den Kopp kriegt, wird dem beigestanden.«

In den ersten Jahren der Haft hat sich bei Marcel Schönfeld vor allem eines verändert: sein Selbstbild. Im November 2004 möchte er nicht mehr als Opfer wahrgenommen werden, am allerwenigsten von seinem Bruder. Damit ändert sich auch die Kernaussage der Entlastungsstrategie aus der Phase der Vernehmungen. Seinerzeit hatte er aussagt, er habe bei den Misshandlungen mitgemacht, »weil mein Bruder und der Fink mich sonst windelweich gehauen hätten«. Davon will er nichts mehr wissen. Zwei

Jahre nach der Tat bekennt er sich dazu, aus eigener Überzeugung an den Misshandlungen beteiligt gewesen zu sein.

Aber auch die Zeit vor der Inhaftierung seines Bruders deutet er nun neu. Marcel Schönfeld konstruiert für sich eine durchgängige rechtsextreme Identität. Er habe sich zwar mit Hip-Hop-Hosen ausstaffiert, Drogen genommen und die Haare wachsen lassen. »Aber meine Meinung hat sich deshalb nicht verändert.« Und ergänzt: »Früher war klar, Glatze heißt rechte Meinung. Heute kannste haufenweise ganz normal rumlaufen oder lange Haare haben, Heavy-Metal-Klamotten oder stinknormale Hip-Hopper, alle haben eine rechte Meinung.« So sei es bei ihm auch gewesen.

Im Gefängnis ist Marcel Schönfeld zum ersten Mal in seinem Leben unausweichlich mit Ausländern konfrontiert. Bislang kannte er lediglich den rumänischen Freund seiner Schwester und die Türken von einem Döner-Stand in Prenzlau, wo er jedoch nie etwas gekauft hat. Im Gefängnis in Wriezen sitzen Ende 2004 auch zwei Häftlinge türkischer Abstammung. Er meidet sie, will mit ihnen nicht reden. Auf Nachfrage meint er, dass sie ihm eine »zu große Fresse« haben. Sie unterhalten sich auf Türkisch von Zellenfenster zu Zellenfenster. »Da will man abends in Ruhe pennen, und die streiten, die labern sich gegenseitig dicht, quatschen sich gegenseitig runter.« Einen der Türken trifft Marcel in der Therapiegruppe. Der Türke, so Marcel Schönfeld, sage nur »ich fick deine Mutter«, andere in der Gruppe provozierten ihn mit »Allah ist ne Schwuchtel«, dann gebe es Streit. Marcel Schönfeld wünscht sich, dass der Türke »mal was vorn Kopp kriegt«.

Marcel Schönfeld weiß, dass er seine Gesinnung nicht zu offen zeigen darf. Die Haltung der Anstalt ist eindeutig: Rechtsextremistische CDs werden beschlagnahmt, hat jemand ein Hakenkreuz auf dem Arm, wird der Häftling aufgefordert, ein langes T-Shirt zu tragen. »Man muss wissen, welcher Bediensteter einschreitet und wer nichts hört und sieht und einen machen lässt.«

Wenn er mit Mitgefangenen Ärger hat, wehrt er sich. Dazu gehört auch, einem Mitgefangenen in der Dusche ein Bein zu stellen und den Aufsehern gegenüber zu behaupten, der andere sei ausgerutscht. Marcel Schönfeld sagt, dass er das erst lernen musste. In seinem ganzen Leben sei es vier- oder fünfmal vorgekommen, dass er zusammengeschlagen worden sei. Und fast immer habe er nur eingesteckt. Damit sei jetzt Schluss. Hier im Knast gehöre es dazu, sich einen Status mit Gewalt zu erkämpfen. Die Tat habe ihm anfangs dabei geholfen. Darauf sei er nicht stolz, aber so sei es nun mal. Er werde von einigen Mitgefangenen als Held gefeiert, es bringe Anerkennung, einen »Assi« umgebracht zu haben.

Die Aussicht, dass seinem älteren Bruder Marco unter Umständen eine Sicherungsverwahrung bevorsteht, beunruhigt Marcel Schönfeld. Er fühlt sich für die harte Bestrafung seines Bruders mit verantwortlich. Er grübelt viel, zieht sich in sich zurück.

Im Dezember 2004 auf den Mord angesprochen, sagt er, dass er die Tat im Moment nicht an sich heranlasse. Er hat ab und zu nachts Albträume: »Dann sehe ich alles vor mir, wie es so abgelaufen ist. Das ist dann so, als sei es noch einmal passiert. Wie eine Strafe, ich muss es immer wieder erleben. Wie ich draufgesprungen bin, wie er dann so auf den Boden vom Trog wegkippt. Ich seh dann nur Blut. Höre nur sein Röcheln. Dann wache ich auf, mache den Fernseher wieder an, Zigarette erst mal, trinke Kaffee. Am nächsten Tag bin ich dann wieder ganz normal. Und in der nächsten Nacht kommt es wieder.«

Was würde er sagen, wenn die Mutter von Marinus ihm gegenüber säße? Er weiß es nicht, schweigt minutenlang, bevor er etwas sagt. Wenn sie von sich aus das Wort an ihn richten würde, wenn sie sagen würde, ich möchte wissen, wer du bist, ich möchte dem Mörder meines Sohnes ins Gesicht sehen – dann könnte er sich bei ihr entschuldigen.

Pfarrer Reimer hatte in seiner Predigt bei der Beisetzung von Marinus in Zweifel gezogen, ob Täter wie Marcel und Marco Schönfeld sich ändern können. »Marinus ist von unmenschlichen Kreaturen zu Tode gesteinigt worden, deren Feind die Sprache, die Liebe und das Leben war – und wohl immer sein wird.« Das sah die Staatsanwaltschaft zumindest im Fall Marco Schönfelds ähnlich und beantragte Sicherungsverwahrung. In ihrem Urteilsspruch vom 21. Dezember 2004 schließt eine andere Kammer, die nach dem erfolgreich gestellten Revisionsantrag der Staatsanwaltschaft erneut entscheidet, sich dieser Meinung jedoch nicht an und verhängt keine Sicherungsverwahrung.

Die Kammer erklärt, es sei Sache des Gesetzgebers, die Therapieeinrichtungen so auszustatten, dass auch jemand wie Marco Schönfeld eine Chance habe, sein Leben zu verändern. Ihm soll die Möglichkeit gegeben werden, sich einer mehrjährigen Alkoholtherapie in einer

Entziehungsanstalt zu unterziehen. Marco Schönfeld ist sichtlich überrascht und erleichtert.

Im Februar 2005 wird er nach Eberswalde in den Maßregelvollzug verlegt. Die forensische Klinik hat vierundfünfzig Plätze für Suchtkranke und befindet sich in einem Neubau auf dem Klinikgelände der inzwischen privatisierten ehemaligen Landesklinik. In den ersten drei Monaten durchläuft Marco Schönfeld hier die Aufnahmestation der Suchtabteilung, in der zunächst an der Erwartungshaltung der Patienten gearbeitet wird. Marco Schönfeld soll begreifen, dass er nicht auf einer Kur ist, in deren Verlauf er vom Personal »geheilt« wird. Die Therapeuten erwarten eine aktive Auseinandersetzung mit der Alkoholproblematik, mit dem eigenen Leben und nicht zuletzt mit der Tat.

Einmal in der Woche steht ein Gruppengespräch auf dem Programm. Anfangs beteiligt er sich daran nicht, doch dann bewegt sich etwas. Einzelgespräche mit einer Stationspsychologin wühlen viel in ihm auf. Marco Schönfeld lässt seine Mutter wissen, dass sie ohne den Vater kommen soll.

Jutta Schönfeld ist beunruhigt: Macht Marco dem Vater Vorwürfe? Was wirft er ihm vor? Dass er als 12-Jähriger vom Vater geschlagen wurde, als der Vater den Einfluss auf seinen Sohn verlor? Dass er sich vom Vater im Stich gelassen fühlte mit seinen Schwierigkeiten in der Schule, dem Sprachfehler, dem Gehänseltwerden? – Marco Schönfeld spricht darüber nicht.

Mal beschimpft er die Eltern am Telefon, dann wieder entschuldigt er sich für seine Ausfälle. Die wutartigen Durchbrüche, aber auch Momente der Verzweiflung kann er nicht erklären. Seine Mutter findet, er sei »wie ein Stein«, wenn sie ihn besucht. Bei Marco, so die Mutter, weiß man nie, was man sagen soll.

Dabei ist er durchaus motiviert, die Therapie zu schaffen. Er hat große Angst, vorzeitig in den Normalvollzug zurückverlegt zu werden. Jutta Schönfeld vermutet, dass ihm vielleicht auch die Misshandlungen, die er bei der vorangegangenen Haft im Spremberger Vollzug erleiden musste, noch gut in Erinnerung sind. Er befürchte außerdem, dass er es nicht schaffe, im Normalvollzug trocken zu bleiben. Zu gering sei dort die Motivation, nicht mehr zu trinken, zu groß die Möglichkeit, an Alkohol heranzukommen.

Die übliche Verweildauer im Maßregelvollzug beträgt je nach Strafe und Therapienotwendigkeit etwa anderthalb bis dreieinhalb Jahre. Normalerweise würde er direkt nach dem Ende der Behandlung in den Normalvollzug zurückverlegt. Marco Schönfeld hofft, dass er mit Hilfe einer Ausnahmeregelung länger bleiben kann.

Die positiven Signale kommen auch bei den Therapeuten an. Nach einigen Wochen auf der Aufnahmestation wird Marco Schönfeld wie geplant auf eine der therapeutischen Stationen verlegt. Hier genießt er gegenüber den Patienten der Aufnahmestation gewisse Privilegien. Die Zimmer sind unverschlossen, und er darf – innerhalb eines gewissen Rahmens – selbst entscheiden, wann er auf den Hof geht. Er kann unabhängig vom Anstaltspersonal mit Angehörigen und Freunden telefonieren. Auch die sonstigen Bedingungen sind günstig: Generell ist die Personaldichte höher als im Normalvollzug, und auf den Behandlungsstationen gibt es nur etwa achtzehn Gefangene. In Gruppengesprächen werden Informationen zum Thema Alkohol und Sucht vermittelt. Im weiteren Verlauf der Therapie liegt der Schwerpunkt dann auf dem Zusammenhang zwischen Alkohol und Delikt. Die Therapeuten unterscheiden zwei Risikofaktoren: den statischen, zu dem die Straftaten in der Vergangenheit gehören, und den dynamischen – das heißt die fehlende Fähigkeit, sich mit den eigenen Taten auseinanderzusetzen. Beide sind bei Marco eher hoch ausgeprägt.

Neben den Gesprächsgruppen wird Sport- und Bewegungstraining angeboten, und es gibt die Möglichkeit, in Gruppensitzungen soziale Kompetenzen zu trainieren. Marco Schönfeld kann, wie die meisten anderen Patienten, in geringem Umfang auch arbeiten – etwa sechs bis acht Stunden in der Woche. Er stellt in der Tischlerei Bilderrahmen her. Das macht ihm Spaß und bringt ihm einen geringen Verdienst für Zigaretten und andere Dinge des täglichen Bedarfs.

Immer wieder eckt Marco Schönfeld an, weil er rechtsextreme Musik einschleusen lässt – oder T-Shirts mit entsprechenden Emblemen trägt. Das Material wird beschlagnahmt, er erhält Sanktionen wie Einschluss oder das Verbot, an Freizeitaktivitäten teilzunehmen.

Etwa dreißig bis vierzig Prozent der Gefangenen werden, so die ärztliche Leiterin des Maßregelvollzuges, wegen Therapieuntauglichkeit in den Normalvollzug zurückgeschickt. Marco Schönfeld ist dieser Schritt immer wieder angedroht worden – etwa weil er Alkohol konsumiert hat oder nicht zuverlässig zu den Therapiesitzungen erscheint –, ohne dass bisher tatsächlich etwas geschehen wäre.

Jutta und Jürgen Schönfeld hoffen darauf, dass ihr Sohn sich ganz auf die Therapie einlässt. Sie haben hohe Erwartungen: Das sei die einzige Chance, »dass er sein Leben vielleicht noch mal in den Griff bekommt. Und dass Marco ein offener Mensch wird, dass er auch über seine Gefühle reden kann. Es müssen ja nicht wir sein, mit denen er redet. Wenn das nicht rauskommt bei ihm, dann explodiert irgendwann wieder eine Bombe. Und dann ist alles zu spät.«

Sebastian Fink lebt bis zum Revisionsverfahren wieder in Templin – als freier Mensch, aber inzwischen getrennt von der Mutter seines Kindes. *Sonja Maller* lehnt jeden Kontakt mit ihm ab. Das Kind wächst ohne Vater auf. Der Schatten der Tat hängt weiter über ihm, immer wieder wird er daran erinnert. Einmal trifft *Natalie Maller* Sebastian Fink im Supermarkt. Sobald sie ihn erblickt, geht sie zur Kasse. Sie kennt die Kassiererin, fragt, ob sie mal kurz etwas ins Mikrophon sprechen dürfe. Sie sagt nur einen Satz: »Liebe Kunden, in dieser Filiale kauft gerade ein Mörder ein.«

Sebastian Fink, so erinnert sich *Natalie Maller*, habe sich an der Kasse angestellt, als wenn nichts geschehen sei. Sie ruft so, dass es die anderen Kunden hören können: »Der ist es, genau der.« Die anderen Kunden starren ihn an. Sebastian Fink habe bezahlt, so *Natalie Maller*, und sei aus der Filiale gelaufen.

Im Revisionsverfahren erhöht das Landgericht Neuruppin die verhängte Strafe um ein Jahr auf drei Jahre Jugendstrafe. Im Sommer 2005 tritt Sebastian Fink seine Haftstrafe im Cottbuser Gefängnis an.

Die Rückkehr in einen geregelten Alltag gelingt *Ina* Schöberl nicht. Ihr Leben hat sich mit der Gewissheit, dass Marinus tot ist, grundlegend verändert. »Wir haben in der Familie viel miteinander gemacht, was heute nicht mehr so ist. Ich fress alles in mich rein. Ich spreche nicht so gern offen drüber.«

Manchmal geht sie auf den Friedhof. »Wenn man davor steht, tut's weh, man wird richtig schwach auf den Beinen und geht automatisch in die Knie. Man sitzt davor und liest dann, was auf dem Grab steht, eine halbe Stunde, Stunde sitze ich dann da.«

Nach dem Tod der Mutter im Oktober 2003 beschließt die Familie Schöberl, Gerswalde zu verlassen und nach Prenzlau zu ziehen. Schon nach dem Tod von Marinus forderte das Sozialamt die Schöberls auf, in eine kleinere Wohnung zu ziehen. Das Amt hatte ihnen mitgeteilt, dass sie »auf zu vielen Quadratmetern leben«.

Der Vater zieht nun mit seiner Tochter *Ina* und der Enkelin *Lena* in eine kleine Wohnung in Prenzlau. Die Familie möchte am liebsten »alles vergessen«.

Ina Schöberl fährt nur noch selten nach Potzlow. Bisweilen sehen Dorfbewohner den Vater auf dem Marktplatz in Prenzlau sitzen. »Ich hab ihn angesprochen, ich glaube, dass er sich auch darüber gefreut hat«, erinnert sich etwa Petra Freiberg. »Aber der Schmerz über den Verlust ist so groß – da will er auch niemand dran teilhaben lassen.«

Nach zwei Jahren zieht der Vater auch aus Prenzlau wieder weg – zur Tochter nach Bayern. *Ina*, die inzwischen dort ebenfalls Arbeit gefunden hat, zieht mit um. Sie hofft durch die fremde Umgebung und den völligen Neuanfang etwas Abstand zu gewinnen.

Seit September 2003 geht Matthias Muchow wieder regelmäßig zur Schule. Es gelingt ihm jetzt besser, über Marinus und den Verlust zu sprechen. Aber immer wieder gibt es Momente, in denen er es nicht aushält, in denen die alten Wunden wieder aufgerissen werden.

Einmal ist es ein gemeinsamer Freund von Marinus, der die Ereignisse auf seine Weise zu verarbeiten sucht. Nach einem Fest in Prenzlau beißt er, schon ziemlich angetrunken, in die Kante eines Bordsteins. Zufällig kommt ein junger Mann mit kahl geschorenem Schädel und Springerstiefeln vorbei. Er ruft halb im Spaß, halb im Ernst, »Bleib liegen, ich tret dir auf den Kopf.« Matthias Muchow brüllt seinen Freund an: »Steh auf, Mann, bevor was passiert.« Der Freund springt erschrocken auf, Matthias geht auf ihn zu, umarmt ihn. »Dann haben wir über eine halbe Stunde lang geheult zusammen. Dann haben wir uns hingesetzt und haben weiter geheult und haben geredet und geredet und geredet. Ihm hat es gut getan, mir nicht.«

Matthias Muchow versucht immer wieder, nach vorne zu schauen, sich selbst eine Perspektive zu geben.

Im Sommer 2004 beginnt er ein Vorbereitungsjahr für eine Lehre. Er zieht weg von zu Hause, in ein Internat in Gerswalde. Doch dann hat er einen schweren Motorradunfall, der ihn für Monate aus der Bahn wirft. »Man sollte sein Leben nicht einfach wegen Marinus in die Brüche gehen lassen. Man sollte schon einen Weg vor den Augen sehen. Dafür, dass er tot ist, kann ich auch nichts für. Dass es so was wie Schönfelds gibt, kann ich auch nichts für.«

Marcel Schönfeld schickt seinen Eltern regelmäßig Geld, damit sie die Benzinkosten für die Fahrten zur Wriezener Haftanstalt aufbringen können. Sie besuchen ihn alle vierzehn Tage. Die Treffen finden – anders als bei Marco Schönfeld – ohne Aufsicht statt. Er hat ein offenes Verhältnis zu beiden Elternteilen. Der Abschied fällt ihm oft schwer. Wenn er sieht, wie die Eltern die Sprechzelle verlassen und er dann abgeführt wird, bekommt er Heimweh.

Im Januar 2005 wird Marcel auf die sozialtherapeutische Station der Haftanstalt in Wriezen verlegt. Er ist jetzt in einer Wohngruppe mit zehn bis fünfzehn Gefangenen untergebracht. In dieser Station gibt es mehr Personal als in der übrigen Anstalt, in der Regel sollte auf einen Gefangenen ein Bediensteter kommen. Die Häftlinge genießen manche Erleichterungen, so etwa längeren Aufschluss. Wochentags sind die Zellentüren von 14:30 Uhr bis 20:30 Uhr geöffnet. Es gibt eine Wohngruppenversammlung, in der die Häftlinge Probleme beim Umgang untereinander diskutieren sollen. Dazu kommen – je nach finanziellen und organisatorischen Möglichkeiten – Gruppensitzungen mit den Schwerpunkten Antiaggressionstraining und Konfliktschlichtung.

Neben der Ausbildung ist überdies ein wöchentliches Einzelgespräch mit einem Vertrauensbeamten oder einer Vertrauensbeamtin vorgesehen. Marcel Schönfeld hat Glück. Er hat regelmäßig Gespräche mit der Hausdienstleiterin, der er vertraut. Sie bittet ihn, ein Tagebuch zu führen. Er soll darin festhalten, wie er mit Situationen umgeht, in denen er am liebsten zuschlagen möchte. Wie findet er auf anderen Wegen aus einem Konflikt – jenseits der Gewalt? Auch ist immer wieder seine »rechte Meinung« Thema der Gespräche. Einer der pädagogischen Mitarbeiter sieht sie eher als »Symptom«: »Es gibt hier im Vollzug keine Berufsrechte, sondern nur Gefangene, bei denen die rechtsradikale Meinung ein Schutz ist. Man muss sich überlegen, was man ihnen stattdessen gibt, wenn man ihnen das nimmt.«

Marcel Schönfeld darf Anfang Februar 2005 eine Lehre als Trockenbauer beginnen. Sein Lehrmeister ist mit ihm zufrieden. Marcel sei gut motiviert. Er erhält überdies ein Therapieangebot. Der Psychologe ist nicht in den Stationsalltag integriert und berichtet in der Regel niemandem in der Anstalt über den Stand und die Entwicklung der Therapie. Sie soll – so der Grundgedanke – vom allgemeinen Prinzip der Belohnung und Bestrafung, vom System der Privilegien und Sanktionen in der Haftanstalt abgekoppelt werden. Anders gesagt: Der Gefangene soll die Therapie machen, weil er im Idealfall an sich arbeiten möchte, einen Leidensdruck und einen daraus resultierenden Änderungswunsch erlebt, und nicht, weil er sich erhofft, dass er dadurch schneller entlassen wird. Wichtiges Prinzip ist die Freiwilligkeit. Nach ein paar »Teststunden« kann Marcel Schönfeld selbst entscheiden, ob er sich auf die Therapie einlassen will oder nicht. Anstaltsleiter Voigt geht davon aus, dass etwa neunzig Prozent der jugendlichen Gefangenen, die aufgrund ihrer Tat zum Kreis derer gehören, die therapieberechtigt sind, eine Veränderungsbereitschaft entwickeln und eine Therapie, die in der Regel achtzig Stunden umfasst, wünschen.

Auch Marcel Schönfeld nutzt die Chance. Er erhält einmal in der Woche Besuch von seinem externen Therapeuten, der nicht-deutscher Herkunft ist. Marcel Schönfeld spielt diese Tatsache herunter, das »habe für die Behandlung keine Bedeutung«.

Marcel Schönfeld erzählt, dass es immer wieder schwer für ihn sei, in der Therapie über die Tat zu sprechen. Anfangs hat er den Sprung auf den Kopf von Marinus abgespalten – als ob der Mord von ihm nicht willentlich ausgeführt worden sei. Jetzt versucht er, die Tat als etwas zu begreifen, was zu ihm gehört. Er fühlt sich dann von den Bildern »überschwemmt«. Zeitweise hat er Taubheits- und Lähmungsgefühle in den Gliedmaßen und Schwindelgefühle. Er ist längere Zeit krankgeschrieben, wird organisch untersucht – ohne Befund.

Zusammenhänge

Ein Mord geschieht nicht im luftleeren Raum. Der verstörend grausige Tod von Marinus Schöberl ging durch sämtliche Medien und veranlasste viele zu häufig vorschnellen Schlüssen über die Täter und ihr Umfeld. Aber es ist nicht damit getan, die Täter und mit ihnen eine ganze Region der Dumpfheit zu bezichtigen, um die Tat zu erklären. Die Lebensläufe der Beteiligten und die Umstände der Tat geben Hinweise auf größere Zusammenhänge, denen es nachzugehen lohnt, will man versuchen zu begreifen, was geschah.

Was die Statistiken sagen

Die Tat steht für sich – und bildet gleichwohl ein Glied in einer Kette von Übergriffen. Von 1998 bis 2006 sind allein in Brandenburg nach einer Statistik des brandenburgischen Generalstaatsanwalts Erardo Rautenberg mehr als dreihundert Übergriffe von rechtsextremen Tätern aktenkundig geworden. Rautenberg verband mit der 1998 veranlassten Erfassung aller rechtsextremistisch, fremdenfeindlich und/oder antisemitisch motivierten Gewalttaten gegen Personen im Land Brandenburg die Hoffnung, dass eine wissenschaftliche Auswertung dieser Straftaten zu einer besseren Bekämpfung und stärkerer Prävention führt. Die Dokumentation enthält Informationen zur Tatzeit, zum Tatort und zum Tatgeschehen sowie Informationen zur rechtlichen Einordnung, zu den

Beschuldigten und zum Stand des Verfahrens. Das Institut für angewandte Familien-, Kindheits- und Jugendforschung (IFK) der Universität Potsdam hat diese Daten im Zuge eines noch laufenden Forschungsprojektes zunächst statistisch ausgewertet.

Nur etwa 16 Prozent der einschlägigen Gewalttaten werden demnach von Einzelpersonen begangen. Bei mehr als der Hälfte (56 Prozent) aller Übergriffe trifft das Opfer auf zwei bis fünf Täter. Und über 25 Prozent der Gewalttaten werden von mehr als sechs Tätern begangen.

Auch im Fall des Mordes an Marinus Schöberl hat die Gruppendynamik eine entscheidende Rolle beim Tatablauf gespielt. Keiner der Täter hätte auch nur im Ansatz die an den Tag gelegte Aggressionsbereitschaft entwickelt, wenn er mit Marinus allein gewesen wäre.

Und noch etwas ist auffällig. Nur bei 8,6 Prozent der Delikte spielt Alkohol eine maßgebliche Rolle bei der Tatausführung. Damit stellt die Dokumentation das klassische Bedingungsgefüge von rechtsextremistischer Gewalt in Frage, in dem der Alkoholkonsum eine dominierende Rolle einnimmt.

Der Verein »Opferperspektive e. V.«, der ebenfalls rechtsextremistisch motivierte Gewalttaten in einer Statistik erfasst, kommt zu einer noch höheren Zahl von gewalttätigen Übergriffen in Brandenburg. Er listet alle Straftaten mit einem rechtsextremen Hintergrund auf – auch solche, bei dem die Staatsanwaltschaft beziehungsweise das Gericht in der Bewertung zu einem anderen Schluss kommt. Von 2003 bis 2005 gab es dieser Statistik zufolge in Brandenburg 380 rechtsextreme Angriffe. In der Uckermark waren es 37, das sind deutlich mehr als in den meisten anderen Landkreisen, die näher an Berlin liegen (Teltow-Fläming 21, Märkisch-Oderland 31, Barnim 25 und Oberhavel 23). Insgesamt steht die Uckermark an dritter Stelle, hinter Havelland mit 71 und Potsdam mit 64 Delikten. Zum Vergleich: In Sachsen gab es 441 Übergriffe in diesem Zeitraum, bei einer Bevölkerungsdichte von 4,3 Millionen gegenüber 2,3 Millionen in Brandenburg.

Das Risiko, von rechten Schlägern attackiert zu werden, ist in Brandenburg und den vier anderen neuen Bundesländern im Schnitt drei- bis vier Mal so hoch wie in den alten Bundesländern, Tendenz steigend. Nach einer vom Bundesamt für Verfassungsschutz im Mai 2006 veröffentlichten Studie waren im Jahr 2005 rechtsextremistische Gewalttaten in Brandenburg und Sachsen-Anhalt etwa zehnmal so häufig wie in Hessen (gemessen an der Anzahl der Taten je 100 000 Einwohner).

Die besonders hohe Rate von Gewaltdelikten in den neuen Bundesländern belegt auch eine Statistik, die der »Tagesspiegel« und die »Frankfurter Rundschau« erstellten. In den Jahren 2000 bis 2003 kamen demnach bundesweit neunzig Menschen durch rechtsextreme Gewalt ums Leben – zwanzig allein in Brandenburg.* Wie hoch dieser Anteil im Vergleich zu den anderen Bundesländern ist, zeigt ein Blick auf die Bevölkerungsstatistik. Mehr als ein Fünftel aller Gewaltdelikte mit tödlichem Ausgang passierte in einem Bundesland, das nicht mehr als drei Prozent der Bevölkerung stellt.

Zwei weitere Veränderungen fallen in den Statistiken auf: Die Angriffe mit tödlichen Folgen sind rückläufig,

* Gewaltiges Aufkommen, in: Der Tagesspiegel, 19. 5. 2006.

insgesamt wächst jedoch die Gewalttätigkeit. Allein im Jahr 2005 nahmen die rechtsextremen Straftaten nach einer Studie des Bundesamtes für Verfassungsschutz gegenüber 2004 bundesweit um 28 Prozent zu, die Anzahl der Gewaltdelikte stieg um 24 Prozent.

Es gibt ähnliche Verbrechen mit rechtsextremistischem Hintergrund in Frankreich, Russland, in der Schweiz, in Griechenland und vielen anderen Staaten. Aufkommender Nationalismus, verbunden mit der Anmaßung, »unwertes Leben auszumerzen«, ist nicht nur ein (ost-)deutsches Problem.

Ökonomische Verkarstung – Region ohne Lobby

Gibt es einen Zusammenhang zwischen Gewaltkriminalität und der sozialen und wirtschaftlichen Lage? Elke Goltz und Roger Sitte weisen in einer Studie aus dem Jahr 2001* nach, dass soziale und wirtschaftliche Bedingungen in einem Zusammenhang mit erhöhter Gewaltkriminalität stehen. Sie kommen zu dem Schluss, dass in strukturschwachen Kreisen des Landes Brandenburg der Anteil tatverdächtiger Jugendlicher und Heranwachsender höher ist als in Kreisen mit besseren wirtschaftlichen Bedingungen. So liegt die Zahl der einer Gewalttat verdächtigten Jugendlichen und Heranwachsenden im Landkreis Uckermark um ein Drittel höher als der Durch-

* Elke Goltz / Roger Sitte: Regionale Unterschiede in der Gewaltkriminalität im Land Brandenburg, Potsdamer Beiträge zur Sozialforschung Nr. 14, Potsdam 2001.

schnittswert im Land. Ein konkretes Indiz einer strukturschwachen Region ist der Anteil der Sozialhilfeempfänger. In der Uckermark leben nur etwa sechs Prozent der brandenburgischen Bevölkerung, die Zahl der Sozialhilfeempfänger beträgt anteilig jedoch das Doppelte.*

Trifft das auch auf Potzlow zu? Das Dorf liegt im Landkreis Uckermark, umgeben von Wäldern, Wiesen und Seen. Mitte der neunziger Jahre wurde es zum schönsten Dorf Deutschlands gewählt. Einige Berliner haben sich nach dem Fall der Mauer im Ort Häuser gekauft und zum Teil aufwendig renoviert. Grund für die Zuwanderung aus der Hauptstadt ist nicht nur die landschaftliche Schönheit, Potzlow liegt auch angenehm verkehrsgünstig: Die Autobahn führt 10 Kilometer entfernt vorbei, und vom nahen Seehausen aus bringt einen der Regionalexpress in etwa einer Stunde ins Zentrum von Berlin. Manche Städter kommen nur am Wochenende, andere pendeln täglich nach Berlin zur Arbeit. Während in der gesamten Uckermark die Bevölkerung drastisch abnimmt, ist sie in Potzlow seit der Wende um fast zwanzig Prozent auf sechshundert Einwohner gestiegen.

Potzlow vermittelt nichts von der trostlosen Atmosphäre vieler anderer Dörfer in Brandenburg. Es gibt zahlreiche Ferienwohnungen, und im Nachbarort Seehausen am Oberuckersee ist ein größeres Landhotel das ganze Jahr hindurch gut ausgelastet.

Die meisten Bewohner Potzlows waren bis zur Wende bei der Landwirtschaftlichen Produktionsgenossenschaft

* Aufwachsen im Land Brandenburg, 3. Kinder- und Jugendbericht, Potsdam 2003.

(LPG) angestellt. Von siebenhundert ehemals in der LPG Beschäftigten arbeiteten Mitte der neunziger Jahre nur noch zwei in der Landwirtschaft, inzwischen beschäftigt die Potzlower Agrargesellschaft, das Nachfolgeunternehmen der LPG, wieder dreißig Mitarbeiter, außerdem werden sechs Lehrlinge ausgebildet. Es gibt mehrere erfolgreiche Handwerksbetriebe, darunter eine überregional tätige Korbflechterei und einen Betrieb, der Fenster baut. Einige Bewohner haben sich inzwischen selbständig gemacht. Sie bieten Dienstleistungen an wie Hausmeistertätigkeiten, Trocken- und Innenausbau oder Reparaturen von Haushaltsgeräten. Die offizielle Arbeitslosenrate liegt im Landkreis Uckermark bei 24 Prozent; berücksichtigt man die verdeckte Arbeitslosigkeit, muss von einer wesentlich höheren Quote ausgegangen werden. In Potzlow ist nach der Schätzung des Bürgermeisters der Großgemeinde Oberuckersee nur etwa jeder fünfte Bewohner arbeitslos. Damit liegt die Rate deutlich unter der von vielen anderen Dörfern in der Region.

Die Landesregierung von Brandenburg fördert vorrangig nur noch die »Leuchttürme« der wirtschaftlichen und städtischen Entwicklung. Dazu gehören Potsdam, der Gürtel um Berlin und einige Städte wie Schwedt, Eberswalde und Cottbus. Die Landesregierung verweist darauf, dass fünfzehn Jahre »Wirtschaftsförderung mit der Gießkanne« oft nur wenig Wirkung gezeigt hätten. Das Fördergeld soll deshalb nun dort angelegt werden, wo es schon wirtschaftliches Leben gibt. Die übrigen Regionen will man mehr und mehr sich selbst überlassen. Die wirtschaftliche Erosion wird weiter voranschreiten, die motivierten und gut ausgebildeten Arbeitskräfte werden verstärkt abwandern. Die Steuereinnahmen der Kommunen sinken weiter, Schulen werden zusammengelegt oder geschlossen, berufliche Bildungseinrichtungen ausgetrocknet. Besonders vernachlässigt werden all diejenigen, die keinen Schulabschluss haben – und das sind etwa zehn Prozent eines Jahrgangs. Zwar gibt es einige Einrichtungen, die Jugendlichen, die einen schlechten oder keinen Abschluss haben, besondere Kurse anbieten, um sie auf eine Ausbildung vorzubereiten. Doch viele der leistungsschwachen Jugendlichen schaffen es nicht, innerhalb der auf ein Jahr begrenzten Maßnahme die Leistungserwartungen zu erfüllen. Sie bräuchten mehr Zeit und eine besondere Förderung, für die jedoch die Mittel fehlen. Mit achtzehn Jahren werden so viele ein Fall für das Amt für Grundsicherung. Einige erhalten vorübergehend Ein-Euro-Jobs, andere stehen vor dem Nichts.

Auch Potzlow verlassen die jungen Menschen auf der Suche nach Arbeit. Das zeigt sich exemplarisch an den Familien des Opfers und der Täter. Inzwischen leben drei von Marinus' Schwestern aus Arbeitsgründen in Bayern, die Schwester von Marco und Marcel ist 1994 nach Bremerhaven gezogen.

Die, die bleiben, haben nur geringe Aussichten auf eine Lehrstelle. Wer das Glück hat, eine zu bekommen, muss bangen, nach Abschluss der Lehre eine Stelle zu finden.

Schon zu Schulzeiten rechnen sich viele Jugendliche in Potzlow wenig Chancen aus, einmal in einem ihrer Wunschberufe einen Job zu bekommen. Die mangelnden beruflichen Perspektiven schlagen sich auf die Motivation der Schüler nieder. Wozu sich anstrengen, wenn man später ohnehin auf der Straße steht? Torsten Muchow, der Vater von Matthias: »Die kommen nach der Schule nach Hause nach dem Motto: Hausaufgaben – mach ich morgen in der Schule, ist doch egal. Bleib ich lieber ein Jahr sitzen, bin ich ein Jahr weiter, wo ich nicht auf der Strasse stehe, so denken die doch alle schon.*

Jutta und Jürgen Schönfeld, die Eltern der Täter, erklären sich den Rechtsextremismus vieler Jugendlicher – auch den ihres Sohnes Marco – mit der Hoffnungs- und Perspektivlosigkeit. »Die, die keinen Abschluss haben, braucht keiner mehr. Sie müssen sich beweisen, auf ihre Weise. Und sei es, indem sie anderen Angst einjagen. Und ihren Mann stehen, indem sie trinken, bis sie umfallen, und dann doch noch geradeausgehen können. Wenn man sonst schon nichts ist, dann wenigstens ein harter Mann.« Es sei kein Wunder, so der Vater, dass unter diesen Bedingungen »immer mehr Jugendliche nach rechts rüber gehen«.

Auf den ersten Blick bestätigen viele Umfragen diese Einschätzung. Arbeitslose haben im Vergleich zu Erwerbstätigen durchgängig die höchsten Zustimmungswerte zu rechtsextremen Aussagen, wie eine Studie der Friedrich-Ebert-Stiftung aus dem Jahr 2006 belegt. So befürworten zum Beispiel mehr als doppelt so viele der befragten Arbeitslosen im Vergleich zu den Erwerbstätigen eine Diktatur.**

* Die Protokolle der Interviews mit Torsten Muchow stammen von der Filmemacherin Tamara Milosevic, die sie uns freundlicherweise zur Verfügung gestellt hat.

** Oliver Decker u. a.: Vom Rand zur Mitte, Rechtsextreme Einstellungen und ihre Einflussfaktoren in Deutschland, Berlin 2006, S. 49.

Doch führen Perspektivlosigkeit und rechtsextremistische Einstellungen keinesfalls zwangsläufig zu Gewalttaten. Weitere Faktoren treten hier hinzu.

Umgekehrt lässt sich von rechtsextremistischen Gewalttätern nicht automatisch sagen, dass sie beruflich keine Perspektive haben. Oft ist das Gegenteil der Fall. Sebastian Fink und Marcel Schönfeld etwa hatten trotz ihrer Lernstörungen eine Berufsperspektive. Nur bei Marco Schönfeld spielt die Perspektivlosigkeit im Zusammenhang mit rechtsextremer Gewalt eine Rolle.

Der Generalstaatsanwalt von Brandenburg sieht ebenfalls als ein vorläufiges Ergebnis seiner Studie, dass der Faktor »Perspektivlosigkeit« eher überschätzt werde. Es gebe andere Bedingungen, die wesentlicher zur Entstehung von rechtsextremistischer Gewalt beitrügen. Das bestätigt eine weitere Untersuchung aus der Studie der Friedrich-Ebert-Stiftung, die zu der These, dass Arbeitslose anfälliger sind für rechtsextreme Einstellungen, in einem gewissen Widerspruch steht. Der Unterschied zwischen den Befragten mit rechtsextremer Einstellung, die ihre wirtschaftliche Situation eher schlecht einschätzen, und der Vergleichsgruppe von Befragten, die keine rechtsextreme Einstellung haben, ist dieser Untersuchung zufolge vergleichsweise gering. Mit anderen Worten: Die wirtschaftliche Situation der Befragten spielt für die Entwicklung rechtsextremer Einstellungen nicht die Rolle, die oft vermutet wird.*

* Oliver Decker u. a.: Vom Rand zur Mitte, Rechtsextreme Einstellungen und ihre Einflussfaktoren in Deutschland, a. a. O., S. 89.

»Wir haben besser gelebt vorher, die Jugend war sozial abgesichert. Wenn sie aus der Schule kamen, haben sie ihre Lehre gekriegt. Heute kriegen sie keine Arbeit. Die da oben füllen ihre Taschen immer mehr, deswegen hab ich gegen die einen richtigen Hass«, so Jürgen Schönfeld, der damit ausspricht, was wohl viele in der ehemaligen DDR denken. Er hegt ein grundsätzliches Gefühl der Abneigung gegen den neuen Staat und die in seinen Augen falschen Versprechungen. Jürgen Schönfeld hat in DDR-Zeiten weit mehr verdient als die meisten Akademiker. Mit einem Monatsverdienst von etwa 3000 Ostmark gehörte er zur materiellen Oberschicht der DDR.

Damit stand er in Potzlow nicht allein. Auch die vielen im Agrarsektor Beschäftigten waren in der DDR privilegiert, sie hatten Zugang zu ihren Erzeugnissen, die Akademikern oft nicht zur Verfügung standen. Vor allem genoss ihre Tätigkeit Wertschätzung. Arbeitslosigkeit nach der Wende bedeutete somit nicht nur einen materiellen Absturz. Sie war vor allem mit dem Verlust der sozialen Anerkennung verbunden.

Nach der Wende hatte Jürgen Schönfeld Glück. Er behielt seine Arbeit. Er musste – anders als viele andere – nicht die klassische Wendeerfahrung machen, nämlich abgewickelt und nicht mehr gebraucht zu werden. Erst 2001 ging sein Betrieb in die Insolvenz. Nachdem er mehrere Monate keinen Lohn erhalten hatte, kündigte Jürgen Schönfeld von sich aus. Zur gleichen Zeit wurden bei ihm Wucherungen im Rückenmark diagnostiziert. Anträge auf vorzeitige Auszahlung einer Rente wegen Arbeitsunfähigkeit wurden wiederholt abschlägig beschieden. Er sollte sich erst einer Operation unterziehen, von der ihm aber verschiedene Ärzte abrieten: Die Gefahr, dass er nach dem Eingriff querschnittgelähmt sein werde, sei größer als der Nutzen.

Jürgen Schönfeld wird zum Sozialfall. Auf Sozialhilfe hat er keinen Anspruch, weil seine Frau – nach ihrer Operation ebenfalls arbeitsunfähig – fünfzehn Euro zu viel Rente erhält. Über diese Demütigung kommt Jürgen Schönfeld kaum hinweg. Marco und Marcel Schönfeld erleben ihren Vater, wie sie ihn vorher nicht gekannt haben. Er, der vorher alles angepackt hat, hängt zu Hause herum, kann sich zu nichts mehr durchringen. Die Söhne übernehmen vom Vater den Hass auf »das ungerechte System« – und manches Ressentiment. Vor allem Marco Schönfeld entwickelt eine Sehnsucht nach einer einfachen und klaren Welt: Die einzige Lösung sei, »die Kanaken und Türken rauszusetzen und die Mauer wieder hochzuziehen«.

Die Erfahrung der sozialen Degradierung, verbunden mit dem Gefühl der Demütigung, findet sich in vielen Lebensläufen im Dorf wieder – auch bei der Mutter des Opfers.

Birgit Schöberl erlebt ihren sozialen Abstieg bereits mit der Wende. Sie verliert ihre Arbeit als Melkerin. Mehrere Arbeitsbeschaffungsmaßnahmen verpuffen und führen zu keiner neuen Anstellung. Die schwerste Kränkung erlebt sie durch die Aufforderung des Wohnungsamtes, in eine kleinere Wohnung zu ziehen, weil die Familie nach dem Tod von Marinus doch kleiner sei.

Birgit Schöberl fühlt sich von den zahlreichen Gesetzen und Vorschriften überfordert. Sie weiß nicht, was in der politischen Arena, den Lobbys und Verwaltungsämtern vor sich geht, welche Rechtswege ihr zustehen, wie sie ihr Recht einklagen und durchsetzen kann. Sie reagiert wie viele andere in dieser Situation: wütend, ohne handeln zu können. Die hilflose Wut schlägt in ein starkes fremdenfeindliches Ressentiment um: Für die Ausländer werde etwas getan, für Menschen wie sie, die das ganze Leben gearbeitet, die sogar noch ein Kind verloren haben, dagegen nichts.

Bei Sebastian Fink liegen die Dinge etwas anders, er musste im Elternhaus nach der Wende keine soziale Degradierung erleben. Sein Vater hat sich als Handwerksmeister nicht nur gut behauptet, er hat sogar Karriere gemacht. In seinem Fall müssen andere Ursachen für die Herausbildung seines rechtsextremen Weltbildes in Betracht gezogen werden.

»Die haben nur gelernt, Versager zu sein« – Schulen, Jugendclubs und andere Einrichtungen

Immer wieder wird im Zusammenhang mit dem Mord an Marinus Schöberl der Vorwurf laut, dass die staatlichen Stellen bei der Bekämpfung des Rechtsextremismus versagt hätten. Schulen und Ausbildungszentren, die Freizeiteinrichtungen, aber auch Polizei und Justiz, sie alle gingen nicht hart genug gegen Straftäter und Jugendliche, die auf dem Weg dahin seien, vor. Die Angesprochenen wehren sich dagegen, weder könne von einer Verharmlosung des Problems die Rede sein noch von Handlungsunfähigkeit. Manchmal wird die Kritik den Kritikern zurückgegeben: DDR-Bürger seien eben gewöhnt gewesen, dass der Staat sich um alles kümmere. Statt selbst etwas zu unternehmen, werde die Verantwortung einfach auf die staatlichen Stellen geschoben und gefordert, dass Schulen und Jugendzentren richten, was die Eltern selbst nicht schaffen: die Kinder zu erziehen.

Seit der Wende hat sich die Zahl der Kinder und Jugendlichen in der Uckermark halbiert. Wurden 1995 im Landkreis noch 2300 Kinder eingeschult, so waren es im Jahr 2003 nur noch 900. Als Ursache des Geburtenrückgangs wird in Befragungen die ökonomische Unsicherheit verbunden mit Zukunftsängsten und Perspektivlosigkeit genannt. »Wenn ich gewusst hätte, wie die Zustände sich nach der Wende ändern, wäre mein Kind in der Mülltonne gelandet«, äußerte eine Mutter einmal in der Bildungseinrichtung Buckow gegenüber der Leiterin.

Dazu kommt, dass vor allem junge Frauen die Region verlassen. Sie haben häufig die besseren Schulabschlüsse als Männer im vergleichbaren Alter – und größeren Ehrgeiz. In den neuen Bundesländern kommen außerhalb der großen Städte auf einhundert Männer nur noch einundachtzig Frauen, in der Uckermark dürfte das Ungleichgewicht noch größer ausfallen.*

Die Folgen der rückläufigen Geburtenrate sind gravierend. Seit Mitte der neunziger Jahre haben Kindergärten und Schulen große Überkapazitäten, sie werden daher immer öfter zusammengelegt, viele kleine Dorfschulen

* Geschichten vom Verschwinden, in: Der Tagesspiegel, 26.5. 2006, S. 3.

werden geschlossen. Oft trifft die Schließung Einrichtungen, die auffälligere Kinder und Jugendliche betreuen. Wenn bekannt wird, dass sich in einer Schule Gewaltdelikte und offen zur Schau getragener Rechtsextremismus mit entsprechenden Übergriffen häufen, läuft sie Gefahr, geschlossen zu werden. Das verführt Eltern, Lehrer und Schulleiter nicht unbedingt dazu, Vorfälle mit rechtsextremem Hintergrund an die große Glocke zu hängen.

Vielleicht ist das einer der Gründe, warum auf das rechtsextreme Outfit von Marco Schönfeld in der Schule nicht reagiert wurde. Es wurde geflissentlich übersehen. Ähnliches geschah in der Schule von Marcel Schönfeld. Auch er konnte nach seinen Aussagen unbehelligt in Springerstiefeln, Bomberjacke und Glatze zum Unterricht erscheinen.

Möglicherweise zeigt sich hier auch eine fundamentale Verunsicherung der Lehrer. Nach offizieller Lesart gab es in der DDR keinen Rechtsextremismus, und schon gar nicht durften Nachrichten über etwaige Vorkommnisse nach außen dringen. Einige Pädagogen haben sich diese Haltung möglicherweise zu eigen gemacht und handeln nach wie vor nach der Prämisse – bei gleichzeitiger Unsicherheit, welche Grenzen sie rechtsextremen Jugendlichen setzen müssen.

Zu DDR-Zeiten war es selbstverständlich, dass Lehrer sich bei Hausbesuchen ein Bild von der Familie ihrer Schüler machten. In Einzelfällen ging es dabei auch darum, die Eltern auf ihre »politische Zuverlässigkeit« zu prüfen. Doch meistens wollten die Lehrer Probleme der Schüler direkt mit den Eltern besprechen und gemeinsam mit ihnen nach Lösungswegen suchen. Nach der Wende gab es kaum noch Hausbesuche, die neuen Kultusbehörden sahen darin in erster Linie eine Kontrolle der Eltern, die nun nicht mehr erwünscht sei.

Das Schulsystem der DDR war nach der Wende vor allem politisch diskreditiert. Die Tatsache, dass zuvor politisch »Unzuverlässige« und manchmal auch Kinder von Akademikern aus ideologischen Gründen vom Abitur oder dem Studium ausgeschlossen wurden, warf ein schiefes Licht auf das gesamte Bildungswesen. Auf anderen Gebieten hatte es jedoch – was gerade die Förderung der weniger Begabten anging – für viele Länder Vorbildfunktion. So hat sich beispielsweise Finnland, das in der PISA-Studie hervorragend abschnitt, in den siebziger Jahren bei der Ausgestaltung seines Schulwesens am Bildungssystem der DDR orientiert.

Viele Lehrer waren stolz auf das Erreichte. Umso mehr hat die Abwicklung der alten Schul- und Bildungsstrukturen zu Beginn der neunziger Jahre viele Pädagogen verunsichert und verbittert. Manche Lehrer fühlten sich in ihren pädagogischen Ansätzen missverstanden und reduzierten ihr Engagement auf das Nötigste. Das mag auch einer der Gründe sein, warum zwischen den Eltern von Marco und Marcel Schönfeld und den Lehrern kaum eine nennenswerte Kommunikation stattfand. Die Lehrer reagierten auf die Hilferufe der Eltern oft nur mit einem Achselzucken. Sie lehnten es ab, Erziehungsaufgaben zu übernehmen, die im Elternhaus nicht (mehr) geleistet wurden.

Mit der Demotivierung der Lehrer und der zunehmenden Perspektivlosigkeit für einen großen Teil der Schulabgänger sank auch das Leistungsniveau. Das bemerkten vor allem diejenigen, die die Schüler nach der Schule weiter betreuen – wie etwa die gemeinnützige Bildungseinrichtung Buckow, eine Ausbildungsstätte, die Berufsvorbereitung und -ausbildung speziell für Jugendliche mit schlechteren Startchancen anbietet. Bis etwa 1998 hätten sie kein Problem gehabt, gut ausgebildete Facharbeiter an die Wirtschaft zu vermitteln, so die Leiterin, das sei jetzt deutlich schwieriger geworden. Nicht nur seien die Kenntnisse der Schulabgänger in Mathematik viel schlechter als früher, auch die Rate derer, die kaum Lesen und Schreiben können, sei in den letzten Jahren stark gestiegen.

Etwas anderes kommt hinzu: Die Schulen nehmen aus der Sorge, wegen Unterbelegung geschlossen zu werden, Schüler auf, die in einer Förderschule besser aufgehoben wären. Neben schulischen Defiziten fallen diese Schüler durch körperliche Gewalt, Drogen- und Alkoholmissbrauch sowie bisweilen rechtsextremistische Orientierung auf. Für eine solch auffällige Klientel, so die Leiterin der Bildungseinrichtung, fehlten in den Regelklassen die notwendigen Förder- und Hilfsmaßnahmen.

Auch Marco und Marcel Schönfeld erhielten nur in den ersten Jahren der Förderschule besondere Unterstützung. Beide machten deshalb in den Regelklassen der Gesamtschule fast ausschließlich eine Erfahrung: dass sie Versager sind und nicht gebraucht werden.

Die immer häufiger erfolgende Zusammenlegung von Schulen ab Mitte der neunziger Jahre wirkt sich massiv auch auf den Alltag der Schüler aus. Die Jugendarbeit fand früher nachmittags in der (Dorf-)Schule statt, es gab Jugendzirkel, Sportaktivitäten und andere Arbeitsgemeinschaften. Die Jugendlichen verbrachten die gesamte Freizeit miteinander im Dorf.

Im Potzlower Ortsteil Strehlow schloss die Dorfschule 1996. Die Schüler wurden auf Schulen in den umliegenden Gemeinden verteilt. Marcel Schönfeld etwa musste nun mit einem Bus zur Gesamtschule im achtzehn Kilometer entfernt liegenden Gramzow fahren. Er war der Einzige aus dem Dorf, der dort zur Schule ging, andere fuhren nach Prenzlau oder Templin. Wenn Marcel aus der Schule nach Hause kam, war er weitgehend auf sich gestellt. Seine Klassenkameraden wohnten im Umkreis von dreißig, vierzig Kilometern verstreut, und es war zu aufwendig, sich nachmittags noch mal für ein, zwei Stunden zu verabreden.

In Potzlow wie im gesamten Landkreis Uckermark gibt es nur wenige Jugendliche einer Altersgruppe. Meist dominiert irgendeine Clique Gleichaltriger oder Gleichgesinnter die Jugendszene im Ort.

Ist sie – wie in Potzlow bis Mitte, Ende der Neunziger Jahre – rechtsextrem ausgerichtet, haben Andersdenkende nur zwei Möglichkeiten: Sie passen sich dem »Mainstream« an und werden ebenfalls rechtsextrem, oder sie achten die »Hoheitsgebiete« der Rechtsextremen, meiden den örtlichen Jugendclub und treffen sich in einem anderen Dorf, wo etwa Hip-Hopper eine schlagkräftige Mehrheit bilden.

Nicht nur in Potzlow wissen die Jugendlichen sehr genau, wohin sie gehen können – und wohin sie besser nicht gehen. Es gibt für die »linken« wie die »rechten« Jugendlichen eine ungeschriebene Kartographie der Uckermark von Go- und No-Go-Areas.

Der Vorwurf, dass die staatlichen und kommunalen Einrichtungen sich nicht richtig um die Jugendlichen kümmerten und die Jugendarbeit versage, was dem Rechtsextremismus Vorschub leiste, ist nicht nur in Potzlow immer wieder zu hören. Sportvereine, die Kirche, die Freiwillige Feuerwehr und der örtliche Jugendclub, sofern vorhanden, sind in der Regel die Institutionen, die Jugendarbeit leisten. Aufgrund der geburtenschwachen Jahrgänge und der großen Zahl junger Menschen, die die Region verlassen, haben die meisten Vereine allerdings schwere Existenzsorgen. Auch hier gilt: »Zu viele gehen weg.«

Potzlow hat immerhin einen Jugendclub, der von einer ausgebildeten Sozialarbeiterin geleitet wird. Doch auch ihr wurde nach dem Mord an Marinus Schöberl vorgehalten, den rechtsextremen Tendenzen unter den jugendlichen Besuchern nicht entschieden genug entgegengetreten zu sein. Der Mord von Potzlow sei das Ergebnis einer »akzeptierenden Jugendarbeit«. Andere warfen ihr vor, gar keine Jugendarbeit zu machen, sondern, im Gegenteil, die Jugendlichen zum Alkohol zu verführen. Die Vorgänge um den Potzlower Jugendclub zeigen exemplarisch die Schwierigkeiten, mit denen in der Betreuung Tätige zu kämpfen haben.

Mitte der neunziger Jahre war das Dorf für nicht-rechte Jugendliche eine »No-Go-Area.« Eine Clique von Rechtsextremen hatte sich gut eingerichtet im Jugendzentrum, das sich damals noch auf einen Raum im Gemeindehaus beschränkte. Wer sich anders kleidete, längere Haare hatte oder »angepunkt« war oder aus anderen Gründen nicht dazu gehörte, wurde bedroht und zusammengeschlagen.

Thomas Krawetzke, inzwischen Student, kam 1990 nach Potzlow: »Ich wurde hier oft verprügelt, weil ich Zugezogener war. Ich war mit den Pfarrerskindern befreundet, und der Pfarrer galt sowieso als Zecke. Und seine Söhne erst recht. Wenn wir am Jugendclub vorbeigegangen sind, dann kamen sofort sechs, sieben Glatzen raus und haben uns verprügelt.«

Anfang 1997 wurde die Stelle einer Sozialarbeiterin neu ausgeschrieben. Die Aufgabe war eine Herausforderung: Neben der Jugendarbeit in Potzlow-Strehlow sollten sieben weitere Einrichtungen in den Nachbargemeinden mit betreut werden. Eine engagierte junge Frau bewarb sich dafür – und bekam den Zuschlag: Petra Freiberg. Bevor sie im Juli 1997 ihre Stelle antrat, wurde sie von allen Seiten im Dorf gewarnt. Mit den Rechten sei noch keiner fertig geworden.

Als Erstes besetzte sie das leer stehende Schulhaus in Potzlow-Strehlow, in dem zuvor die Dorfschule untergebracht war. Nach zähen Verhandlungen mit der Gemeinde erhielt sie für dieses Gebäude einen Nutzungsvertrag. Das brachte ihr bei den Jugendlichen aus Potzlow einen gewissen Respekt ein, selbst bei den Rechten. Die günstige Stimmung nutzte sie, um ein paar Dinge anders zu machen als ihre Vorgänger. Sie ging auf die rechten Jugendlichen zu, versuchte aber zugleich, klare Grenzen zu setzen. Petra Freiberg: »Ich hab von Anfang an Klartext mit denen geredet. Ich hab ihnen gesagt, ich bin Christin und hab mit euren rechten Ansichten nichts am Hut. Klar, ehrlich, manchmal auch grob ehrlich.«

Wenn die rechten Jugendlichen im Club Nazi-Musik aufdrehten, schritt sie ein. Sie bestand darauf, dass die

Jugendlichen die CD aus dem Gerät nahmen. Kam jemand mit einem Nazi-T-Shirt, forderte Petra Freiberg den Jugendlichen auf, nach Hause zu gehen und etwas anderes anzuziehen. Das Gleiche galt für Springerstiefel. Mit der Glatze hatte sie es schwerer: »Ich kann nicht sagen, in fünf Minuten wachsen die Haare.« Sie konnte auch mit ausgewachsenen Schlägertypen umgehen. »Da ich auch eine heilpädagogische Ausbildung hab, kann ich einschätzen, was das für ein Typ ist, der vor mir steht. Indem ich mit ihnen rede, nehme ich auch mir die Angst.«

Bei Prügeleien erteilte sie grundsätzlich Hausverbot. »Man kann nicht immer alles nur zerreden oder wegschieben«, so Petra Freiberg. »Deshalb muss es ein klares Regelsystem geben, das konsequent angewendet wird. Es ist auch passiert, dass man sich zerstritten hat. Pack schlägt sich, Pack verträgt sich.«

Nach etwa zwei Jahren zeigten sich erste Erfolge. Ein Teil der rechten Szene verlagerte sich von Potzlow weg nach Blankenburg oder Zichow, benachbarten Ortschaften. Einige Jugendliche aus Potzlow legten ihren rechten Habitus ab. »Da braucht man Zeit. Irgendwann werden die auch älter und sagen: Mensch, ist nicht so falsch gewesen, was du damals so gemeint hast«, so Petra Freiberg.

Der finanzielle Spielraum für das Jugendzentrum war stets sehr eng. Die Gemeinde hatte das Gebäude mietfrei zur Verfügung gestellt, der von Petra Freiberg geleitete »Kinderverein« sollte als Träger für die laufenden Kosten des Jugendzentrums selbst aufkommen. Der Verein war damit eine Art Unternehmen, das Erträge abzuwerfen hatte. Petra Freiberg war von Anfang an klar, dass diese

Konstruktion einen Fehler hatte, musste sie doch neben der eigentlichen Jugendarbeit für den Verein Geld verdienen. Sie betreute im Sommer Freizeiten von Kindern und Jugendlichen aus Berlin und machte eine kleine Gaststätte mit Bar und Bierausschank auf, zeitweise übernahm sie auch das Catering für Familienfeste und kochte für die Gäste des Potzlower Reiterhofs. Diese zusätzlichen Aktivitäten riefen nicht nur den örtlichen Wirt auf den Plan. Auch viele andere Dorfbewohner empörten sich angesichts der Eigeninitiative von Petra Freiberg über diese Art von »Geschäftemacherei«. Dass Petra Freiberg auf diese Weise versuchte, die Jugendarbeit vor Ort zu erhalten, wollten ihre Kritiker nicht sehen. Im Gegenteil: Man warf ihr vor, durch die Verquickung des Barbetriebes mit der Jugendarbeit Letztere zu konterkarieren. Sie schenke an Jugendliche Alkohol aus, um damit den »Umsatz anzukurbeln«. Viele Jugendliche hätten sich im Jugendclub betrunken.

Petra Freiberg räumt durchaus ein, dass es Probleme mit dem Alkohol gab. »Gerade mit den Großen hatten wir das Problem, dass die oft mit Rucksäcken rein gekommen sind und Bier mitgebracht haben. Die waren dann breit.« Der Sozialarbeiterin war klar, dass sie dagegen etwas unternehmen musste. Sie wollte keine Eingangskontrollen durchführen und schlug deshalb vor, dass alle Besucher ihre Rucksäcke einschließen. Und in der Gaststätte im Jugendclub schenkte sie an Jugendliche unter sechzehn überhaupt keinen Alkohol aus. Ältere erhielten keine harten Getränke wie Branntwein – immerhin aber Bier.

Vor allem der Vater von Marco und Marcel Schönfeld warf Petra Freiberg nach dem Mord an Marinus vor, sie habe es nicht geschafft, die Kinder im Dorf vom Alkohol wegzubringen. Petra Freiberg wehrt sich: »Den Marcel, den hab ich kennengelernt, da war der dreizehn Jahre alt, da war der schon oft betrunken und voll fertig mit der Welt. Ich kann nicht alles richten, was die Eltern seit Jahren nicht mehr im Griff haben.«

Petra Freiberg ging in die Offensive: In Interviews sagte sie, dass im Dorf stillschweigend toleriert werde, dass die Zwölfjährigen nachts betrunken durchs Dorf torkelten. Ein Teil der Bewohner boykottierte daraufhin das Jugendhaus. Mehrere Kinder, unterstützt durch die Eltern, richteten sich ein paar Meter neben dem Jugendzentrum in einem ungenutzten Gebäude ein Ersatzjugendhaus ein. Dort könne ihnen niemand vorschreiben, wann und wie viel sie trinken dürften und was sie sonst zu tun und zu lassen hätten. Nach etwa einem Jahr setzte Petra Freiberg beim Bürgermeister den Abriss des Gebäudes durch. Der alternative Jugendtreff verschwand, doch der Abriss hatte auch zur Folge, dass sich die Kluft zwischen vielen Jugendlichen und Petra Freiberg vertiefte. Und an dem Problem, dass manche Zwölfjährige nachts alkoholisiert durchs Dorf liefen, änderte sich nichts.

Den anderen Vorwurf, sie hätte aufgrund ihrer Nebentätigkeiten nicht genügend Zeit für die Jugendlichen, konterte Petra Freiberg mit dem Hinweis, dass sie in der Regel sechzig Stunden und mehr arbeite und genügend Zeit bleibe für die Jugendlichen. Würde sie die anderen Tätigkeiten einstellen, gäbe es bald keine Jugendarbeit mehr. Nur so sei die Einrichtung angesichts der geringen Zuschüsse überhaupt zu halten. Mit diesen Argumenten setzte sich Petra Freiberg gegen ihre Kritiker durch, der

Jugendclub blieb weiter geöffnet, auch wenn nur noch wenige Jugendliche kamen.

Dass in einer Einrichtung so deutlich auf rechtsextremes Outfit und den zunehmenden Alkoholismus reagiert wurde wie im Potzlower Jugendzentrum, ist eher die Ausnahme. Weder Marco Schönfelds Alkoholismus noch sein rechtsextremes Auftreten wurde in der Einrichtung für betreutes Wohnen in Güterfelde als ernstes Problem diskutiert. Aus falschem Respekt oder aus dem Bedürfnis der Sozialarbeiter und Erzieher, ein harmonisches Miteinander nicht zu riskieren, wurde, wie die Eltern berichten, immer »ein Auge zugedrückt«.

Auch in der Haftanstalt, in der Marco Schönfeld bis kurz vor dem Mord an Marinus Schöberl einsaß, wurde dem Thema Alkoholismus oder Rechtsextremismus offenbar keine verstärkte Aufmerksamkeit gewidmet. Man erkannte nicht, dass Marco Schönfeld alkoholkrank ist. Wenn er sich Alkohol herstellte, wurde er lediglich mit Sanktionen bestraft. Sein rechtsextremer Habitus fand allenfalls in Fußnoten zu anstaltsinternen Stellungnahmen Niederschlag. Therapeutisch wurde beides nicht angegangen.

In die Kritik geriet nach dem Mord in Potzlow noch eine weitere Einrichtung, in der sich zwei der Täter zu Ausbildungszwecken aufhielten: die Bildungseinrichtung Buckow e. V. in Buckow bei Eberswalde. Hier lautete der Vorwurf ebenfalls, die Mitarbeiter seien nicht konsequent genug gegen die Rechtsextremen in den Reihen der Auszubildenden vorgegangen, hätten falsche Toleranz gezeigt. Der Nährboden des Verbrechens sei so nicht hinreichend bekämpft worden.

In der Tat haben einige der Erzieher das rechtsextreme Gebaren von Marcel Schönfeld und Sebastian Fink nicht sehr ernst genommen, es als Mode und Laune abgetan. Sebastian Fink wurde zwar verboten, Springerstiefel zu tragen, aber darüber hinaus unternahm man wenig gegen seine rechtsextreme Einstellung. Er konnte ohne Probleme rechte Musik in seinem Zimmer hören. Dennoch erscheint es kurzsichtig, die Bildungseinrichtung für die Tat mitverantwortlich zu machen. Vor allem trifft der Vorwurf nicht zu, man habe sich insgesamt zu wenig um Jugendliche wie Marcel Schönfeld oder Sebastian Fink gekümmert. Die Bildungseinrichtung hat in erster Linie einen Ausbildungsauftrag, sie kann nicht das gesamte Verhalten der Jugendlichen außerhalb der Arbeitszeit kontrollieren.

Ein Schwerpunkt der Arbeit der Bildungseinrichtung in Buckow liegt in Qualifizierungsmaßnahmen für Jugendliche, die auf dem Arbeitsmarkt geringe Chancen haben. Dazu gehören Jugendliche, die keinen Schulabschluss haben oder aus Förderschulen kommen, aber auch diejenigen, die einen Abschluss haben, aber aus irgendwelchen Gründen keine Lehrstelle finden. Der Hauptfinanzier der Bildungseinrichtung ist die Agentur für Arbeit. Sie fordert von den Trägern, sich »wettbewerbskonform« zu verhalten. Jede Einrichtung muss sich demnach alle zwei Jahre neu um Zuschüsse bewerben. Ziel des Wettbewerbs ist aus Sicht der Agentur die Reduzierung der Ausgaben unter Beibehaltung der Qualität der Ausbildungsmaßnahmen. Die Folge: Jede Einrichtung versucht, nach außen die geforderten Qualitätsstandards in der Bewerbung besonders herauszustellen, gleichzeitig jedoch mit »Preisdumping«

den Zuschlag zu erhalten. Den Bildungseinrichtungen wie der Agentur für Arbeit ist bekannt, dass dieser Konkurrenzkampf zwischen den Anbietern vordergründig zu immer günstigeren Angeboten führt, letztlich aber auf Kosten der Qualität der Betreuung und damit auf Kosten der Mitarbeiter und vor allem der Jugendlichen geschieht.

Erst in der Mitte eines Jahres weiß die Leitung der Einrichtung, mit welchen Mitteln sie das folgende Jahr bestreiten kann. Viele ehemalige volle Planstellen mussten in Buckow deshalb in Zeit- beziehungsweise Honorarverträge oder Teilzeitbeschäftigungen umgewandelt werden. Ein Teil der pädagogischen Mitarbeiter wird jeweils zu Beginn der Sommerferien entlassen, um dann teilweise im Herbst wieder eingestellt zu werden. Keiner der Mitarbeiter hat eine Garantic, dass die nötigen Mittel für eine Weiterbeschäftigung ausreichen. Diese Planungsunsicherheit hat zur Folge, dass viele qualifizierte Mitarbeiter sich anderswo nach einer festen Stelle umsehen. Die, die bleiben, werden über Gebühr belastet. »Wie sollen sie in ihrer Arbeit mit den Jugendlichen Zuversicht und Optimismus ausstrahlen, wenn sie sie selbst nicht haben?«, fragt sich die Leiterin der Bildungseinrichtung Buckow.

Viele der Jugendlichen haben massive soziale und psychologische Probleme, die oft unmittelbar mit ihren Lernschwierigkeiten verknüpft sind. Die Arbeitsagentur sieht ihre Aufgabe vorwiegend in der beruflichen Qualifizierung, eine psychologische Fachbetreuung in der Berufsvorbereitung, die in vielen Fällen notwendig wäre, finanziert die Agentur nicht, weil es nicht in ihren Aufgabenbereich fällt. Eine solche Betreuung muss die Einrichtung über andere Mittel aufbringen – etwa über Beträge, die das Jugendamt in Einzelfällen bei Jugendlichen unter achtzehn zur Verfügung stellt.

In den Anfangsjahren der Buckower Bildungseinrichtung war es üblich, dass die Jugendlichen zu Beginn der Ausbildung zusammen mit einer pädagogischen Fachkraft die Eltern besuchten. Die Erzieher wollten wissen, aus was für einer Familie der Jugendliche kommt, welche Probleme des Auszubildungen vielleicht einen häuslichen Hintergrund haben und wie kooperationsbereit sich die Eltern zeigen. Sparmaßnahmen haben jedoch die Möglichkeiten, individueller auf die Probleme der Jugendlichen einzugehen, in den letzten Jahren immer mehr eingeschränkt.

Die Buckower Bildungseinrichtung sieht ihre Aufgabe nicht nur in der unmittelbaren Ausbildung der Jugendlichen, sondern auch in der Betreuung nach dem Ende der Maßnahme, denn dann entscheidet sich, wer tatsächlich einen Arbeitsplatz erhält. Bis vor wenigen Jahren finanzierte die Arbeitsagentur ein Jahr Nachbetreuung, so konnten immerhin siebzig Prozent der Jugendlichen in ein festes Arbeitsverhältnis vermittelt werden. Inzwischen kommt die Agentur nur noch für fünf Monate Nachbetreuung auf, den Rest versucht die Bildungseinrichtung aus eigenen Mitteln zu finanzieren, um wenigstens, nach dem jetzigen Stand der Dinge, noch sechzig Prozent der Jugendlichen eine Stelle vermitteln zu können. Als Marcel Schönfeld in Buckow das Berufsvorbereitungsjahr absolvierte, griffen diese Kürzungsmaßnahmen bereits. Dennoch hatte er das Glück, intensiv betreut zu werden. Er hat in Krisensituationen mit der zuständigen

Psychologin gesprochen, er hatte guten Kontakt zu zwei pädagogischen Mitarbeitern, mit denen er über seine Probleme offen reden konnte. Auch seine Eltern haben immer wieder von sich aus den Kontakt zu den Mitarbeitern und zur Psychologin gesucht. Mit großer Geduld, die des Öfteren bis an die Grenzen strapaziert wurde, räumte man ihm trotz seiner Fehlzeiten und trotz seines Drogenkonsums mehrmals eine neue Chance ein. Marcel Schönfeld zeigte sich in diesen Fällen immer einsichtig, gelobte Besserung. Erst zum Ende, kurz vor der Tat, wurde mit Härte reagiert. Ihm wurde die Berufsausbildungsreife aufgrund seiner Drogenabhängigkeit nicht erteilt und er wurde von der Abschlussfahrt ausgeschlossen.

Durch die intensive Betreuung hatte sich zwischen Marcel und den pädagogischen Mitarbeitern aber über das Jahr eine gute Beziehung entwickelt, die trotz der Strafmaßnahmen nicht zu Bruch ging. Auf dieser Grundlage konnten die Mitarbeiter Marcel vermitteln, dass es nicht das Ende aller Möglichkeiten bedeutete, die Berufsausbildungsreife in diesem Jahr nicht erhalten zu haben. Marcel zog sich nicht trotzig zurück, sondern nahm diese Hinweise ernst. Nur so ist es zu erklären, dass er – obwohl er wegen des Mordes unter Druck stand – im September 2002 den Drogenkonsum eingestellt, einen entsprechenden Test gemacht und schließlich Ende Oktober doch noch mit der Lehre begonnen hat.

Bis zur Wende sei in der DDR ein rigoroser Umgang mit Kriminellen üblich gewesen, das heben viele ehemalige Bürger der DDR gerne hervor. Die Polizei nahm die Straftäter fest – und dann waren sie »weg«. Die Sicherheit, die der autoritär durchgreifende Staat vermittelt hatte, ging 1990 über Nacht mitsamt dem gewohnten System der staatlichen Gewalt verloren.

Mehrere Faktoren mögen dazu beigetragen haben. Mit der Übernahme bundesrepublikanischen Rechts wurde zum Beispiel die Anwendung der Untersuchungshaft deutlich eingeschränkt. Um einen Haftbefehl zu erlassen, muss demnach entweder Flucht- beziehungsweise Verdunklungsgefahr vorliegen oder es muss die Gefahr bestehen, dass der Täter durch Verübung von Straftaten bald wieder straffällig wird. Trifft beides nicht zu, ist der Straftäter wieder auf freien Fuß zu setzen. Wenn jugendliche Täter noch bei ihren Eltern wohnen oder zumindest einen festen Wohnsitz vorweisen können, wird meist auf die Erlassung eines Haftbefehls verzichtet.

Viele Ex-DDR-Bürger verunsicherte darüber hinaus die desolate Situation bei den Strafverfolgungsbehörden und den Gerichten nach dem Zusammenbruch der DDR. Eine völlig überlastete Justiz verstärkte das Gefühl der Schutzlosigkeit. Hintergrund dieser Situation war der nach der Wende vollzogene Umbau in der ostdeutschen Justizverwaltung. In Brandenburg wurden etwa fünfzig Prozent der DDR-Richter und -Staatsanwälte nicht übernommen. Nicht alle Stellen konnten sofort durch Neueinstellungen oder durch die Übernahme von Juristen aus dem Partnerland

Nordrhein-Westfalen besetzt werden. Der Entscheidung, ob jemand entlassen wurde oder nicht, ging ein Prüfverfahren voraus, das sich monate-, manchmal jahrelang hinzog. Auch das steigerte nicht unbedingt die Effizienz und Produktivität der Richter und Staatsanwälte. Und die Richter und Staatsanwälte, die im Amt blieben, mussten sich binnen weniger Monate auf ein neues Rechtssystem einstellen. Ähnliche Verhältnisse herrschten bei der Polizei.

Manche Straftaten blieben so über viele Monate unbearbeitet. Erst ab Mitte der neunziger Jahre hat sich dieses Bild verändert. Die Staatsanwaltschaften reagieren seither schneller und konsequenter zum Beispiel auf rechtsextremistische Gewalttaten. Innerhalb von sechs Monaten nach der Tat werden inzwischen bereits etwa achtzig Prozent aller Ermittlungsverfahren durch Anklageerhebung abgeschlossen.

In vielen Bereichen der Rechtsprechung gab es mit der Wende eine Akzentverschiebung. In der DDR war Alkoholgenuss, der im Zusammenhang mit einer Straftat eine Rolle spielte, kein Grund, von einer Einschränkung der Steuerungs- beziehungsweise Schuldfähigkeit auszugehen. Das heißt, Straftäter hatten keine Chance, Alkoholkonsum als strafmildernden Umstand geltend zu machen. Das ist im Strafrecht der Bundesrepublik anders. Viele Anwälte ermunterten nun ihre Mandanten, den Einfluss des Alkohols auf die Straftat hervorzuheben. In der Öffentlichkeit der neuen Bundesländer entstand auf diese Weise der Eindruck einer Justiz, die sich an der Nase herumführen lässt. »Ich muss nur sagen, dass ich Alkoholiker bin – und schon krieg ich nur die Hälfte der Strafe«, so ein ehemaliger Gefangener.

Laut einer vom Justizministerium Brandenburg 2004 in Auftrag gegebenen Studie wurden bei jugendlichen rechtsextremen Gewalttätern seit 1998 nur in zwanzig Prozent aller Fälle, die vor Gericht gebracht wurden, Haftstrafen ausgesprochen.* Meist blieb es bei Verwarnungen oder Bewährungsstrafen. Bei den verurteilten Erwachsenen war die Rate der zu Haft verurteilten Täter etwas höher. Sie lag bei dreißig Prozent. Dass vier Fünftel der jugendlichen Gewalttäter ohne Haft davonkamen, erweckte bei vielen Tätern den Eindruck, als sehe der Staat diese Gewalttaten als ein Kavaliersdelikt an. Einige der Täter sahen sich durch solche Urteile geradezu animiert, weiterzumachen.

Hinzu kam, dass die Staatsanwaltschaften nicht auf die neue Welle rechter Gewalt gefasst waren. Die Eröffnung der Verfahren zögerte sich aufgrund der Menge der zu bearbeitenden Vorgänge häufig so lange hinaus, bis die vorgesehene Strafe durch die Untersuchungshaft abgegolten war, die Straftäter wurden deshalb wieder auf freien Fuß gesetzt. Nach außen vermittelte dies das Bild einer beliebigen Strafverfolgung, die viele Straftäter ungeschoren davonkommen ließ.

Das empörte viele Ex-DDR-Bürger. Nach ihrem Rechtsverständnis waren diese Vorgänge vollkommen abwegig, außerdem sahen sie ihr individuelles Sicherheitsbedürfnis nicht befriedigt. Das Vertrauen in die staatlichen Organe nahm Schaden. Warum, so fragten sich viele, sollen wir

* Unveröffentlichte Studie des Instituts für angewandte Familien-, Kindheits- und Jugendforschung (IFK) der Universität Potsdam.

einen Vorfall überhaupt anzeigen, wenn die Täter abends wieder zu Hause sitzen?

Darin mag einer der Gründe liegen, warum auch in Potzlow viele Delikte nach der Wende nicht zur Anzeige gebracht, sondern per Selbstjustiz »geahndet« wurden. Ein zweiter scheint nicht weniger plausibel. Für viele Bewohner machte es keinen Unterschied, ob man die Polizei rief oder nicht. »Wer nimmt die noch Ernst? Dann regelt man es lieber gleich selbst«, so ein Bewohner. Die Polizei war in ihrer Autorität nach der Wende schwer beschädigt, da man sie wegen der weiterbeschäftigten Polizisten mit dem untergegangenen Staat identifizierte. Auch bei den Polizeimitarbeitern selbst zeigte sich eine hochgradige Verunsicherung. Was durften sie noch ahnden, was nicht? Viele Ex-DDR-Bürger spürten diese Unsicherheit. Die Beleidigung eines Polizisten, die früher sofort mit einer Gefängnisstrafe geahndet wurde, blieb nun folgenlos.

Was für die einen die Befreiung von einem willfährigen Polizeiapparat war, nahmen andere als existentielle Bedrohung wahr. Sie trauerten dem Sicherheitsapparat ihres früheren Staates nach, den sie zumindest zur Bekämpfung der Allgemeinkriminalität gern behalten hätten.

Auch im Falle von Marco Schönfeld sind viele Vergehen unmittelbar von Dorfjugendlichen unter Ausschluss der staatlichen Autoritäten »geahndet« worden – in Form mitunter schwerer Misshandlungen. Kamen Delikte zur Anklage, zog dies keine ernsten Konsequenzen nach sich. Trotz einer nicht gerade kurzen Deliktliste wurden in den Jahren 1994 und 1995 acht Strafverfahren (unter anderem wegen Hausfriedensbruchs, Diebstahls, Fahrens ohne Fahrerlaubnis, Sachbeschädigung, Nötigung) entweder ohne Auflagen oder nach einer Verwarnung eingestellt. Auch als er 1996 »einem Punk auf die Fresse gehauen hat«, sprach der Richter nur eine Verwarnung aus, ein weiteres Verfahren wegen Betrugs stellte das Amtsgericht Potsdam nach Ableistung gemeinnütziger Arbeit ein, bei einem anderen Delikt (Diebstahl in besonders schwerem Fall) sah die Staatsanwaltschaft von einer Verfolgung ab. In späteren Verfahren setzte die Justiz auf die Verhängung von Bewährungsstrafen – in der Hoffnung, dass Marco aus eigenem Antrieb aus dem kriminellen Fahrwasser herausfinden würde. Erst 1999 wurde er nach einem Fall von Körperverletzung zu einer Freiheitsstrafe von drei Jahren verurteilt. In keinem seiner damaligen Verfahren ist der Katalysator seiner kriminellen Neigung hinreichend berücksichtigt worden: sein Alkoholismus.

Der Nährboden

Die Konsequenzen von Perspektivlosigkeit, mangelndem staatlichen Engagement und laxer Polizei und Justiz liegen für viele Einwohner in Potzlow auf der Hand: zunehmende Verrohung, verbreitete Ausländerfeindlichkeit und ein tiefgreifender Werteverlust. Dieses Ursache-Wirkungsgemisch wird als Nährboden für den zunehmenden Rechtsextremismus angesehen – und damit auch für den Mord an Marinus Schöberl.

Der Bürgermeister der Gemeinde hat beobachtet, was bei Jugendlichen heute so üblich sei: »Die ziehen abends los, um jemanden aufzuklatschen.« Er will damit auch sagen, dass es zu DDR-Zeiten anders war.

Damit steht der Bürgermeister nicht allein. In der Tat beschreiben viele der von uns befragten Einwohner Potzlows, dass schon ab Mitte der neunziger Jahre eine zunehmende Verrohung zu beobachten gewesen sei – nicht nur im Verhältnis zu Ausländern, sondern auch gegenüber all denen, die nicht ins Weltbild der rechten Schläger passten. Es habe auch in Potzlow kaum ein Dorffest gegeben, auf dem nicht »ein paar Verletzte rumgelegen hätten«. Ein junger Mann, der inzwischen nicht mehr in Potzlow lebt, beschreibt einen Vorfall auf einem der Dorffeste in dieser Zeit: »Wir wollten feiern, war schon später. Und dann kamen lauter Glatzen an, mit irgendwelchen komischen T-Shirts, braune Musikfratze und so'n Kram. Und die haben mich die ganze Zeit so angepöbelt da auf'm Dorffest. Ich hatte ein Sankt-Pauli-Totenkopf-T-Shirt an. Ich hab mich dann nicht weiter stören lassen. Dann kam ein Kumpel von mir an und sagt, hey, komm mal mit. Ich dachte, was'n jetzt los. Sie haben die Glatzen an diesen Schießbuden in einer Reihe aufgestellt und haben gesagt: Hier ist ne Zecke und der haut euch jetzt alle in die Fresse, und wenn ihr euch wehrt, dann kriegt ihr von uns in die Fresse. Hab ich gedacht, ne, das mach ich hier nicht. Das ist mir zu blöd hier, bin wieder losgegangen und dann ging's erst recht los, morgens um halb fünf. Die Glatzen haben eben halt gesagt: Wir haben den Darf-Schein, also wir dürfen jetzt hier ein paar Potzlower auf die Fresse hauen. Denen sind ja die Baseballschläger unten raus gefallen, einem haben sie erst mal die Kauleiste raus geschlagen.«

Petra Freiberg, Sozialarbeiterin in Potzlow, erinnert sich, dass es immer auf den Dorffesten »etwas gegeben hat«, nur sei früher Schluss gewesen, wenn einer hilflos auf dem Boden lag. »Heute geht es dann erst richtig los«, so ihre Beobachtung.

Das deckt sich mit zahlreichen Beschreibungen vom Umgang der Jugendlichen untereinander. Marco und Marcel Schönfeld sind in dieses dörfliche System der Gewaltausübung über Jahre eingebunden gewesen – in den ersten Jahren nach ihrem Umzug nach Potzlow ausschließlich als Opfer.

Auffällig ist, dass meist banale Anlässe zu Gewaltexzessen führen, für die es keinerlei rationale Rechtfertigung gibt. Ein vor Wochen begangener Diebstahl, eine verbale Beleidigung oder ein falscher Blick reicht aus, um zuzuschlagen oder eine Kette von sadistischen Quälereien in Gang zu setzen, die ohne Gefühlsregung oder Hemmungen ausgeführt werden.

Nach jahrelang am eigenen Leib erfahrener Gewalt wird Marco Schönfeld unter Alkoholeinfluss selbst zum Täter. Die Opfer, die er sich bei seinen Gewaltausbrüchen sucht, sind nicht dieselben, die ihn gedemütigt und misshandelt haben. Es sind jene, die ohnehin ganz unten auf der Skala der Anerkennung stehen – Schwächere, die seinen Männlichkeitsattitüden nichts entgegensetzen können –, und natürlich Ausländer.

In der Uckermark – wie in der übrigen DDR – hatten nur wenige die Möglichkeit, Ausländern persönlich zu begegnen. Der durchschnittliche Ausländeranteil betrug zu DDR-Zeiten etwas über ein Prozent, auf dem Land war er noch niedriger. Viele Ausländer waren in eigenen

Wohnsiedlungen »kaserniert«. Dazu gehörten nicht nur die russischen Soldaten, sondern auch Flüchtlinge aus anderen Ländern.

Der Aufenthalt von Flüchtlingen hatte hohen symbolischen Wert, der Staatsführung der DDR war es wichtig, nach außen Solidarität mit diesen Ländern zu demonstrieren. Andererseits galten die Flüchtlinge als »unberechenbar« und damit als mögliches Sicherheitsrisiko. Von einer dauerhaften Einbürgerung der Flüchtlinge wollte man nichts wissen. Das Gleiche galt für ausländische Arbeitskräfte und Studenten. So war etwa eine Heirat zwischen einem Deutschen und einer Vietnamesin nicht erwünscht, wer heiraten wollte, dem stellten sich schwer überwindbare bürokratische Hindernisse in den Weg. Einer Vietnamesin, die von einem Deutschen schwanger wurde, wurde beispielsweise von offizieller Seite mit der Abschiebung gedroht, falls sie das Kind nicht abtreiben lasse. Die Ausländer blieben für die meisten Bewohner der DDR im eigentlichen Sinne »fremd«.

Auch das Verhältnis zu den polnischen Nachbarn war nicht unbeschwert. Nach Verhängung des Kriegsrechts in Polen Anfang der achtziger Jahre war die Versorgungslage jenseits der Oder noch angespannter als in der DDR. Viele Polen kamen über die Grenze und kauften in der DDR ein. Manche Bewohner aus der Uckermark erlebten die Polen als Konkurrenz im Kampf um knappe Güter: »Die haben uns die Läden leer gekauft«. Auf diese Weise lebte das Klischee von den »arbeitsscheuen, halbkriminellen Polen« auch in der DDR-Gesellschaft weiter.

Mit der Wende wurden die DDR-Bürger plötzlich mit einer großen Zahl von Ausländern konfrontiert, worauf sie kaum vorbereitet waren. Wenige Tage nach dem Fall der Mauer, so erinnert sich eine Gesprächspartnerin, wurde sie in West-Berlin Zeuge einer kleinen Begebenheit, die diesen »Kulturschock« illustriert. Mehrere DDR-Bürger stritten mit einem gut Deutsch sprechenden Kreuzberger Türken, Kern der Auseinandersetzung war der witzig gemeinte Satz eines der DDR-Bürger: »Jetzt könnt ihr einpacken und nach Hause fahren – denn jetzt kommen wir!« Auch wenn er nur so dahingesagt war, zeigt der Spruch doch die sofort empfundene Konkurrenz mit denen, die jetzt Platz zu machen hätten.

In den Jahren um die Maueröffnung stieg die Zahl der Asylbewerber in der Bundesrepublik von Jahr zu Jahr sprunghaft an. Zwei Drittel der in die EU eingereisten Asylsuchenden wollten in der Bundesrepublik bleiben. Nachdem die aufnehmenden Heime in den alten Bundesländern überfüllt waren, wurden Kontingente auch auf die »neuen Länder« verteilt.

In fast allen Kreisen in Brandenburg wurden nun geeignete Objekte zur Unterbringung gesucht. So auch in Prenzlau, wo die Asylbewerber am Rande der Stadt in der Nähe der russischen Kasernen untergebracht waren; in anderen Gegenden wurden leer stehende NVA-Objekte weit ab von den nächsten bewohnten Siedlungen gewählt.

In Ausnahmefällen begannen einzelne Asylbewerber, in größerem Umfang unerlaubt Handel zu treiben, manche von ihnen kamen auf diese Weise zu Geld. Unter dem misstrauischen Blick der Dorfbewohner entwickelte sich ein »wilder Autohandel«, vielerorts entstand ein mafiaartig strukturiertes System von Zigarettenhändlern. Bewohner der Uckermark erzählen vom schnellen Reichtum mancher Asylbewerber. Es soll vorgekommen sein, dass der Boss eines Autoringes irgendwann mit einer Luxuslimousine vor einer Dorfkneipe parkte, um dort vor den Augen erstaunter Bewohner Geschäfte abzuwickeln.

Solche Beispiele machten die Runde und wurden zu Belegen eigener Übervorteilung. »Die bereichern sich auf illegale Weise – und werden vom Staat besser unterstützt als wir, die es eigentlich verdient hätten«, so ein Dorfbewohner. Anstatt bevorzugt behandelt zu werden, wie sie es erwarteten, fühlten sich viele zurückgesetzt. Besonders aufgebracht reagierten manche ehemalige DDR-Bürger auf den »negierenden Umgang« vieler Medien in der Beschreibung der Kriminalität von Asylbewerbern, Russen und Polen. In der Tat gab es in manchen Redaktionen die Sorge, über eine offene Berichterstattung die ausländerfeindliche Grundstimmung anzuheizen. Bei Berichten über die Kriminalität von ausländischen Tätern verschwieg man daher ihr Herkunftsland, um sie nicht zusätzlich zu stigmatisieren.

Die Geschichte der Familie Schönfeld deckt sich auf den ersten Blick überhaupt nicht mit der distanzierten Sicht, die viele ehemalige DDR-Bürger auf den Strom der Asylsuchenden in den neuen Bundesländern hatten. Über mehrere Jahre hatte die Familie intensiven Kontakt zu Asylbewerbern. Die Erfahrungen, die sie dabei machte, sind in zweifacher Hinsicht bemerkenswert. Zunächst lässt sich die Familie offen auf Menschen ein, vor denen im eigenen Umfeld immer gewarnt wird. Doch als sich nach fast zweijähriger Bekanntschaft einige der verbreiteten Vorurteile gegenüber Asylbewerbern bestätigen, kippt die Stimmung – und vor allem die Mutter geht mit gnadenloser Härte gegen den Freund der Tochter vor. Das Ressentiment entsteht in diesem Fall erst durch den Kontakt – und hält sich bis heute, wenn die Mutter über ihre Ängste spricht. Sie hat immer wieder die Sorge, dass der frühere Freund von *Carmen* auftaucht und ihre Enkeltochter entführt – »um sie zu verkaufen«. Dass der Freund, der von seiner Vaterschaft erfahren hat, einmal Interesse zeigt, sein Kind zu sehen, ja, dass es sogar so weit kommen könnte, dass er als leiblicher Vater das Kind lieber bei sich in Rumänien als in Deutschland aufwachsen sehen möchte, ist durchaus denkbar. Dass die Mutter dem ehemaligen Freund der Tochter aber »Menschenhändlertum« unterstellt, hat mehr mit einer Haltung zu tun, die sich im Umgang mit Asylbewerbern in den neunziger Jahren entwickelt hat. Damit stehen die Schönfelds nicht allein.

Fremdenfeindliche Ressentiments teilt ein Drittel der Bevölkerung in Brandenburg, wie eine Umfrage der Paul Lazarsfeld-Gesellschaft für Sozialforschung vom März 2005 belegt – das geht weit über das rechtsextreme Wählerpotential von sieben bis acht Prozent hinaus. Die Lazarsfeld-Gesellschaft hatte für die Befragung eine Art »DIN Norm« für Rechtsextremismus entwickelt. Diese sei, so die Forscher, aus sechs Dimensionen zusammengesetzt: der Befürwortung rechtsautoritärer Diktaturen (»Wir sollten einen Führer haben, der Deutschland mit starker Hand regiert«), Chauvinismus (»Andere Völker mögen wichtiges vollbracht haben, an die deutschen Leistungen reicht das aber nicht heran«), Ausländerfeindlichkeit, Antisemitismus, Sozialdarwinismus (»Es gibt wertvolles und unwertes Leben«) und die Verharmlosung des Nationalsozialismus (»Der Nationalsozialismus hatte auch seine guten Seiten«). Vierundzwanzig Prozent der Brandenburger Befragten sehnen sich nach einem neuen Führer. Interessanterweise war der Anteil unter den Befragten in der Altersgruppe der Fünfundsechzig- bis Vierundsiebzigjährigen am höchsten. Der Leiter der Studie sieht in dieser Gruppe einen meinungsbildenden Faktor, an dem die Jüngeren sich orientieren: »Es gibt den Rückhalt der Älteren, die nicht mehr selbst handeln können, für die die Jungen aktiv werden.« In Brandenburg und Berlin findet sich demnach auch eine starke Wechselbeziehung zwischen dem Bildungsstand und rechter Gesinnung: zwölf Prozent der Befragten haben eine rechte Gesinnung und einen niedrigen Bildungsstand, aber nur zwei Prozent mit hohem Bildungsstand hegen rechtsextreme Ansichten.

Auch hier zeigt sich ein merkwürdiger Widerspruch. Das Wahlverhalten und eine rechtsextreme Einstellung korrelieren nicht unbedingt. Auf die Frage, welche Partei sie am nächsten Sonntag wählen würden, antworteten dreißig Prozent der Befragten mit einem rechtsextremen Weltbild mit »SPD«. Das macht noch einmal deutlich, dass der Begriff »Rechtsextremismus« nur bedingt tauglich ist. Er beschreibt das Problem als Randphänomen. Die mit dem Begriff belegte Einstellung ist aber ein politisches Problem in der Mitte der Gesellschaft. Menschen mit rechtsextremen Einstellungen lassen sich, wie auch die Studie der Friedrich-Ebert-Stiftung zeigt, unter allen Akteuren der Demokratie (Parteienanhänger, Gewerkschafts- und Kirchenmitglieder) wiederfinden.*

* Oliver Decker u. a.: Vom Rand zur Mitte, Rechtsextreme Einstellungen und ihre Einflussfaktoren in Deutschland, a. a. O., S. 56.

Eigene Chancenlosigkeit und Hass auf Ausländer, die angeblich auf unsere Kosten leben und Arbeitsplätze wegnehmen, scheinen zusammenzugehen. Doch längst haben diese Ressentiments auch diejenigen übernommen, die Arbeit haben.

Dass das Ausmaß der Fremdenfeindlichkeit kontinuierlich zunimmt, betont der Bielefelder Sozialwissenschaftler Wilhelm Heitmeyer bei der Vorstellung seiner neuen Studie im Dezember 2006, in der er das Phänomen »Gruppenbezogener Menschenfeindlichkeit« untersucht. Zu den Parametern seiner Untersuchung gehören neben der Fremdenfeindlichkeit auch abwertende Einstellungen gegenüber Minderheiten wie Obdachlose, Homosexuelle, Juden und seit einigen Jahren auch Muslime. Gegenüber dem Vorjahr haben die Befragten etwa zehn Prozent häufiger der Aussage »In Deutschland leben zu viele Ausländer« »eher« oder sogar »voll und ganz« zugestimmt.

Der Untersuchung zufolge ist die Fremdenfeindlichkeit in Ostdeutschland mit 60,2 Prozent sehr viel ausgeprägter als im Westen mit 45,9 Prozent. In Brandenburg sind es laut Umfrage immerhin 58,2 Prozent, die dieser Aussage zustimmen. Auch wenn ein Teil dieser extrem hohen Werte gegenüber anderen Studien auf die unterschiedlichen Messinstrumente zurückzuführen ist, so belegen die Umfrageergebnisse dennoch, dass »die Mitte der Gesellschaft«, so Wilhelm Heitmeyer, »mittlerweile recht stabil Aussagen zustimmt, die rechtsextremes Gedankengut offenbaren.«

Dass das Ressentiment gegenüber Ausländern selbst bei Opfern von rechtsextrem motivierter Gewalt zu finden ist, zeigen die Äußerungen der Mutter von Marinus Schöberl. Auch bei ihr liegt der Ursprung der Aversion gegen Ausländer in einer subjektiv empfundenen Benachteiligung.

Im (ehemals) rechtsextremen Freundeskreis von Marco Schönfeld halten sich Vorurteil und Abneigung gegen Ausländer auch dann, wenn sich Einzelne von der Gewalt lossagen. *Natalie Maller*, eine frühere Freundin von Marco Schönfeld, bringt die Haltung auf den Punkt, wenn sie sagt: »Meine Mutter hat öfters, wenn sie was gesoffen hat, was gegen Ausländer von sich gegeben. Bei uns ist das selbstverständlich, wir kannten das nicht anders. Aber wir hatten nie den Gedanken, jemanden umzubringen. Sagen tut man ja öfter mal was. Ein paar drauf hauen, ja, aber mehr auch nicht.«

Der ehemalige Pfarrer von Potzlow, Reimer, machte anlässlich der Beisetzung von Marinus Schöberl die Gleichgültigkeit und Indifferenz seiner Mitbürger zum Kernthema seiner Predigt. Er klagte das gesamte Dorf an: »Haben denn alle geschlafen, als Marinus nachts durch das Dorf getrieben wurde? Oder waren sie betrunken oder einfach nur barbarisch?« Im Rahmen des Gerichtsverfahrens wurde mehrfach behauptet, dem Dorf fehle »der zivilisatorische Standard«.

Viele Bewohner empörten sich über diese Vorwürfe. Sie sahen sich weder als »dumpf« noch als »barbarisch«. Dennoch blieb die Frage, warum keiner der Zeugen gegen die nächtliche Quälerei von Marinus eingeschritten ist, als Schatten über dem Dorf hängen.

Wir haben versucht, mit den Zeugen der Misshandlungen ins Gespräch zu kommen. Sie weigern sich bis heute, darüber zu reden. Es soll stattdessen der Bewohner einer größeren Stadt im Umkreis zu Wort kommen, er ist etwa sechzig Jahre alt und arbeitet zeitweilig als Taxifahrer. Er hat mit dem Fall Marinus Schöberl nichts zu tun. Er ist bei einem – sehr viel harmloseren – Fall nicht eingeschritten. Er war sich bewusst, dass er sich damit strafbar machte. Aber er würde auch jetzt nicht anhalten, wenn er sähe, wie jemand zusammengeschlagen wird. Seine Begründung ist insofern bemerkenswert, als sie deutlich macht, wie gegenwärtig der Verlust der DDR für viele unserer Gesprächspartner gerade in dieser Region noch immer ist, denn er begründet seine Weigerung, sich einzumischen, nicht mit der Bedrohung durch die Schläger, sondern mit seinen grundsätzlichen Zweifeln an der neuen Bundesrepublik: »Einerseits wird uns täglich vorgeführt, dass der andere immer der Wettbewerber und Konkurrent ist, der mir potentiell die Arbeit wegnimmt. Keiner hat mehr Zeit für den anderen, keiner kümmert sich – damit wird das letzte Maß an Solidarität, was es mal in unserer DDR- Gesellschaft gegeben hat, ausgemerzt. Und dann soll ich andererseits die Alibi-Werte dieser neuen Gesellschaft hochhalten, dem Schwachen helfen, dem, der von den anderen zusammengeschlagen wird? Wenn ich so was sehe, schaue ich weg und gebe Gas.«

Die Mauern des Schweigens – eine Reise ins historische Gedächtnis von Potzlow

Die kollektive Erfahrung der Entwertung ihrer früheren Erfahrungs- und Lebenswelt sowie, einhergehend damit, der Verlust einer gewissen Geborgenheit und Sicherheit erklären allein nicht die weit verbreitete Gleichgültigkeit sich selbst und anderen gegenüber.

Der Mord an Marinus Schöberl ist nur ein Glied in einer langen Kette verstörender, zum Teil auch traumatischer Erfahrungen, der sich viele Dorfbewohner in den letzten Jahrzehnten ausgesetzt sahen. Sie sind bislang im Ort kaum öffentlich zur Sprache gekommen.

Die ersten prägenden Erlebnisse verbinden viele ältere Bewohner von Potzlow mit den letzten Kriegsjahren. Die männlichen erwachsenen Bauern und Landarbeiter waren zum Kriegsdienst eingezogen worden, und die Arbeit auf dem Gut Strehlow wurde ab 1941 fast ausschließlich von polnischen Zwangarbeitern erledigt. An der Behandlung der Polen entzündete sich im Dorf ein heftiger Streit. Für die einen waren sie gute Arbeiter, die man entsprechend behandeln musste. Für die anderen waren sie »minderwertige Elemente«, bei denen drakonische Strafen angebracht waren, um ihnen Disziplin und Ordnung beizubringen.

Mehrmals setzte eine Bewohnerin von Potzlow gegen den Widerstand von SS-Einheiten, des Gutsverwalters und der Aufseher durch, dass die Zwangsarbeiter beim Abendessen mit am Tisch der Deutschen saßen. Auch andere Einwohner widersetzten sich der offiziellen Linie. Sie berichten, dass ihre Eltern über Monate hinweg schwangere polnische Zwangsarbeiterinnen trotz Strafandrohung mit Milch und anderer Nahrung versorgten.

Einer derjenigen, der die gleichberechtigte Behandlung der polnischen Zwangsarbeiter verhindern wollte, war Gutsvorsteher *Brauer*. Viele Dorfbewohner erinnern sich an ihn, nicht nur, weil sie Angst vor ihm hatten. Der kleine, stämmige Mann war bekannt dafür, dass er die polnischen Zwangsarbeiter misshandelte. Frau Dekartz, damals noch ein Kind, vergisst nicht, was sie gesehen hat: »Die polnischen Arbeiter mussten vor *Brauer* antreten. Er hat sie dann aufgefordert, sich auszuziehen. Dann mussten sie sich am Fenstersims abstützen und nach vorne beugen. *Brauer* hat dann von hinten auf sie mit dem Knüppel eingeschlagen – immer von oben runter.«

Unmittelbar nach Kriegsende wollten sich die polnischen Zwangsarbeiter an ihm rächen. Doch *Brauer* war rechtzeitig geflohen. Als er nach Potzlow zurückkam, waren die Polen nicht mehr da. Die Misshandlungen waren kein Thema mehr.

Brauer verlor in der Nachkriegszeit unter tragischen Umständen einen Sohn, als dieser versuchte, eine Mine zu demontieren. Das Dorf hatte Mitleid mit dem Mann, vor dem sich andererseits immer noch viele fürchteten, weil sich das Bild des brachialen Schlägers bei ihnen unvergesslich eingebrannt hatte. *Brauer*, der später SED-Mitglied wurde, blieb nach dem Krieg im Ort eine unangefochtene Autorität. Niemand zeigte ihn wegen seiner Kriegsverbrechen an. Jegliche »Aufarbeitung« der NS-Geschichte in Potzlow-Strehlow hätte bedeutet, seinen Status im Dorf zu hinterfragen – und mit ihm die Partei und die staatlichen Organe.

Brauers Karriere nach dem Krieg ist in Potzlow-Strehlow keine Ausnahmeerscheinung. Auch *Brauers* Aufseher, *Karl Vorberg*, zeichnete sich durch sein »Herrenmenschengebaren« aus. Auch seine Verstrickungen in der NS-Zeit haben ihm den weiteren Karriereweg nicht versperrt. »Mit Lederjacke, Krückstock und dem rollenden ›R‹ ist er rumgelaufen, in seiner Sprache immer dies Herrische. Hat der nach '45 beibehalten«, so eine ältere Einwohnerin Potzlows.

Der ehemalige Aufseher bekam nach dem Krieg durch die Bodenreform Land zugewiesen, das er selbst bearbeiten konnte und von dessen Ertrag er nur einen gewissen Teil abgeben musste. Später wurde er dann Vorsitzender der LPG, eines Zusammenschlusses der Einzelbauern. »Er hat den richtigen Ton dafür gehabt. Das war dem egal gewesen, ob die ihn nun im Dorf akzeptiert haben oder nicht«, so eine Dorfbewohnerin. Vorbehalte gegen *Vorberg* wurden mit dem Argument, dass der Mann was könne, von den leitenden Brigadiers der LPG weggewischt.

Auch der Großvater väterlicherseits von Marco und Marcel Schönfeld war in seinem Habitus ein »Herrenmensch«, wie manche im Dorf sagen. Er stammte aus Kaakstedt, einem Nachbarort. Im Zweiten Weltkrieg diente er in der Armee an der Ostfront, entkam dem Kessel in Stalingrad. Über die Kriegsereignisse sprach er kaum. Dorfbewohner wissen noch, dass er seine Frau »viehisch« behandelt habe – und manchmal auch seinen Sohn Jürgen, den Vater von Marco und Marcel Schönfeld. Nachbarn meinen sich zu erinnern, dass der Großvater seine Frau und seinen Sohn Jürgen bei der Feldarbeit mit der Peitsche geschlagen hat. Jürgen Schönfeld selbst hat daran keine Erinnerung. Er beschreibt seinen Vater als launisch. Ab und zu habe es mal etwas gesetzt, etwa wenn der Vater sah, wie er eine geraucht habe.

Die Großmutter der beiden Schönfeld-Brüder, Jürgen Schönfelds Mutter, hat sich ebenfalls kaum über ihre Erfahrungen im »Dritten Reich« geäußert. Ihre Schwester war mit einem Mann verheiratet, der seit Mitte der dreißiger Jahre überzeugtes Mitglied der SS war. Die Großmutter konnte bei Kriegsende nicht verhindern, dass ihre Schwester ihren Kindern und sich selbst Gift verabreichte und sich anschließend mit den Kindern im See ertränkte. Zuvor hatte sich der Mann der Schwester aus Angst vor den näher rückenden Russen erschossen. Erst kurz vor ihrem Tod erzählte die Großmutter ihrem Sohn Jürgen von diesem Verlust.

All diese Geschichten sagen etwas über den Umgang mit dem Erbe des Faschismus in der DDR. Zwar gab es auch in der DDR zahlreiche Verfahren gegen Kriegsverbrecher aus der NS-Zeit, und anfangs war die Aufarbeitung sogar konsequenter als in der Bundesrepublik. Auch waren in der DDR keine früheren NS-Richter und -Staatsanwälte mehr im Amt. Doch nicht alle Fälle, von denen etwa das Ministerium für Staatssicherheit Kenntnis hatte, wurden zur Anklage gebracht. Grundsatz der SED-Politik war, dass sich die DDR nicht als Nachfolgestaat des NS-Regimes verstand. Der Faschismus galt als Endform des Spätkapitalismus, der dem Umschlag in den Sozialismus vorauszugehen habe. Die Naziherrschaft war nach diesem Verständnis eine Maßnahme des Großkapitals, die in der zugespitzten Krisenzeit seinen Sturz abwenden sollte. Und die Rassenideologie galt den SED-Ideologen zufolge als Ablenkungsstrategie: Da sich das Elend im Staat nicht mehr leugnen ließ, sollte von den wahren Ursachen abgelenkt werden. Scheinschuldige mussten her – die Juden. Dass die Rassentheorie zum ideologischen Wesenskern des deutschen Faschismus gehörte, bestritten die Chefideologen der Partei.

Durch die Verwirklichung des Sozialismus im neuen Staat sei, so die Argumentation der SED, der endgültige historische Bruch mit dem NS-Regime vollzogen worden.

Die Auseinandersetzung mit den Folgen des NS-Regimes wurde auf diese Weise in der DDR mit einer Art Tabu belegt. Jungen Leuten aus der gesamten DDR, die im Rahmen einer von der Aktion Sühnezeichen veranstalteten Fahrt 1964 nach Auschwitz reisen wollten, wurde von den Behörden die Ausreise mit der Begründung verweigert, dass es zwischen der DDR und Polen einen Freundschaftsvertrag gebe und dass DDR-Bürger mit dem Unheil, das die Nationalsozialisten in Polen angerichtet hatten, nichts zu tun hätten. Was die Aktion Sühnezeichen dort wolle, sei unerwünscht und überflüssig.* Die Jugendlichen mussten umdrehen.

Tabuisiert war auch jede Form der Berichterstattung über rechtsextreme Tendenzen in der DDR. Eine Reporterin, die für die »Junge Welt« Gerichtsreportagen schrieb, durfte die Täter – trotz Glatzen und Stiefeln – nicht als Rechtsextremisten oder Skinheads beschreiben.

Auch in Potzlow gab es kein Forum, über verschüttete Erinnerungen an Kriegsverbrechen zu sprechen. Erst jetzt, sechzig Jahre später, beginnen einzelne ältere Bewohner über Dinge zu reden, die sie tief in sich vergraben haben. Einige haben sehr deutliche Erinnerungen an die Todesmärsche von jüdischen KZ-Insassen, die vor Kriegsende von bewaffneten Wachmännern zu Tausenden aus Auschwitz und anderen Lagern über Hunderte von Kilo-

* Konrad Weiß: Lothar Kreyssig, Prophet der Versöhnung, Gerlingen, 1998, S. 379.

metern nach Ravensbrück und in andere weiter westlich gelegene KZ getrieben wurden. Viele starben unterwegs an Hunger, Auszehrung, Krankheit oder wurden erschossen, einige vor den Augen der Potzlower Bewohner, weil sie nicht mehr konnten oder weil sie gegen Anordnungen der Wachmannschaften verstoßen hatten, indem sie etwa einen Moment stehen blieben, um Wasser aus einer Pfütze zu trinken. Über diese Erlebnisse haben die älteren Potzlower mit den Jüngeren kaum gesprochen. »Man wollte sich lieber an etwas Schöneres erinnern«, sagen die einen. Dazu kamen die Schuldgefühle, nichts für die Opfer getan zu haben. Andere meinen, dass diese Erinnerungen offiziell nicht erwünscht waren. »So etwas hat man besser für sich behalten.«

Die Eltern von Marco und Marcel Schönfeld durchliefen die übliche Auseinandersetzung mit der NS-Zeit in Form von »Pflichtprogrammen«, wie der Vater sich erinnert. Er musste wie seine Frau mit der Schule einen Besuch im KZ Sachsenhausen absolvieren, und sie sahen Filme wie »Nackt unter Wölfen« im Unterricht – Ausstellung wie Film überhöhten ganz im Sinne der DDR-Ideologie die Rolle des kommunistischen Widerstands im Kampf gegen den Faschismus.

Bemerkenswert ist, dass Jürgen Schönfeld sich im Zusammenhang mit dem Film »Nackt unter Wölfen« vor allem daran erinnert, dass die Nazis mit einem »anständigen Haarschnitt rumgelaufen sind« – die Opfer (im KZ Buchenwald inhaftierte Kommunisten und Juden) dagegen eine Glatze gehabt hätten. Mit diesem Argument versucht er, auf seinen ältesten Sohn Marco einzuwirken. Er will ihn dazu zu bringen, dass er – wenn er schon die

Nazis als Vorbild hat – wenigstens ihren »anständigen Haarschnitt« übernimmt.

Sehr tief ging die Auseinandersetzung mit dem Thema Nationalsozialismus in der Schulzeit nicht. Darauf angesprochen, wie sie auf die offenkundig rechte Haltung von Marco reagiert haben, zeigen sich seine Eltern verunsichert. Jutta Schönfeld: »Wir wussten auch gar nicht, was das so genau bedeutet, was rechts und was links ist. Die Musik, die Marco in seinem Zimmer gehört hat, also ganz ehrlich gesagt, von dieser Sache hab ich überhaupt keine Ahnung. Und was die sechs Millionen toten Juden angeht, Marco hat sich hier nie darüber geäußert, weil er genau wusste, dass das Thema Judenvernichtung bei uns tabu ist. Das finden wir nicht richtig. Der Oberstaatsanwalt, der hat meinen Mann und mich später auch abgestempelt als Rechte. Er kennt uns gar nicht. Das sind wir nicht und waren wir nicht. Wir haben von so was überhaupt keine Ahnung, rechts, links, Punks, ach weiß ich, was es alles für ne Gruppen gibt.«

Sicher kann man einen Teil dieser Argumentation als Versuch verstehen, zu rechtfertigen, warum sie wenig gegen die rechte Haltung ihrer Kinder unternommen haben. Es gibt aber durchaus noch die andere Ebene – und die hat damit zu tun, was den Eltern in der Schule, der Öffentlichkeit, aber auch im eigenen Familienkreis über das »Dritte Reich« vermittelt wurde.

Ein Weg, mit den Gräueln der NS-Zeit fertigzuwerden, war, sie mit den Erfahrungen von Flucht und Vertreibung, dem Verlust der Heimat sowie dem nach dem Einmarsch der russischen Soldaten erlittenen Unrecht aufzurechnen. Damit war das Thema erledigt – schließlich haben »wir auch Schlimmes durchgemacht«. Dazu kam die Erfahrung, dass es anderen genauso ergangen war, die auch nicht über das eigene Leid geredet haben. Auf diese Weise wurden diese Traumatisierungen »versiegelt« – bis heute.

Viele Potzlower – etwa die Hälfte der Einwohner kam nach 1945 als Flüchtling aus dem Osten in den Ort – erlebten als die eigentliche Katastrophe des NS-Regimes nicht die Vernichtung von mehr als sechs Millionen Juden und den Angriffskrieg mit insgesamt sechzig Millionen Toten, sondern den Verlust der Heimat. Traumatisiert durch die Strapazen der Flucht, Tieffliegerbeschuss, durch Hunger, Kälte und Durst, wurden sie bei ihrer Ankunft in Potzlow keineswegs mit offenen Armen empfangen. Sie galten als »Polacken«, wurden beschimpft und ausgegrenzt.

Bei Kriegsende marschierten die Russen in der Gemeinde ein. Sie holten sich – bis auf wenige Ausnahmen, wenn etwa die Zwangsarbeiter ein gutes Wort für »ihren« Bauer einlegten – Vieh und Getreide aus Ställen und Scheunen. Zahlreiche Bewohner flüchteten erneut. Die, die blieben, erzählen, dass zahlreiche Frauen vergewaltigt wurden. Ein Bauer, der miterleben musste, wie seine Frau und seine minderjährige Tochter missbraucht wurden, nahm sich das Leben. Auch in der Familie Schönfeld gab es eine traumatische Erfahrung mit russischen Besatzern: Der Vater von Jürgen Schönfeld, Marcos und Marcels Großvater, musste erleben, wie seine Eltern von russischen Soldaten stranguliert wurden. Die Mutter von Jürgen Schönfeld wurde bei Kriegsende von einem Russen vergewaltigt, die daraus resultierende Schwangerschaft hielt sie vor ihrem Mann verborgen. Als das Kind geboren wurde, setzte sie es aus und ließ es verhungern. Sie sprach bis kurz vor ihrem Tod mit niemandem darüber – wie ihr Mann erst auf dem Sterbebett mit seinem Sohn Jürgen über den Tod der Eltern sprach.

Es gab aber auch positive Erfahrungen: Eine Bewohnerin, deren Mutter eine gute Behandlung der Zwangsarbeiter durchgesetzt hatte, erzählt, dass in ihrer Abwesenheit Polen den Hof gegen die marodierenden Russen mit Erfolg geschützt hätten.

Ein geringer Teil der polnischen Zwangsarbeiter beteiligte sich an den Plünderungen. Reflexhaft trafen die Wut und der Hass nun nicht nur die russischen Besatzer, sondern auch die ehemaligen polnischen Zwangsarbeiter, die mit den »Besatzern« gemeinsame Sache gemacht hatten. Dass die Zerstörungswut der Russen Folge eines mörderischen Angriffskrieges der Deutschen war und die der Polen mit jahrelang erfahrener Repression und Misshandlungen durch die Deutschen zu tun hatte, wurde ausgeblendet. Man fand das Vorurteil, dass »der Pole zum Diebischen neigt« und »habgierig« ist, wieder einmal bestätigt.

Warum wurde über die Kriegs- und Nachkriegserfahrungen nicht gesprochen? Keiner der Dorfbewohner möchte sich als Opfer sehen. Man gibt deshalb verständlicherweise Geschichten, die einen hilflos und machtlos gegenüber den russischen Besatzern zeigen, nicht weiter. Dazu kam bei vielen die Verbitterung darüber, dass aus den russischen Plünderern und Vergewaltigern im offiziellen Sprachgebrauch der neu gegründeten DDR bald die Befreier, Freunde und Brüder wurden. Die Russen waren keine zehn Kilometer vom Dorf entfernt an der Stadtgrenze von Prenzlau kaserniert. Bei jeder Fahrt nach Prenzlau sah man sich mit ihnen konfrontiert. Auch in den ersten Jahren nach der Staatsgründung waren diese Begegnungen angstbesetzt. Bis Anfang der Fünfziger Jahre wurden Frauen ausgeraubt und vergewaltigt, Männer verschleppt und umgebracht. Viele Bewohner der DDR fühlten sich auch noch aus einem anderen Grund gedemütigt: Als Reparationsleistungen wurden Eisenbahnschienen, ganze Fabrikationshallen und Kraftwerke abgebaut, zerlegt und in die Sowjetunion verschickt. Davon waren auch mehrere Städte in der Uckermark betroffen – vor allem Templin und Prenzlau.

Der daraus erwachsende Hass und die ohnmächtige Wut fanden öffentlich kein Ventil. Für viele Bewohner des Dorfes legen sich diese Erlebnisse wie ein Schleier über die Verbrechen der NS-Zeit. Sie fühlten sich persönlich genug bestraft.

Die Generation der Großeltern spielt eine große Rolle im Dorf und sie hat einen großen Einfluss auf die Enkelgeneration. Manche erkennen in dem latent fremdenfeindlichen Klima die Ressentiments der Großelterngeneration wieder, die den Chauvinismus an die nächste Generation weitergegeben habe. »Die haben bis heute noch nicht verarbeitet, dass Deutschland den Krieg verloren hat. Schuld sind dann immer die anderen, die Russen, die Polen«, so ein etwa fünfzigjähriger Potzlower.

Die schon erwähnten antipolnischen Stereotype haben eine lange Tradition. Sie tauchen immer wieder auf – nicht nur beim Eintritt von Polen in die Europäische Union. Die Angst vor einer Schwemme billiger Arbeitskräfte war nicht nur in der Uckermark groß. »Die werden uns die wenigen Arbeitsplätze, die es überhaupt noch gibt, wegschnappen«, so eine weit verbreitete Ansicht. Polnische Studenten und Arbeitskräfte sind immer wieder Opfer von rechtsextremen Übergriffen, vor allem in den grenznahen Kreisen. Analysiert man die Tathintergründe genauer, dann stößt man bei vielen Tätern auf ein stabiles Feindbild. Manche junge Gewalttäter führen offenbar etwas aus, was die Großväter ihren Enkeln als Ressentiment mit auf den Weg gegeben haben. Vielleicht haben sich deshalb so viele in Potzlow geweigert, einen Gedenkstein für zwei tote Kinder von polnischen Zwangsarbeitern aufzustellen.*

Die Frage bleibt, ob und wie die traumatischen Erfahrungen der Großeltern an die nächste Generation tradiert wurden – gerade weil nicht über sie gesprochen wurde.

Oberflächlich gesehen gab es beim Vater von Marco und Marcel Schönfeld keine direkten Auswirkungen. Er

* Mitte der neunziger Jahre schlägt Pfarrer Reimer vor, einen Findling auf dem Dorfplatz aufzustellen, der mit einer Inschrift an zwei Kinder von polnischen Zwangsarbeitern erinnern soll, die bei einem Unfall ums Leben kamen. Er stößt auf offene Ablehnung, an das Kapitel »Zwangsarbeiter« möchten die meisten Dorfbewohner nicht erinnert werden. Er gibt das Projekt auf. Da aber der Stein schon angeliefert worden war, unternimmt er nach einiger Zeit einen neuen Vorstoß. Man könnte, so der Vorschlag des Pfarrers, allgemein der Opfer von Gewalt im Zweiten Weltkrieg gedenken. Die Welle des Protests ist diesmal noch einmütiger. Die Russen würden bei sich auch keinen Stein für die Opfer aufstellen, die sie im Dorf vergewaltigt und umgebracht haben, so der Tenor. Die, die gegen das Denkmal am meisten einzuwenden haben, hatten den Krieg, wenn überhaupt, nur als Kleinkinder erlebt. Das zeigt, wie diese Urteile nach und nach, ohne dass sie hinterfragt würden, an die nächste Generation weitergegeben werden.

hatte zu den stationierten Russen ein unbelastetes Verhältnis. Jürgen Schönfeld war oft zu Arbeiten in den Kasernen eingesetzt, und er kaufte deshalb auch immer wieder gern im dortigen Laden ein, der ein breites russisches Sortiment bot. Ein russischer Soldat kam hin und wieder zu den Schönfelds nach Hause. Er reparierte ihnen einen Fernseher, den andere schon aufgegeben hatten. Seit diesem Tag gehörte er »zur Familie«. Möglicherweise wäre das anders gewesen, hätte Jürgen Schönfeld zu diesem Zeitpunkt schon von den traumatischen Erlebnissen seiner Eltern gewusst.

Dass sich die Gewalterfahrungen der Großeltern »verpuppt« haben und an einer ganz anderen Stelle zum Vorschein kommen – etwa in der Generation der Enkel – kann hier nur vermutet werden. Anita Eckstaedt, die sich lange mit der Frage beschäftigt hat, wie sich das Schweigen der Elterngeneration in das Unbewusste der Kinder hineingedrängt und dort seine Wirkung entfaltet hat, ist sich sicher, dass Kinder in dieser Sprachlosigkeit orientierungslos bleiben. Sie erlege den Kindern etwas auf, das ihnen unbegreiflich und nicht ihr Eigenes sei. In diesem Sinne müssten sie für die Sünden der Eltern büßen.*

In den meisten Gesprächen mit Potzlower Einwohnern erscheint die DDR-Vergangenheit positiv. Heißt das, dass Repressionserfahrungen nachträglich abgespalten werden, verdrängt durch eine nostalgische Rückblende nach dem Motto »Früher war alles besser«? Tatsächlich wur-

* Anita Eckstaedt, Nationalsozialismus in der »zweiten Generation«, Frankfurt a. M. 1992.

den die Schattenseiten der DDR sehr wohl wahrgenommen. Wer das System aber nach außen nicht in Frage stellte, wurde zumindest in Ruhe gelassen. Das scheint für fast alle unserer Gesprächspartner zu gelten. Das Thema Stasi, Überwachung und Repression schneidet keiner an. Stattdessen rücken sie etwas anderes in den Vordergrund: In der DDR fühlten die meisten Gesprächspartner sich rundum versorgt. Der Staat habe sich »gekümmert«, man habe Arbeit, seinen kleinen Hof oder gar eine Datsche gehabt und habe sich »nicht weiter Sorgen machen müssen«. Dafür war man bereit, einen Beitrag an demonstrativer Zustimmung zum Staat und seinen Organen zu leisten. So hängte man etwa am 1. Mai Fahnen raus und ging auch mal zu einer Parteiversammlung.

Potzlow war sicher keine Hochburg der Dissidenz. Das Dorf war nicht für missliebige Aktivitäten alternativer und kirchlicher Gruppen bekannt. Es lag auch nicht in Grenznähe, was ein anderer Grund gewesen wäre, ein besonders dichtes Netz an inoffiziellen Mitarbeitern aufzubauen. Es gab keinerlei sicherheitsempfindliche Einrichtungen in der Umgebung und damit keinen Anlass für einen auffälligen Repressionsdruck der Stasi-Behörden.

Dennoch gab es auch in Potzlow und den Nachbargemeinden etwa dreißig Inoffizielle Mitarbeiter der Staatssicherheit – für etwa fünfhundert Einwohner. Rein statistisch liegt dieser Wert weit über der durchschnittlichen Dichte. Zuletzt waren etwa 170 000 IM in der DDR tätig, neben etwa 90 000 hauptamtlichen Stasimitarbeitern – bei etwa siebzehn Millionen DDR-Bürgern.

Das Thema »Bespitzelung durch die Stasi« wird von keinem unserer Gesprächspartner in Potzlow gern angesprochen. Niemand will über das Netz Inoffizieller Mitarbeiter im Dorf und in der Umgebung von sich aus sprechen. Nur hinter vorgehaltener Hand werden Namen von IM genannt. Das ist wenig verwunderlich, denn es hat kein echter Bruch stattgefunden: Diejenigen, die vorher das Sagen hatten, sitzen auch nach der Wende in Führungspositionen.

Einer derjenigen, dessen Name in diesem Zusammenhang immer wieder genannt wird, ist Peter Feike, Bürgermeister der Gemeinde Oberuckersee, zu der auch Potzlow und Strehlow gehören. Er war bereits vor der Wende Bürgermeister in Seehausen, nach der Wende wurde er Hauptamtsleiter von Gramzow, zu der die Gemeinde Oberuckersee gehört. Nachdem seine Stasivergangenheit offiziell bekannt wurde, wurde er 1998 entlassen. Ein Jahr später stellte er sich in Seehausen wieder als ehrenamtlicher Bürgermeister zur Wahl und erhielt siebzig Prozent der Stimmen. Als sich 2002 Seehausen mit zwei anderen Dörfern zur Großgemeinde Oberuckersee zusammenschloss, musste Feike sich vor den Gemeindevertretern erneut zur Wahl stellen. Er wurde fast einstimmig zum Bürgermeister gewählt. 2003 fand eine öffentliche Wahl des Bürgermeisters statt. Diesmal erhielt er fast achtzig Prozent der Stimmen. Feike steht der Gemeinde heute noch als Bürgermeister vor. Spricht man mit Bewohnern über das »Comeback« von Feike, so verweisen sie auf die administrativen Qualitäten ihres Bürgermeisters. Seine Stasitätigkeit diskreditiert ihn in den Augen der meisten Dorfbewohner nicht. Peter Feike selbst sieht das Ergebnis als Beleg, dass er mit seiner Tätigkeit niemandem ernsthaft geschadet habe.

Kaum einer der von uns Angesprochenen im Dorf hat Akteneinsicht bei der Gauck- beziehungsweise Birthler-Behörde beantragt. Es ist nicht so, dass die Gesprächspartner es nicht wissen wollen. Nur: Niemand stellt tatsächlich einen Antrag. Dafür lassen sich eine Reihe von Gründen nennen, Verdrängung ist einer: Die Bewohner kennen sich und wissen oder ahnen zumindest, wer für die »Firma« gearbeitet hat. Die Kenntnis der Akten würde einen verdrängenden Umgang mit der Geschichte der eigenen Überwachung unmöglich machen. Man müsste Konsequenzen ziehen – also etwa den Vorgang öffentlich machen oder sich mit den Nachbarn oder gar Freunden, die als IM entlarvt worden sind, auseinandersetzen. Der ehemalige IM würde sich vielleicht wehren, es gäbe einen Konflikt. Man kann sich in dörflichen Strukturen nicht im selben Maße ausweichen wie in einer größeren Stadt. Das dörfliche Zusammenleben wäre vielleicht ernsthaft gestört.

Ein weiterer Grund liegt in der Verharmlosung der Problematik. Viele beruhigen sich damit, dass durch die Bespitzelung kein großer Schaden angerichtet worden sein könne. Sie persönlich hätten nichts zu verbergen gehabt. Sie gehen davon aus, dass der Spitzel ihnen nicht habe schaden wollen. Wer auch immer sie überwacht habe, müsse kompromittierende Beobachtungen dem Ministerium für Staatssicherheit vorenthalten haben. »Wir sind nie vorgeladen worden oder haben sonst Nachteile erfahren«, so ein Gesprächspartner aus Potzlow.

Haben Stasi-Spitzel sich auf dem Land anders verhalten – weil sie selbst in das nachbarschaftliche Netz eingebunden waren? Das bejahen manche Bewohner vehement. »Der eine hatte Zugang zu Ersatzteilen, der andere zu Rohstoffen, der dritte hatte ein Schwein, was er sich im Vorgarten hielt. Auf die Weise, so das Argument, waren alle aufeinander angewiesen. Da hat auch ein IM sich überlegt, was er weitergibt und was besser nicht.« Das Vertrauensverhältnis untereinander zu gefährden wog schwerer, als bestimmte Vorteile durch das Ministerium für Staatssicherheit zu genießen.

Dem widerspricht, dass bei einigen Bewohnern durchaus große Angst vor Überwachung und Aushorchung vorhanden war. Das betraf vor allem Bewohner mit West- oder kirchlichen Kontakten. Bestimmte Gespräche wurden nur geflüstert – oder aber bei zugezogenen Gardinen geführt.

Es mag noch einen weiteren Grund für die Tabuisierung der Stasi-Aktivitäten im Dorf geben. Wenn bestimmte Schlüsselpositionen wie der Posten des Bürgermeisters von einem ehemaligen IM besetzt wird, so erleichtert das nicht die offene Auseinandersetzung mit dem Thema. Man darf die Möglichkeiten eines ehrenamtlichen Gemeindebürgermeisters nicht überschätzen. Aber ein Bürgermeister kann bestimmte Anträge stellen, oder er kann es unterlassen. Er kann in der Verwaltung Projekte einzelner Einwohner wohlwollend unterstützen, er kann aber auch das Gegenteil tun. Das mag für viele ausreichen, um sich nicht zum Fürsprecher einer öffentlichen Stasidebatte zu machen.

Potzlow war schon immer ein Einwandererdorf. Zu Zeiten Friedrichs des Großen ließen sich Hugenotten und Protestanten aus dem Salzburger Raum, die in ihrer Heimat verfolgt wurden, in der Uckermark nieder, denn Preußen galt als Hort der Toleranz. Jeder solle, so die berühmte Maxime des Königs, »nach seiner Façon glücklich werden«. Mitte bis Ende des 19. Jahrhunderts kamen zahlreiche Siedler aus Schlesien und anderen östlich der Oder gelegenen Gebieten. Sie waren verarmte Weber und andere Handwerker, deren Arbeit aufgrund der fortschreitenden Industrialisierung überflüssig geworden war. Der Zweite Weltkrieg hatte eine neue Welle von Zuzüglern aus dem Osten zur Folge. Nach der Wende 1989 kehrten dann einige ehemals vertriebene Gutsbesitzer wieder zurück, und stadtmüde Berliner aus Ost und West und anderen Gebieten der ehemaligen DDR und der alten Bundesrepublik ließen sich in dem ruhigen Landstrich nieder.

In merkwürdigem Kontrast zu den Statistiken, die von einer hohen Zuwandererrate nach der Wende sprechen, steht das subjektive Empfinden der »Neubürger«. Viele von ihnen beklagen sich fast wortgleich über die Schwierigkeit, im Dorf anzukommen.

Die Wut und Enttäuschung eines Teils der Einwohner richtete sich in der Vergangenheit vor allem gegen einen neuen Bewohner, *Kurt Wiegand,* der kurz nach der Wende in Potzlow erschien und dessen Familie ursprünglich aus Strehlow stammt. Er selbst kommt aus Nordrhein-Westfalen, wo er ein größeres Unternehmen aufgebaut hat. Seine Vorfahren betrieben vom 17. Jahrhundert bis zum Ersten Weltkrieg in Strehlow ein Gut. *Kurt Wiegand* hatte nach der Wende großes Interesse, am Stammsitz wieder einen landwirtschaftlichen Betrieb ansässig zu machen.

Die Art und Weise, wie der Unternehmer Anfang der neunziger Jahre versucht, diese Idee in die Tat umzusetzen, stößt bei einem Teil der ehemaligen LPG-Mitglieder auf erbitterten Widerstand. *Wiegand* agiert sehr geschickt, indem er die möglichen Widersacher in zwei Gruppen spaltet. Mit den einen verhandelt er, mit den anderen nicht. Die einen sind die Geschäftsführer der LPG, die nach der Wende den Betrieb in Form einer GmbH weiter betreiben. Die anderen sind die etwa zweihundertfünfzig Anteilseigner der LPG – also all diejenigen, die in der LPG gearbeitet und Werte wie Land, Tiere oder andere Güter in sie eingebracht haben.

Einige der Geschäftsführer, so ein Vorwurf der Gegenfraktion, waren vor der Wende Inoffizielle Mitarbeiter der Staatssicherheit. »Derjenige, der am Schwarzesten war, hat mit den Rotesten ohne Hemmnisse kollaboriert – und umgekehrt«, so der Vorwurf an *Wiegand* und die ehemaligen Leiter der LPG. Solange die Ergebnisse der Verhandlungen beiden Seiten Vorteile bieten, spielen ideologische Gräben keine Rolle, so die Interpretation eines Dorfbewohners. Zunächst, so der Potzlower weiter, sollte der Preis gedrückt werden. Dass die Geschäftsführer dem nur zustimmen würden, wenn sie persönlich hoch abgefunden werden, ist eine Vermutung, die im Dorf schnell die Runde macht. *Wiegand* lässt über einen Gutachter verbreiten, dass die LPG verschuldet sei – und deshalb alle Anteilseigner froh sein könnten, wenn er Land und Maschinen für einen den Umständen entsprechenden geringen Preis übernehmen würde. Die Geschäftsführer widersprechen *Wiegand* nicht. Das tun andere: Sie halten die angebliche Verschuldung für eine willkommene Mär – um sie mit einem »Spottpreis« von wenigen tausend DM abfertigen zu können. Doch die Kritiker, die sich auf *Wiegands* Bedingungen nicht einlassen wollen, bleiben in der Minderheit. Die meisten Anteilseigner sind froh, überhaupt etwas zu bekommen. »Die hat das nicht interessiert, dass sie hier über den Tisch gezogen werden«, so ein noch heute aufgebrachter Dorfbewohner. Er und zwölf andere LPG-Mitglieder weigern sich, zu unterschreiben. *Wiegand* agiert auch jetzt wieder sehr geschickt. Er weigert sich, auch nur einen Pfennig auszubezahlen, solange nicht alle Anteilseigner unterschrieben und dem Kauf zugestimmt haben. Auf die zwölf entlädt sich nun der Druck der über zweihundert anderen Anteilseigner – sowie der alten Nomenklatura. Einige der Widersacher berichten, dass ihnen anonym angedroht worden sei, dass die Scheiben ihres Hauses eingeworfen würden, anderen wurde angedroht, dass der Stall »abgefackelt werde«.

Wiegand sucht schließlich jeden der zwölf Widersacher noch einmal persönlich auf. Er wird in diesen Gesprächen auf den Verdacht von Unregelmäßigkeiten aufmerksam gemacht, die im Dunstkreis der alten Nomenklatura geschehen seien. *Wiegand* verspricht persönlich, für Aufklärung zu sorgen, er wolle schließlich weiter aufrecht durchs Dorf gehen können. Damit bringt er auch die letzten Widerspenstigen dazu, zu unterschreiben. Doch dann, so einer seiner Kritiker, lässt die endgültige »Aufklärung« auf sich warten – bis heute. Ein Riss zieht sich durch das Dorf – zwischen denjenigen, die mit *Wiegand* kooperiert haben, und denjenigen, die es nicht taten.

Wiegand kauft in den Folgejahren, was er kaufen kann, unter anderem den Potzlowsee. Er möchte die Ländereien seiner Vorfahren wieder vollständig beisammen haben. Was er nicht kaufen kann, pachtet er. Er ist ein sehr geschickter Verhandler. Er schafft es, das ganze Dorf gegeneinander auszuspielen. Den einen habe er unter der Hand die doppelte Pacht versprochen, so einer der Kritiker. Einer der Privilegierten sei der evangelische Pfarrer, wie sich ein Bewohner erinnert. »Wir haben jahrelang nur die Hälfte von der Pacht bekommen, was die Kirche erhalten hat«, so der Dorfbewohner. Dass der Pfarrer sich nicht mit ihnen solidarisierte, verbittert viele bis heute. Jeder misstraut jedem, keiner versucht auch nur, sich mit anderen zusammenzutun. *Wiegand* ist der wirtschaftliche Gewinner – menschlich ist er einer der umstrittensten Bewohner im Ort. Und mit ihm die alte Nomenklatura, die, so die Kritiker, mit ihm gemeinsame Sache gemacht haben, auf Kosten derjenigen, die (fast) leer ausgegangen sind.

Der Investor aus dem Westen versucht die Bewohner, die sich ihm gegenüber »loyal« verhalten haben, mit kleinen Privilegien zu belohnen. Nachdem der See jahrelang für Angler gesperrt war, erlaubt *Wiegand* nun wieder einigen Potzlowern, auf dem See ihre Ruten auszuwerfen.

Das Zugeständnis ändert nichts daran, dass sich in Potzlow und Umgebung zeitweise eine massive Abneigung gegenüber allen neuen Bewohnern entwickelt, die in Potzlow, Strehlow oder den Nachbardörfern Grundstücke erworben hatten. Einigen der Neubürger werden die Fensterscheiben eingeschmissen, Häuser mit Graffiti beschmiert. Einige berichten auch von tätlichen Angriffen auf ihre Person.

Als Schönfelds und Schöberls Mitte der neunziger Jahre ins Dorf zogen, war die Situation gerade besonders angespannt. Auch ihnen, die aus Ostdeutschland neu ins Dorf kamen, schlugen Ressentiments entgegen. Vielleicht entlud sich der Ärger sogar besonders an denen, die noch weniger hatten als die Alteingesessenen, die es ihnen überdies leicht machten, weil sie den Hof nicht so sauber hielten wie andere in Potzlow.

Marco Schönfeld war nicht nur Sohn einer Familie von Neuankömmlingen, auch er nahm den »Alteingesessenen« etwas weg, als er ihnen etwa ein Moped stahl. An ihm konnte man sich – im Gegensatz etwa zum mächtigen Investor – einfach und ohne Umstände rächen, mit menschenverachtender Brutalität. Mit Marco Schönfeld hat es jemand getroffen, der sich – in den ersten Jahren – nicht wehren konnte.

Der ehemalige Pfarrer Reimer hat eine Erklärung für die Zerrissenheit des Dorfes: »Es gibt keine integrierende Kraft in diesem Dorf, keine dominante Persönlichkeit, weder Bürgermeister, noch Pfarrer, noch Apotheker, die diesen Konflikt auffangen oder moderieren könnte.«

Der Fall Potzlow zeigt exemplarisch, wie in einem Dorf ein Wertevakuum entstehen kann. Die alte Nomenklatura diskreditiert sich, indem sie mit einem ungeliebten Investor zusammenarbeitet, der Pfarrer diskreditiert sich und mit ihm die Institution Kirche, weil er angeblich vom Investor profitiert. Das Dorf wird in den Auseinandersetzungen aufgerieben. Aus Freunden werden Nachbarn, die man nicht einmal mehr grüßt. Als Essenz bleibt für viele Bewohner, dass sich im neuen System nur eines durchsetzt: das Prinzip Rendite. Dem fühlen sie sich nicht gewachsen. Die Antwort vieler Dorfbewohner darauf ist Verbitterung und Rückzug.

Wir haben gesehen, wie schwer sich bis heute die Bewohner Potzlows damit tun, über ihre Erfahrungen und Nöte in den Jahren der historischen und sozialen Umbrüche zu sprechen. Wie eine schwere Decke hat sich ein Trauma auf das nächste gelegt. Durch personelle Kontinuitäten in Führungspositionen war jeglicher Versuch, die nationalsozialistischen Gräuel, die zum Teil fürchterlichen Erfahrungen mit den russischen Befreiern, die Repression der Stasi, aber auch die ambivalenten Erfahrungen mit Westdeutschen frei und offen zu benennen, zum Scheitern verurteilt. Um alle Themen hat sich ein Ring der Angst, der Schuld und des trotzigen Einverständnisses geschlossen, der nur schwer aufzubrechen ist.

In das unter diesen vielfältigen Spannungen stehende Dorf bricht 2002 der Mord an Marinus Schöberl – und setzt es mit Pauschalverurteilungen und Stigmatisierungen weiter unter Druck. Woher soll die Befähigung zu einer offenen rückhaltlosen Auseinandersetzung mit der Tat kommen, wenn nicht eines der früheren Traumata auch nur ansatzweise öffentlich zur Sprache gekommen ist?

Es ist daher nicht verwunderlich, dass die Dorfbewohner die Tat beinahe reflexhaft von sich schieben. Alle Versuche der Verdrängung dienen dazu, sich von (Mit-)Schuld oder (Mit-)Verantwortung freizusprechen. Das funktioniert am besten, indem die Tat vom Dorf ferngehalten wird, indem die Täter als »kranke Monster« beschrieben werden, die mit dem Dorf nichts zu tun haben.

Entlastend wirkt auch, wenn dem Opfer und seiner Familie eine Mitschuld zugesprochen werden kann. So wird Birgit Schöberl, die Mutter von Marinus, in zahlreichen Äußerungen direkt oder indirekt angegriffen.

Die Tatsache, dass die Familie erst Tage nach seinem Verschwinden nach dem Sohn sucht, gilt als sicheres Zeichen familiärer Verwahrlosung. Und nicht nur die Eltern der Täter betonen, dass sich nach dem Verschwinden von Marinus Erleichterung im Dorf einstellte: »Jetzt konnte man die Schuppen wieder offen stehen lassen«. Marinus Schöberl wird nachträglich ausgegrenzt. Torsten Muchow: »Der hätte normalerweise in die Sonderschule, ins Heim irgendwo hingehört. Aber nicht in die Gesellschaft.«

Immer wieder ist davon die Rede, dass die Eltern sich zu wenig um Marinus gekümmert hätten. Der Bürgermeister von Oberuckersee: »Wenn Marinus da in dem Bauwagen in Potzlow übernachtet hat, dann war der eben nicht am nächsten Tag in Templin in der Schule. Die Schöberls waren einfach auch überfordert, sieben Geschwister, sechs Mädchen, ein Junge. Die haben so lange probiert, bis es ein Junge wurde, der letzte war es dann. Sechs Mädel waren vorausgegangen. Aber für mich ganz persönlich ist das trotzdem keine Entschuldigung. Auch wenn ich zwanzig Kinder habe. Das sind meine Kinder, da muss ich mich drum kümmern.«

Letztlich, so die These, hat diese Tat mit dem Dorf nichts zu tun. Da sind Zugezogene über Zugezogene hergefallen. Anders gesagt: Wenn die Familie nicht hier gewohnt hätte, wäre dem Dorf der Mord erst gar nicht »zugemutet worden«. Pfarrer Reimer: »Die Familie Schöberl ist, als sie noch in Potzlow wohnte, als Fremdkörper behandelt worden.« Dass Marco und Marcel Schönfeld Marinus Schöberl zum Juden erklärt haben, sei von daher »nicht aus der Luft gegriffen«. Sie hätten nur etwas benannt, was mancher andere gedacht habe: Die gehören hier nicht hin, die sind nicht wie wir.

Die Ambivalenz vieler Dorfbewohner im Hinblick auf die Einordnung der Tat zeigt die Auseinandersetzung um den Versuch, dem Gedenken an das Mordopfer in der Gemeinde einen öffentlichen Platz einzuräumen. Der Pfarrer schlug Gemeindevertretern vor, einen Findling, der einmal für andere Zwecke vorgesehen war und noch vor seinem Haus stand, mit dem Namenszug von Marinus Schöberl und einer Inschrift zu versehen und dann an einem markanten Punkt in Potzlow aufzustellen. Die Gemeinde konnte sich aufgrund des öffentlichen Drucks diesem Vorschlag nicht entziehen. In mehreren Versammlungen wurde verbittert darüber gestritten, wo der Stein aufgestellt werden solle. Der Pfarrer sprach sich dafür aus, den Stein für alle sichtbar auf den Dorfplatz zu setzen. Dem widersprachen viele Einwohner, sie wollten den Stein auf dem Friedhof, hinter einer Mauer, wissen. Sie mochten nicht an dem Ort, an dem die Dorffeste gefeiert werden, an den Tod von Marinus erinnert werden. Spitzfindig warfen sie dem Pfarrer vor, dass er den Stein nicht auf dem Kirch- und Friedhofsgelände aufstellen wolle, weil er selbst nicht draufschauen wolle. Er behandele den Fall gerade so, als ob Marinus ein Selbstmörder wäre, der es nicht verdient habe, auf dem Kirchhof beerdigt zu werden. – Schließlich setzte sich der Pfarrer durch, der Stein wurde vor der Mauer aufgestellt. Zur Einweihungsfeier kamen viele der Einwohner – und boykottierten sie trotzdem. Für Scheinwerfer und das Mikrophon gab es plötzlich keinen Strom. »Da war man wieder mitten in Sizilien« so ein Beobachter der Szene.

Aussichten und Einsichten

Als am 20. Dezember 2004 klar ist, dass Marco Schönfeld von der Sicherungsverwahrung verschont bleibt, ist der jüngere Bruder Marcel deutlich erleichtert. Marcel hofft, dass er eines Tages mit Marco über alles sprechen kann.

Im Mai 2006 ist es so weit: Zusammen mit einer Vertrauensbeamtin trifft er seinen Bruder in der forensischen Klinik in Eberswalde. Auch die Therapeutin des älteren Bruders ist bei einem Teil des Gesprächs anwesend. Marcel Schönfeld ist nicht nur erleichtert, weil der ältere Bruder sich bereit erklärt hat, ihn zu treffen, sondern auch, weil Marco ihm seine Aussagen bei der Polizei nicht mehr vorhält.

Marco Schönfeld will sich, so berichtet der jüngere Bruder, von seinen rechtsextremen Überzeugungen lossagen. Er möchte sich auch das große Hakenkreuz auf seinem Schulterblatt übertätowieren lassen. Die Haare hat er sich schon etwas wachsen lassen. Ganz falsch sei die »rechte Meinung« nicht, ihm sei aber klar geworden, dass ihm »das viel Schlechtes im Leben eingebrockt hat«.

Das hat auch Auswirkungen auf Marcel Schönfeld. Auch er hält zwar manches an der »rechten Meinung« für richtig. Er will sie nun aber ebenfalls ablegen. Sein Gesinnungswandel zeigt sich im Alltag auf der sozialtherapeutischen Station in der Haftanstalt: Mit einem farbigen Kubaner und einem Türken hat er jetzt »keinerlei Probleme« mehr.

Marcel Schönfeld legt nach zwei Jahren Lehre als Trockenbauer eine gute Abschlussprüfung hin. Wenn er draußen ist, möchte er noch seinen Facharbeiter machen – Fachrichtung Fliesenleger. Und eine Familie will er gründen, zwei Kinder sollen es schon sein. Marcel soll im Sommer 2008 nach der Verbüßung von Zweidritteln seiner Strafe entlassen werden. Die Eltern bauen darauf, dass er zu ihnen nach Potzlow zurückkommt.

Jürgen Schönfeld hält an seinen Plänen fest, für seinen jüngsten Sohn die Dachgeschosswohnung auszubauen – als Loft. »Marcel spricht mit. Wir bauen das gemeinsam auf. Wenn er rauskommt, hat er seine Ruhe, kann er Musik hören, wenn er will«, sagt der Vater. Der Blick aus dem Dachgeschoss geht direkt zum Schweinestall, wo der Mord passierte. »Man braucht doch so etwas wie Hoffnung, wenn man sonst schon nichts hat.«

Die Tatsache, dass Marcel Schönfeld in absehbarer Zeit wieder auf freien Fuß kommt, provoziert in Potzlow einige der früheren Freunde von Marinus. Einer von ihnen ist Matthias Muchow: »Ich träum immer noch, was Marinus für Schmerzen gehabt haben muss. Wie er geschrieen haben muss. Das gibt mir den Rest. Ich hab mir geschworen, wenn der Marcel rauskommt, ich mach den platt. Obwohl ich nix auf dem Koffer hab. Auch wenn ich nur einen Schlag mach. Ist mir egal. Wenn jeder ausm Dorf einen Schlag macht, ist genauso viel wert, als wenn ich fünfhundert mach.«

Andere drohen Schlimmeres an, einer von ihnen ist Achim Fiebranz: »Kommen die raus, erwürg ich die oder tu sie bestialisch töten, so, wie sie Marinus tot gemacht haben.« Auch wenn man die Drohungen nicht unbedingt wörtlich nehmen muss, so hat Marcel Schönfeld dennoch Angst, nach Potzlow zurückzukehren. Er denkt daran, direkt zur Schwester nach Bremerhaven zu ziehen. Auch von Seiten der Betreuer in der Haftanstalt gibt es Überlegungen, ihm einen Arbeitsplatz in einem anderen Landkreis zu vermitteln.

Die Eltern kämpfen dafür, dass ihr Sohn erst einmal nach Hause kommen kann: »An unsere Jungs kommt keiner ran, dafür werden wir sorgen, egal, wer das ist. Da müssen sie uns erst erschlagen.«

Marco Schönfeld hat genaue Vorstellungen, wie er die Zeit in der forensischen Klinik in Eberswalde für sich nutzen will. Er möchte gerne seinen Hauptschulabschluss nachholen und anschließend eine Lehre beginnen. Inzwischen hat er die Möglichkeit erhalten, trotz erweiterter Anforderungen der Schulbehörde und trotz Mittelknappheit, einen Abschluss zu machen. An dieser Maßnahme nimmt Marco Schönfeld seit Herbst 2006 teil. Er ist sehr motiviert. Von seinen Eltern hat er sich einen Englisch-Sprachkurs in den Vollzug schicken lassen.

Weitergehende Maßnahmen wie ein berufsvorbereitendes Jahr oder sogar eine Ausbildung kann die Anstaltsklinik nicht bieten. Dass dies ein gravierender Mangel in den Bemühungen ist, Straftätern die Chance der Resozialisierung zu geben, dessen ist sich die Klinikleitung durchaus bewusst. »Was nützt es, wenn wir die Alkoholsucht hier therapieren, aber dem Patienten keinerlei Perspektive anbieten können, draußen beruflich Fuß zu fassen?«, fragt ein Mitarbeiter.

Auch für ihren älteren Sohn wollen die Schönfelds die obere Wohnung freihalten, sollte es auch noch zehn Jahre dauern, bis er entlassen wird. Jürgen Schönfeld sagt, die Tür stehe immer für ihn offen. Jutta Schönfeld hofft auf eine Veränderung durch die Therapie: »Vielleicht kommt er dann doch wieder.« Und wenn nicht?

Der Vater erinnert sich, dass er auch mal von zu Hause weggezogen ist, weil es nicht genügend Platz für alle gab. Er gründete eine eigene Familie. »Das wär dem Marco ja auch zu wünschen. Vielleicht wird er durch die Therapie ein anderer Mensch?«

Die Sozialarbeiterin Petra Freiberg fragte sich immer wieder, ob der Tod von Marinus »umsonst« gewesen ist. Oder ob sie und andere im Dorf aus der Tat etwas Positives ziehen könnten – die Kraft etwas anders zu machen, etwas Neues zu beginnen. »Wer, wenn nicht wir«, fragte sie sich, »ist dazu prädestiniert?«

Sie dachte an ihre Großmutter zurück. Die hatte sich mutig für polnische Zwangsarbeiter eingesetzt und war damit in einen offenen Konflikt mit SS-Einheiten getreten – was sich in der NS-Zeit nur wenige trauten. »Wenn jemand in der Zeit die Kraft besessen hat, gegen den Zeitgeist Dinge zu tun, die wichtig sind, dann sollte es uns heute doch erst recht möglich sein. Man darf das nicht zulassen, dass hier zur Tagesordnung übergegangen wird. Jetzt ist es einer, vielleicht haben wir ja in zehn Jahren wieder viele, die auf diese Weise sterben.«

Petra Freiberg und einige Mitstreiter planten Ende 2003, mit arbeitslosen Jugendlichen die Kirchenruine in der Nachbargemeinde Strehlow zu sanieren und als kulturelle Begegnungsstätte herzurichten. Bei der Arbeit sollten auch Gruppen von polnischen Jugendlichen mitwirken. »Wir wollen den Leuten im Dorf zeigen, dass sie vor dem Fremden keine Angst haben müssen.« Auf dem Weg lag viel Überzeugungsarbeit, aber auch einige Hindernisse. »Wir müssen erkennen, dass wir hier eine Region ohne politische Lobby sind. Letztendlich können wir uns nur selbst helfen.«

Doch bevor ihre Idee eine Chance hatte, in die Planungsphase zu treten, ergab sich ein Problem. Weder das Jugendamt noch die Gemeinde hatte Petra Freiberg darauf hingewiesen, dass der Kreis sämtliche Stellen für Jugendsozialarbeiter 2004 neu ausgeschrieben hatte. Petra Freiberg hätte sich für die eigene Stelle neu bewerben müssen. Als sie sich im Frühjahr 2005 ans Jugendamt wendet, ist es zu spät. Man teilt ihr mit, dass ihr Vertrag auslaufe und vorerst nicht verlängert werden könne. Erst müsse anderswo wieder eine Stelle frei werden, die dann umgewidmet werden könne, so der freundliche Bescheid.

Nach dem Mordfall in Potzlow hatten die Verantwortlichen von Gemeinde, Landkreis und Land Brandenburg versprochen, die Jugendarbeit stärker als bisher zu unterstützen und zu fördern. Potzlow stand plötzlich im Mittelpunkt des Medieninteresses. Inzwischen waren die Journalisten wieder abgezogen. Petra Freiberg bekam nun wieder zu spüren, was es heißt, in einer Region zu wohnen, die keine Lobby hat.

Bis 2004 wurde das ehemalige Gutshaus für mehrere hunderttausend Euro renoviert und als Jugendclub hergerichtet. Dass diese Steuergelder in den Sand gesetzt zu werden drohten, da die Sozialarbeiterstelle gestrichen worden war und die Betreuung fehlte, interessierte das Jugendamt nicht. Mit diesen Ausgaben hat es nichts zu tun.

Überraschend sprang dann jemand ein, von dem bislang kaum jemand in Potzlow erwartet hatte, dass er etwas unternehmen könnte, was sich nicht unmittelbar auf die eigene Rendite auswirkt. *Kurt Wiegand* finanzierte von Januar 2006 an die Stelle von Petra Freiberg. Die Jugendarbeit und die Arbeit im »Kinderverein« waren vorerst durch Privatinitiative gerettet. Für manche im Ort war das Engagement des Investors ehrenwert, sie sahen jedoch darin ein falsches Signal an die staatlichen Stellen. »Die denken jetzt, dass Jugendarbeit komplett outgesourct werden kann. Jetzt wird erst recht gespart, mit der Hoffnung, dass Sponsoren das schon irgendwie regeln werden.«

Die Sozialarbeiterin war nun ausschließlich für die Jugendarbeit in Potzlow und Strehlow zuständig. Für den Vertreter des Investors im Dorf war das nur konsequent. »Wenn wir sie bezahlen, soll sie auch ihre Arbeit nur in Potzlow machen.« Die anderen Gemeinden, für die Petra Freiberg früher ebenfalls zuständig war, blieben ohne professionell betreute Jugendarbeit. Erste Einrichtungen für Jugendliche, so etwa in Blankenburg, mussten geschlossen werden. Der Blankenburger Treff hatte sich unkontrolliert zu einer Begegnungsstätte für die rechtsextremistische Szene entwickelt.

Petra Freiberg setzte weiter auf das Engagement des Investors. Damit machte sie sich im Dorf noch immer Feinde. Einige der Jugendlichen boykottierten das Jugendhaus und trafen sich lieber an der örtlichen Bushaltestelle. Dafür kamen die Lehrlinge der Agrargesellschaft, deren Besitzer *Wiegand* ist, inzwischen in den Jugendclub.

Petra Freiberg sah keine andere Chance, als auf Investoren wie *Wiegand* zu setzen. Sie hoffte, dass es ihr gelingt, die tiefen Gräben im Dorf mit der Zeit zuzuschütten. *Wiegand* versuchte seinerseits durch sein Engagement für die Gemeinde, sein Negativimage zu korrigieren. Der Investor hatte dafür gesorgt, dass die verfallene Kirche in Strehlow gerettet und wieder aufgebaut wurde. Im Sommer 2007 feierten der Investor und das Dorf die Fertigstellung.

Petra Freibergs Idee, deutsche und polnische Jugendliche beim Wiederaufbau der Kirche zusammen zu bringen, hatte sich nicht verwirklichen lassen. Für die Arbeiten wurden vor allem Spezialisten gebraucht. Sie hoffte mittelfristig, ihre Idee auf anderem Weg zu realisieren.

Ob Petra Freiberg sich dafür noch einsetzen kann, ist eher fraglich. Der Investor stellte seine Zahlungen zum Jahresende 2007 ein. Die Gemeinde und der Kreis sahen sich nicht in der Lage, die Finanzierung der Stelle wieder zu übernehmen. Damit gibt es in Potzlow und Umgebung keinerlei betreute Jugendarbeit mehr. Noch engagiert sich Petra Freiberg ehrenamtlich. »Das kann ich aber nur so lange machen, wie ich Arbeitslosengeld bekomme. Bald werde ich dorthin gehen müssen, wo meine Arbeit auch bezahlt wird.«

Epilog

Unmittelbar nach dem Fund des Leichnams von Marinus Schöberl stand Potzlow über Wochen im Mittelpunkt des Medieninteresses. Kaum ein Mordfall der letzten Jahre fand ein so breites Echo.

Der Schatten der Tat fiel auf das Dorf. Die Menschen in Potzlow, so der Tenor der Berichterstattung, schauten weg, als jemand zu Tode gequält wurde. Sie interessierten sich nicht dafür, als nach dem Vermissten gesucht wurde. Sie nahmen den Besitz des Toten an sich, ohne die Polizei einzuschalten. Vor Gericht seien sie alkoholisiert erschienen und hätten weder Bedauern noch Reue oder Mitgefühl gezeigt. Und anschließend sei es den Bewohnern nur darum gegangen, den guten Ruf des Dorfes wiederherzustellen. Aufarbeitung, Reflektion über das Geschehen – Fehlanzeige. Potzlow wurde in den Medien zu einem Dorf der »Mitwisser«, manche sprachen gar von einem »Faschodorf«.

Viele Bewohner fühlten sich von den groben Unterstellungen stigmatisiert. Sie reagierten gereizt, als Journalisten mit ihnen Interviews führen wollten. Unter den Dorfbewohnern machte es schnell die Runde, dass ein Fernsehsender den Jugendlichen, die die Leiche gefunden hatten, Geld geboten hatte: Sie sollten »noch mal so tun, als würden sie nach Marinus buddeln«. Der Hass schlug nun auch Medienvertretern ins Gesicht, die ein differenzierteres Bild von Potzlow und seinen Bewohnern zeichnen wollten.

Die Möglichkeit einer komplexen Recherche war deshalb den meisten Journalisten versperrt, was manche von diesen wiederum als Bestätigung für die mangelnde Bereitschaft des Dorfes nahmen, sich mit der Tat auseinanderzusetzen. Von einer Mauer des Schweigens war die Rede.

Auch diejenigen, die den Tätern nahe standen, schwiegen nun – etwa die Eltern von Marco und Marcel Schönfeld. Nach einem TV-Interview, in dem die Eltern der Täter sprachlos auf dem häuslichen Sofa gezeigt wurden, verweigerten sie jeden weiteren Kontakt zu Journalisten. Die biographische Vorgeschichte der Täter, insbesondere das Verhältnis der Brüder Marco und Marcel Schönfeld untereinander sowie der Einfluss der Eltern und des Umfeldes auf sie blieben deshalb in den Medien weitgehend unbeleuchtet. Dazu gehörte auch die alltägliche Erfahrung von Gewalt, der die beiden Brüder im Dorf ausgesetzt waren.

Die Schlagzeilen über die Tat und das Dorf verfehlten ihre Wirkung auch bei mir nicht. Zuvor oftmals an den Wochenenden in Potzlow und der Umgebung bei Ausflügen unterwegs, hatte ich nun das Gefühl, dort nicht mehr hinfahren zu wollen. Gleichwohl ahnte ich, dass hinter den in manchen Medien verwendeten Begriffen wie »Faschodorf« oder »Monstertäter« eine vielschichtigere und kompliziertere Wirklichkeit lag. Schon bald nach den ersten Schlagzeilen im Winter 2002 hatte ich deshalb die Idee, über die Hintergründe und Zusammenhänge des Mordes an Marinus Schöberl einen Dokumentarfilm zu drehen. Nach der Medienwelle, die über das Dorf hinweg gegangen war, war jedoch zu vermuten, dass Täter, Angehörige des Opfers und Freunde nicht bereit sein würden, vor einer Kamera zu sprechen. Die ersten Recherchen bestätigten dann auch, dass die Wut der Betroffenen auf alle Medien, besonders aber auf die visuellen, zu groß war.

Als das Berliner Maxim-Gorki-Theater in Zusammenarbeit mit dem Theater Basel mir eine Inszenierung anbot, schlug ich deshalb vor, das Projekt über den Mord an Marinus Schöberl als dokumentarisches Theaterstück umzusetzen. Grundlage des Stücks sollten Interviews mit den Tätern, den Angehörigen des Opfers und der Familie der Täter, dem Richter, Gutachtern, den Staatsanwälten und Verteidigern und den Dorfbewohnern sein.

Im August 2004, fast zwei Jahre nach der Tat, begann die Vorarbeit für die Gespräche und Interviews. Gesine Schmidt, Dramaturgin am Maxim-Gorki-Theater, und ich fragten uns, wie wir trotz der allgemeinen Abwehr einen Zugang zu den Menschen in Potzlow finden könnten.

Tageweise fuhren wir in die Uckermark. Wir hatten ein besonderes Privileg: Wir hatten Zeit für unsere Arbeit, mussten nichts unter Termindruck fertig stellen. Sonst wären wir angesichts des anfänglichen Widerstands der Beteiligten mit unserem Projekt schon im Ansatz gescheitert.

Bei den Angehörigen von Marinus war der Schmerz über den Verlust sehr gegenwärtig. Sie wollten sich mit uns nicht treffen. Andere Ansprechpartner wie der Dorfpfarrer signalisierten uns, dass sie keinen Gesprächsbedarf hätten – wir sollten doch bitte in Berlin bleiben, es sei genug Schaden durch die Medien angerichtet worden. Auch bei den Eltern der Täter war die Erfahrung medialer Ausbeutung noch zu präsent, um uns zu einem Gespräch zu empfangen.

Ich schickte dem Pfarrer zwei meiner früheren Filme, um ihn von unserem Anliegen zu überzeugen, und nach acht Wochen durften wir ihn treffen. Bedingung für das Gespräch: keine Mitschriften, kein Mitschnitt. Zu den Eltern der Täter hatten die Anwälte nach mehrwöchigen Versuchen einen Kontakt vermittelt. Die erste Begegnung verlief stockend, aber nach drei Stunden löste sich die Anspannung und die Eltern begannen sehr offen zu erzählen. Auch hier durften wir zunächst keinerlei Aufzeichnungen machen. Beim dritten Gespräch gestatteten sie uns Notizen, nach zwei weiteren, ein Band aufzustellen. Sie vertrauten uns Akten, Fotos und persönliche Schilderungen aus ihrem Leben und dem ihrer Kinder an. Kern der Begegnungen waren die Fragen der Eltern, wie es »so weit« kommen konnte. Sie machten sich Vorwürfe, wiesen dann aber jede Verantwortung von sich. Sie versuchten die Tat zu reflektieren – und begannen sich mit der eigenen Biographie auseinander zu setzen. Die Eltern entsprachen so gar nicht dem öffentlichen Bild, das von ihnen entworfen worden war.

Marco Schönfeld, den älteren der beiden Brüder, trafen wir im November 2004 in der Haftanstalt Wulkow. Im Gespräch mit uns wirkte er hilflos und zerbrechlich – trotz seines gut trainierten Oberkörpers. Er sprach leise und vermied den Blickkontakt. Ich merkte, wie ich mich vergeblich dagegen wehrte, für Marco Schönfeld ein Mitgefühl zu entwickeln. Doch das wurde auf eine schwere Probe gestellt, sobald das Gespräch auf die Tat zu sprechen kam.

Über den Anwalt gelang es, auch zu dem jüngeren Bruder Marcel einen Kontakt herzustellen. Am Anfang machte Marcel Schönfeld uns die Auflage, die Tat in den Gesprächen nicht zu thematisieren. Nach dem dritten Gespräch brach er von sich aus diese Abmachung. In einem mehrstündigen Monolog ging er noch einmal jedes Detail der Tat durch.

Anders als mit Marcel und – eingeschränkter – Marco Schönfeld haben wir mit Sebastian Fink nie persönlich sprechen können. Sein Anwalt hat mit dem Hinweis auf das offene Verfahren zunächst jeden Wunsch nach einem Kontakt von unserer Seite abgelehnt. Nachdem das Revisionsurteil Anfang 2005 rechtskräftig geworden war, haben wir noch einmal versucht, mit Sebastian Fink Kontakt aufzunehmen. Diesmal war der Anwalt bereit, einen Brief an seinen Mandanten weiterzuleiten. Doch Sebastian Fink hat darauf nie reagiert. Deshalb enthalten die biographischen Skizzen zu ihm manche Leerstelle. Auch die vielen Gesprächspartner, die Sebastian Fink vor der Tat kannten und die bereit waren, mit uns zu sprechen, konnten sie nicht füllen.

Wir haben mit einigen Freunden von Marinus Schöberl gesprochen – auch mit denen, die sich vorgenommen hatten, öffentlich nicht mehr über den Mord zu reden. Bei den jugendlichen Dorfbewohnern ergab sich insgesamt ein anderes Bild als das, was in den Medien von ihnen gezeichnet wurde. Wir trafen auf ein sehr differenziertes Reflektions- und Wahrnehmungsvermögen, sowohl was die Tat selbst, die Folgen für die eigene Person, die Familie, aber auch was die Zusammenhänge und Hintergründe des Mordes angeht.

Nach anfänglicher Ablehnung traf sich auch Petra Freiberg, die Sozialarbeiterin des Jugendclubs, mit uns. Petra

Freiberg war eine der wenigen, die sich zu einer Verantwortung für die Aufarbeitung des Geschehenen bekannten.

Angela Becker, die Freundin von Marco Schönfeld, stand auch nach dem Mord zu ihm. Sie hatte sich bislang nicht öffentlich geäußert.

Insgesamt führten wir mit mehr als vierzig Menschen lange Gespräche. Darüber hinaus erhielten wir Zugang zu weiteren Dokumenten – den psychiatrischen Gutachten über Marco und Marcel Schönfeld, den Anklageschriften und den Urteilen.

Gabi Probst, eine Journalistin vom RBB, hatte mit Birgit Schöberl, der Mutter von Marinus, einen intensiven Kontakt aufgebaut und bis zu ihrem Tod im Oktober 2003 mit ihr mehrere Interviews für ein differenziert argumentierendes Fernsehfeature geführt.* Sie gab uns die Erlaubnis, diese Texte zu verwenden.

Von der Filmemacherin Tamara Milosevic erhielten wir Protokolle der Gespräche mit Torsten Muchow, dem Vater von Matthias.**

Bei der Auswahl der Interviewpassagen leitete uns vor allem eine Frage: Wie kann man sich dieser monströsen Tat annähern, ohne die Täter im »Monsterkäfig« zu belassen? Um Marco und Marcel Schönfeld gerecht zu werden, ist es nötig, ihnen eine Biographie jenseits der Tat zu geben. Andererseits sollte die Grausamkeit der Tat

* Gabi Probst: »Warum hat dir keiner geholfen? Der Mord in Potzlow«, RBB, 2003.

** Tamara Milosevic drehte die Gespräche mit Torsten Muchow für ihren Film »Zur falschen Zeit am falschen Ort«, der den Mord an Marinus Schöberl zum Anlass nimmt, Matthias Muchow und seine Familie zu porträtieren.

weder ausgeblendet noch verharmlost werden. Wird die Tat durch die sozialen und psychologischen Fehlentwicklungen erklärt, entsteht der Eindruck, dass letztlich alle Opfer der Verhältnisse sind, die Täter genauso wie das Opfer Marinus Schöberl. Diese generelle »Viktimisierung« verleugnet die Tatsache, dass die Täter nach ihrer Haftentlassung eine Chance auf ein neues Leben haben, das Opfer dagegen nicht. Die Täter sollen und dürfen nicht aus ihrer Verantwortung entlassen werden. Unser Ziel war es, die Hintergründe der Tat so weit es geht zu verstehen, ohne damit für den Mord Verständnis zu entwickeln.

Aus den Ergebnissen einer ersten Recherchephase entwickelten wir 2005 das Theaterstück »Der Kick« und einen gleichnamigen Film. Beide entstanden auf der Grundlage von 1500 Seiten Interviews. Von diesen 1500 Seiten sind nur etwa vierzig als Konzentrat in das Stück und den Film eingeflossen.

Nach der Premiere des Films begann eine weitere Recherchephase. Über die Debatten zum Film und dem Stück war deutlich geworden, dass eine vertiefende Analyse noch ausstand.

Der Mord an Marinus Schöberl ist in seiner Monstrosität singulär, gleichwohl weist er in seinem Bedingungsgefüge weit über sich hinaus. Wöchentlich passieren ähnliche gewalttätige Vorfälle in Deutschland, in Österreich, in der Schweiz und anderswo. Mit den Taten unmittelbar konfrontiert, schaut man in einen tiefen Krater der Unfassbarkeit. Man begreift nicht, warum Jugendliche oder junge Erwachsene »so etwas« tun.

Das Buch verzichtet auf einfache Erklärungs- und damit auch Lösungsangebote. Wenn es sie gäbe, wäre die Entwicklung einer gezielten Präventionsstrategie gegen Jugendgewalt nicht so schwierig. Gleichwohl macht dieser Text in seiner Komplexität ein Angebot: die zunehmende Gewalt nicht als Phänomen zu begreifen, dem man blind ausgeliefert ist. Es lassen sich Gründe und Ursachen finden. In der Psychotherapie heißt es: Die genaue Diagnose ist die Voraussetzung einer erfolgreichen Therapie. Ob man diesen Satz auf die Veränderung gesellschaftlicher Zustände übertragen kann, muss sich erst noch zeigen.

Dank

Mein Dank gilt Gesine Schmidt für die produktive und schöne Zusammenarbeit von der ersten Minute an; den Bewohnern von Potzlow für ihr Vertrauen, insbesondere den Eltern Jutta und Jürgen Schönfeld, Matthias Muchow und den anderen Freunden von Marinus Schöberl; Marco und Marcel Schönfeld; Petra Freiberg sowie den Anwälten Matthias Schöneburg und Volkmar Schöneburg sowie Thomas Weichelt.

Ich danke Gabi Probst vom RBB für die Überlassung der Interviews mit Birgit Schöberl und Tamara Milosevic für die Bereitstellung der Gesprächsprotokolle mit Torsten Muchow.

Ich danke Generalstaatsanwalt Rautenberg für seine vielfältigen Anregungen; Herrn Voigt, dem Leiter der Jugendstrafanstalt Wriezen, und Frau Dr. Six, der Leiterin der forensischen Psychiatrie Eberswalde, sowie Frau Ruhtz von der Bildungseinrichtung Buckow e.V. für ihre Unterstützung.

Mein Dank gilt auch Karin Graf für die Anstiftung, dieses Buch zu schreiben, Barbara Wenner für die wunderbare Begleitung als Agentin, Stefan Meyer für die Unterstützung als Lektor bei den Geburtsstunden des Buches sowie Julia Hoffmann für das ausgefeilte Lektorat.

Den Korrekturlesern Kristina Brandner, Karin Dörre, Volker Heise, Ellen Kobe, Jürgen Lorenz, Ingeborg Pritsching, Anne Radloff, Lutz Reitemeier und Stephanie Stremler danke ich für ihre Vorschläge und Anregungen.

Der preisgekrönte Film zum Theaterstück auf DVD
56. Internationale Filmfestspiele Berlin
Panorama
GRAND PRIX
Visions du Réel, Nyons 2006
Bester Spielfilm
New Berlin Film Award 2006
inklusive Bonusmaterial
SUSANNE-MARIE WRAGE MARKUS LERCH
DER KICK
Ein Film von ANDRES VEIEL
DVD VIDEO
DER KICK
Ein Film von ANDRES VEIEL
DIE Theater edition
Die Theateredition-
Ein Projekt von ZDF Theaterkanal, Bel Air Edition und Friedrich Berlin Verlag